组织模块化赋能的
企业颠覆性创新生态系统

王海军　祝爱民　著

本书为国家社会科学基金项目"组织模块化驱动的企业颠覆性创新生态系统建构与管理机制研究"（批准号：19BGL045）研究成果

科学出版社
北　京

内 容 简 介

本书围绕企业颠覆性创新生态系统的建构与管理问题，首先回顾国内外相关文献的研究进展，梳理现有理论缺口；其次，解析技术和组织导向下的模块化基本特征和赋能机理；再次，结合若干案例和实证分析，构建基于组织模块化的企业颠覆性创新生态系统模型及其逻辑框架；最后，在此基础上，设计促进组织模块化下企业颠覆性创新生态系统持续运转的管理机制。

本书可作为企业界人士、科技行政部门管理人员、高校院所的科技人员和科研管理人员、管理学和经济学专业的研究生，以及对创新领域感兴趣的读者的参考用书。

图书在版编目（CIP）数据

组织模块化赋能的企业颠覆性创新生态系统 / 王海军，祝爱民著. —北京：科学出版社，2023.7

ISBN 978-7-03-075955-9

Ⅰ. ①组… Ⅱ. ①王… ②祝… Ⅲ. ①企业管理-研究-中国 Ⅳ. ①F279.23

中国国家版本馆 CIP 数据核字（2023）第 122353 号

责任编辑：王丹妮 / 责任校对：姜丽策
责任印制：张 伟 / 封面设计：有道文化

科学出版社 出版
北京东黄城根北街 16 号
邮政编码：100717
http://www.sciencep.com

北京科印技术咨询服务有限公司数码印刷分部印刷
科学出版社发行 各地新华书店经销

*

2023 年 7 月第 一 版 开本：720 × 1000 1/16
2024 年 1 月第二次印刷 印张：16 3/4
字数：338 000

定价：178.00 元

（如有印装质量问题，我社负责调换）

作 者 简 介

王海军，沈阳工业大学管理学院教授，博士生导师，工程管理硕士责任教授，大连理工大学工学博士，浙江大学管理学博士后，清华大学经济管理学院访问学者；沈阳市政协委员，入选沈阳市领军人才、辽宁省“百千万人才工程”人选百人层次、辽宁省优秀科技工作者、辽宁省高等学校创新人才等；担任辽宁省人大理论与实践智库专家、沈阳市科技创新智库专家。近年来，主持国家社会科学基金项目 2 项，国家市场监督管理总局和中国高等教育学会项目各 1 项，其他省市级项目 20 余项，出版著作 3 部，发表 SCI/SSCI/CSSCI 等检索期刊论文 40 余篇；多项资政建议获得省级领导批示，多项研究成果得到企业采纳应用。在 2014 年进入高校工作前，在海尔集团、沈阳远大企业集团工作近 10 年，主要从事产品创新管理、模块化和标准化等方面工作，其间承担国家科技支撑计划项目 1 项、国家质量监督检验检疫总局（现国家市场监督管理总局）标准科研项目 2 项，并参与制定国际标准 2 项、国家/行业标准 5 项，获得中国标准创新贡献奖 2 项。

祝爱民，沈阳工业大学管理学院教授，博士生导师，辽宁省本科教学名师，研究方向为科技评价与管理。现为辽宁省普通高等学校管理科学与工程类专业教学指导委员会委员，辽宁省管理类专业学位研究生教育指导委员会委员，沈阳市宣传思想文化战线干部和“四个一批”人才。先后获得第六届高等学校科学研究优秀成果奖（人文社会科学）二等奖 1 项，获得辽宁省第十二届哲学社会科学优秀成果奖二等奖 2 项，在《科学学研究》《科学学与科学技术管理》《中国管理科学》等期刊发表论文 70 余篇，多篇论文被全文转载于《新华文摘》、中国人民大学复印报刊资料等，出版著作 2 部，主持或参与完成国家自然科学基金项目、国家社会科学基金项目及辽宁省科技计划项目等 10 余项。

前　言

党的十九大报告提出“突出关键共性技术、前沿引领技术、现代工程技术、颠覆性技术创新”[①]，将颠覆性技术创新提到了前所未有的战略高度。进入新时代，中国企业的创新发展既面临新一轮科技革命快速演变带来的机遇，又面临“卡脖子”技术频繁出现带来的挑战。为此，国内外环境的变化迫使中国企业转变传统的经营哲学、管理假设和组织模式，并将颠覆性创新视为获取和维持竞争优势的利器。

如何驱动企业实现颠覆性创新？对此，研究界和产业界存在着一定的认知障碍、路径依赖和组织惯例，尽管也有学者指出构建创新生态系统是诠释这一问题的选项，但是在颠覆性创新情景下企业创新生态系统的特征和运作逻辑是什么？如何跨越创新生态系统到颠覆性创新生态系统这一鸿沟？新形势下，中国企业能获得哪些实现颠覆性创新的有益借鉴以丰富其工具箱？这些问题亟待予以诠释。有鉴于此，跳出传统研究窠臼，本书从组织模块化视角出发，着重利用其降低复杂度、减少过度依赖、促进分工和协同等作用，试图为建构和管理企业颠覆性创新生态系统寻找到那一把智慧的钥匙。

具体而言，第一，本书回顾国内外相关文献的研究进展，梳理现有理论缺口。

第二，本书解析技术和组织导向下的模块化创新赋能机理，并提出组织模块化（静态、动态）是对技术模块化的承接和拓展。在此基础上，分别从需求端和供给侧切入论证组织模块化给创新主体带来的驱动效力。

第三，通过桥接组织模块化理论和价值链协同理论，本书将企业颠覆性创新生态系统诠释为：由枢纽型核心企业（简称枢纽企业）牵引、集结其他互补方的模块化创新网络，且突出表现为单核价值链和多核价值链的嵌套与耦合。结合三星显示有限公司（简称三星显示）OLED（organic light-emitting diode，有机电激光显示，或称有机发光二极管）案例，本书凝练了组织模块化下企业颠覆性创新

---

① 习近平. 决胜全面建成小康社会 夺取新时代中国特色社会主义伟大胜利——在中国共产党第十九次全国代表大会上的报告（2017 年 10 月 18 日）. http://www.gov.cn/zhuanti/2017-10/27/content_5234876.htm，2017-10-27.

生态系统的基础性逻辑框架。

第四，本书开展了以下研究：①探讨数字化如何与模块化耦合从而影响企业的创新绩效。在对模块化数字平台（digital platform）概念化后，以海尔COSMOPlat数字平台（简称COSMOPlat）为例解析数字平台架构设计（通用性、兼容性和扩展性）对企业颠覆性创新的作用机制。同时，还阐释海尔提升组织学习能力以促进颠覆性创新的有益实践。②以硅谷领先企业为例，解码这些企业建构创新生态系统、整合数字平台、实施管理机制，继而实现颠覆性创新的成功之道。③以科大讯飞股份有限公司（简称科大讯飞）为例，剖析这家智能语音行业翘楚从“后发者”过渡到“在位者”的主要途径，以及组织模块化在其中所发挥的特殊调节作用。上述案例均涉及将组织模块化思维映射到静态和动态两个维度，说明两者的协调与促进更有利于推动企业颠覆性创新。

第五，本书利用实证手段分析动态能力对企业颠覆性创新的影响，并通过具体实例予以阐明。特别地，本书提取了标杆企业驱使企业颠覆性创新生态系统良序运行的典型管理机制，主要包括动态优化机制、核心互动机制、耦合协同机制、价值共创机制、平台吸引机制、连接匹配机制、扩展放大机制、组织学习机制等。

第六，本书输出研究结论和组织模块化下企业颠覆性创新生态系统的整合性逻辑框架，展望未来可能的研究方向，并提出新形势下推动我国企业建构创新生态系统、实施颠覆性创新的对策建议。

从学术价值来看，本书桥接组织模块化与颠覆性创新、创新生态系统，分析三者之间“连接”“互动”“融合”的内在机理，在企业创新生态系统和企业颠覆性创新生态系统间建立了联系渠道，丰富了组织生态理论和技术创新理论体系。其中，本书将模块化这一源于工程科学的方法嵌入创新管理领域，体现了运用自然科学研究方法解决社会科学问题之间的有机统一。从应用价值来看，本书直面中国颠覆性创新发展的现实情境，为中国企业建构动态化、开放性的颠覆性创新生态系统提供解决思路，也为政府制定相关政策及产业发展规划提供参考。

本书的出版得到国家社会科学基金项目（批准号：19BGL045）的经费资助，谨向提供资助的全国哲学社会科学规划办公室表示感谢！

感谢郑帅、金姝彤、束超慧、贺子桐、战睿、张文耕、于佳文、田晓冉、赵惠妍、陈晓等博士研究生和硕士研究生在课题研究和本书撰写过程中的贡献。

谨以此书献给家人，感恩他们多年来给予的鼓励和支持！

作　者

2022年10月10日

目　　录

第1章 绪 论

1.1 企业颠覆性创新的现实背景

1.1.1 加强颠覆性创新已经上升到国家顶层战略规划

《国家创新驱动发展战略纲要》和党的十九大报告相继提出了“发展引领产业变革的颠覆性技术”和“突出关键共性技术、前沿引领技术、现代工程技术、颠覆性技术创新”[①]等战略命题。党的十九届五中全会提出到 2035 年要实现“关键核心技术重大突破，进入创新型国家前列”。2018 年 5 月 28 日，习近平总书记在中国科学院第十九次院士大会、中国工程院第十四次院士大会上指出，要增强“四个自信”，以关键共性技术、前沿引领技术、现代工程技术、颠覆性技术创新为突破口，敢于走前人没走过的路，努力实现关键核心技术自主可控，把创新主动权、发展主动权牢牢掌握在自己手中[②]。在中共中央政治局 2020 年 10 月 16 日就量子科技研究和应用前景举行第二十四次集体学习期间，习近平总书记提出，“要加强顶层设计和前瞻布局”，“要健全政策支持体系”，“带动地方、企业、社会加大投入力度”，“加快基础研究突破和关键核心技术攻关”，“培养造就高水平人才队伍”等[③]，这为新时代下开展颠覆性创新指明了方向（王海军和陈劲，2022）。

---

① 习近平. 决胜全面建成小康社会 夺取新时代中国特色社会主义伟大胜利——在中国共产党第十九次全国代表大会上的报告（2017 年 10 月 18 日）. http://www.gov.cn/zhuanti/2017-10/27/content_5234876.htm，2017-10-27.

② 习近平：在中国科学院第十九次院士大会、中国工程院第十四次院士大会上的讲话. http://www.xinhuanet.com/politics/leaders/2018-05/28/c_1122901308.htm，2018-05-28.

③ 习近平在中央政治局第二十四次集体学习时强调 深刻认识推进量子科技发展重大意义 加强量子科技发展战略谋划和系统布局. http://www.xinhuanet.com/politics/2020-10/17/c_1126623288.htm，2020-10-17.

1.1.2 新时代下中国企业亟待提升颠覆性创新能力

当前，“摩尔定律”正在包括计算领域在内的众多产业中发挥作用，颠覆性创新及其成果的应用呈现出指数级的加速态势（图 1.1）。同时，以 5G（5th generation mobile communication technology，第五代移动通信技术）、云计算、物联网、大数据、人工智能（artificial intelligence，AI）、区块链为代表的新一代信息技术正与经济社会各领域深度融合，有望进一步加速技术革新的步伐，进而对整个社会产生重要影响。新时代背景下，中国在位企业被赋予了牵引、整合颠覆性创新的使命（柳卸林等，2017）。2018 年发生的中美贸易摩擦，中兴、华为和晋华“之殇”等一系列事件，再次给中国科技界和产业界敲响了警钟：中国企业在诸多科技创新重点领域依然存在短板，“卡脖子”的核心技术缺失问题依然严峻。在新一轮科技革命和产业变革加速演进等时代背景下，颠覆性创新不仅是中国企业获取竞争优势和维持竞争优势的关键途径，也是重塑产业竞争格局的重要驱动力和实现建设世界科技强国伟大目标的基石。

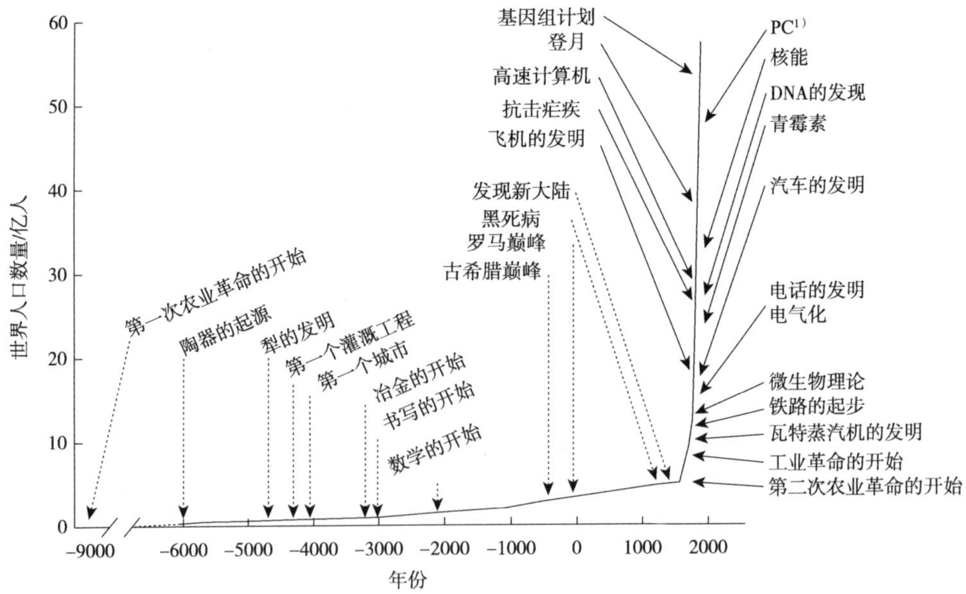

图 1.1 人类发展历程中的重要革新事件

-9000 表示公元前 9000 年

1）PC：personal computer，个人计算机

资料来源：Fogel（1999），作者整理

此外，以美国和欧盟等为主导的发达国家和地区试图构建一个新的、门槛更高的贸易与投资规则，并以此重塑全球贸易和投资新格局，而其中的核心内容之

一就是建立各成员国一致认同的知识产权管理标准及透明、公平的市场竞争规则。这些协议的达成意味着，中国企业以往赖以成功的信息不对称、制度保护、低成本、快速技术模仿等所形成的市场竞争优势将不复存在，缺乏自主知识产权、技术实力和真正具有颠覆性创新产品/服务的企业不仅难以进入国际市场参与全球竞争，而且国内市场份额也将一步步损失殆尽。为此，国内外环境的巨变将再次迫使中国企业转变其传统的经营哲学、管理假设、决策制定方式和组织文化，并将颠覆性创新视为其获取和维持竞争优势的重要手段。

1.1.3 经济"新常态"和超竞争要求中国企业改变以往成长思维

当前，中国经济"从高速增长转变为中高速增长""经济结构不断优化升级"，创新取代要素驱动和投资驱动成为经济增长的主要动力。然而，企业开展创新所面临的国内外环境越发具有挑战性：①全球主要经济体经济增长乏力，对海外商品的市场需求动力不足，导致中国众多企业持续经营步履维艰；②自 2001 年中国加入 WTO（World Trade Organization，世界贸易组织）后，国内市场竞争国际化，大量外资企业加速进入，抢占了一定的市场份额，并占据行业技术创新的制高点；③中国市场经济建设取得长足进步，买方市场时代来临，且低端市场需求基本得以满足，市场需求个性化、全球化趋势凸显，国内已有市场的增长潜力有限；④中国众多行业的发展阶段已进入成熟期乃至衰退期，市场同质化竞争异常激烈，"超竞争"态势越发明显。在"低垂的果子"逐渐被摘完后，亟须以颠覆性创新推动中国企业实现跨越式发展。

进一步地，"超竞争"环境对开展颠覆性创新的企业战略、组织柔性提出了更高的要求。以往的惯性科研发展思路和组织模式往往不能奏效。有些具备绝佳创新构思的成果（如中国的龙芯、红旗 Linux 等），由于缺乏有竞争力的创新体系支持，未能成功地实现技术升级及商业化。作为一个后发经济体，中国大多数企业在发展初期缺少原创性技术积累，在全球价值链中仍较多处于中低端环节，时常面临"卡脖子"的核心技术缺失问题。在多重压力背景下，中国企业面临一个无法回避的战略困境：对处于低增长和"超竞争"环境下的企业来说，生存和盈利是第一要务，为了维持市场份额和营业利润，企业更倾向选择模仿与跟随战略，在已有业务领域内对当前的产品和商业模式进行小幅度的改进，促使企业形成了一种强调短期回报、抵制变革、害怕失败、规避风险的战略惯性。

来自《麻省理工科技评论》的报告显示（表 1.1），在 2019~2020 年的全球十大颠覆性技术中，中国只有阿里巴巴、中国人民银行和中国科学技术大学参与了相关技术创新，鲜见其他国内科技企业的身影。中国企业能否完成从模仿到创新，从中国制造到中国创造的跨越，其关键在于能否有效应对当前挑战并把握机遇，在不断强化渐进性创新的基础上，高效孕育和推动颠覆性创新。尽管世界知识产权组织、美国国防部高级研究计划局（Defense Advanced Research Projects Agency，DARPA）等机构给予了高度重视，为认识和理解颠覆性创新的过程与特征提供了广泛的见解，但时至今日我们仍未掌握成功开发和管理这类创新的密码。

表 1.1 2019~2020 年全球十大颠覆性技术及创新团队

年份	颠覆性技术名称	作用	创新团队
2019	灵巧机器人（robot dexterity）	让机器人拥有自主学习能力，替代人类在工厂工作	OpenAI（人工智能非营利组织）、卡内基梅隆大学、密歇根大学、加利福尼亚大学伯克利分校
	核能新浪潮（new wave nuclear power）	解决核能问题，取代原来的核裂变反应堆	陆地能源、泰拉能源、纽斯凯尔、通用核聚变等能源巨头企业
	早产预测（predicting preemies）	预测孕妇早产概率，减少早产导致的婴儿死亡	Akna Dx
	肠道显微胶囊（gut probe in a pill）	一种微小可吞咽设备，更易对肠道疾病等进行探究	麻省总医院
	定制癌症疫苗（custom cancer vaccines）	通过人体天然防御系统进行选择性破坏肿瘤细胞，减少对自身健康细胞损害	BioNTech、Genentech
	人造肉（the cow-free burger）	通过蛋白质等元素合成的人造肉类	美国人造肉企业 Beyond Meat
	捕获二氧化碳（carbon dioxide catcher）	最经济且最直接地捕获二氧化碳，解决温室效应问题	Carbon Engineering、Climeworks、Global Thermosta
	可穿戴心电仪（an ECG[1)] on your wrist）	可穿戴设备持续监测心脏健康技术并做出预警	苹果、AliveCor、Withings
	无下水道卫生间（sanitation without sewers）	在没有下水道的情况下正常使用卫生间	杜克大学、南佛罗里达大学、Biomass Controls、加利福尼亚理工学院
	流利对话的人工智能助手（smooth-talking AI assistant）	捕捉用户发出的各种语言指令，与用户进行流畅对话，并执行任务	谷歌、阿里巴巴、亚马逊
2020	防黑互联网（unhackable Internet）	能够防止黑客攻击的量子网络	代尔夫特理工大学、量子互联网联盟、中国科学技术大学
	超个性化药物（hyper-personalized medicine）	根据患者的不同情况，专门定制的基因药物	A-T Children's Project、波士顿儿童医院、Ionis Pharmaceuticals、美国食品药品监督管理局
	数字货币（digital money）	电子支付方式	中国人民银行、Facebook

续表

年份	颠覆性技术名称	作用	创新团队
2020	抗衰老药物（anti-aging drugs）	通过延缓人体衰老来对许多不同疾病进行治疗	联合生物技术公司、Alkahest、梅奥诊所、Oisín Biotechnologies
	人工智能发现分子（AI-discovered molecules）	搜索分子特性数据库中的信息，高效发现新药物	Insilico Medicine、Kebotix、Atomwise、多伦多大学、Benevolent AI
	超级星座卫星（satellite mega-constellations）	通过卫星来组成巨大的卫星网络，将网络信号覆盖到全球各地	SpaceX、One Web、亚马逊、Telesat
	超级量子计算（quantum supremacy）	量子芯片的比特数和性能不断扩张，展现出极强的计算能力	谷歌、IBM、微软、Rigetti、D-Wave、IonQ、Zapata Computing，Quantum Circuits
	微型人工智能（tiny AI）	取消设备之间的云端交互控制，实现智能化操作	谷歌、IBM、苹果、亚马逊
	差分隐私（differential privacy）	解决隐私泄露问题，建设信任机制	美国人口普查局、苹果、Facebook
	气候变化归因（climate-change attribution）	让人类能清楚了解全球气候变化恶劣的原因	世界气候归因组织、荷兰皇家气象研究所、红十字会与红新月气候研究中心

1）ECG：electrocardiograph，心电图

资料来源：《麻省理工科技评论》，作者整理

1.2　企业颠覆性创新的理论背景

1.2.1　颠覆性创新的判断和障碍因素

自 1985 年以来，在技术变革与创新这一连续谱系的一端，即渐进性创新，已经成为成熟企业响应环境变化的主流趋势。在该谱系的另一端，美国哈佛商学院教授 Christensen（1997）在其著作 *The Innovator's Dilemma*：*When New Technologies Cause Great Firms to Fail* 中首次提出了颠覆性创新概念，阐明它是一种另辟蹊径、会对已有传统或主流技术产生颠覆性效果的创新范式，并认为该类创新能够开发新兴市场（Christensen et al.，2015）。对于颠覆性创新的内涵，学者提出至少应满足下面三个标准：①创造全新的用户价值；②偏离现有技术轨道，且创造全新的市场；③初始阶段无法满足主流用户需求，但经过不断技术变轨后，后发企业将取代或逐渐取代在位企业。例如，数码相机取代了胶卷相机，电动汽车正在颠覆燃油汽车。

为什么后发企业有机会颠覆在位企业？一方面，在位企业通常更重视主流客

户的需求偏好，并依靠成熟的产品来占据主流市场的竞争位势，这与颠覆性创新聚焦非主流用户需求形成冲突，继而为后发企业提供了进入非主流市场的先机（Christensen，1997；王海军和温兴琦，2022）；另一方面，在位企业拥有的这种瞄准非主流用户需求的创新模式在短期内难以带来高额回报，特别是初期颠覆性创新为企业提供短期销售量和利润等财务指标并不给力，因此，颠覆性创新往往被在位企业舍弃或因缺少持续资源投入而过早夭折，即形成"大企业病"。后发企业并没有这种"后顾之忧"，它们无须维系既有市场，通过专注非主流用户需求并推动技术革新，从而有机会实现企业的迅速成长。

竞争环境下，颠覆性创新对企业的长期成功或产业发展作用显著（Cheng et al.，2017；施萧萧和张庆普，2017）。然而，在位企业或大型企业通常难以开发和管理颠覆性创新，突出障碍包括：①认知障碍，表现为害怕变革或抵制创新，新颖信息的抓取和感知激励不足；②路径依赖，表现为企业获取新思想、新知识、新技术时陷入熟悉陷阱、成熟陷阱和临近陷阱；③组织惯例，表现为组织的已有流程、文化和制度等；④资源与能力缺乏，表现为发现能力、孵化能力、商业化能力及财务资源、人力资源、有关知识与技能等缺乏。

1.2.2　企业创新生态系统与颠覆性创新的联系

未来的竞争不是单个企业之间的较量，而是商业生态系统的比拼（Iansiti and Levien，2004）。美国战略专家穆尔将生态系统定义为"基于组织互动的经济联合体"（Moore，1996），其特征在于营造一个动态、可持续、进化的商业环境，在异类行动者支撑下创新思想转变成有价值的产出。在企业微观层次，创新生态系统是市场与组织的网络，是企业价值获取和价值创造方式的重大转变（梅亮等，2014），创新生态系统已经成为一种新的范式（线性范式—创新系统—创新生态系统）（李万等，2014）。美国总统科技顾问委员会也将美国经济繁荣和在全球科技创新的领导地位归因于创新生态系统。

企业创新生态系统与价值创造和协同创新密切关联。企业价值创造或价值增值源于其生态系统的新颖性、互补性、高效性和锁定性。创新并不是孤立的，它依赖于企业所嵌入的创新生态系统的变革（Adner and Kapoor，2016）。"钢铁侠"埃隆·马斯克（Elon Musk）建立的 Hyperloop One 公司，通过构建松散耦合的创新生态系统推动了其超级高铁项目的问世（Applegate et al.，2017）。

自 Christensen 提出颠覆性创新的基本理论后，20 多年来学者不断丰富该理论体系。尽管有研究指出颠覆性创新的成功离不开其所嵌入的创新生态系统，但总体来说仍存在明显的研究缺口，特别是企业颠覆性创新的价值链有待梳理，颠覆性创新情景下企业创新生态系统的组织模式和运行规律亟待揭示。此外，如何实现该系统的整合与治理，需要厘清不同结构和要素间的互动关系。

1.2.3　模块化的起源、特征及其对技术创新的影响

模块化起源于工业经济时代，其本质是将产品（系统）分拆成不同的模块，并使模块之间通过标准化接口进行信息沟通的动态整合过程（Baldwin and Clark, 2000）。基于模块化的创新模式可以通过定义清晰的关系架构，方便管理模块与接口，同时提升模块间的知识交互效率。延伸熊彼特“创新就是生产要素的重新组合”理念，模块化还有助于整合创新资源，推动产业实现颠覆性创新。

关于组织模块化的内涵，可以理解为将复杂系统（或过程）分解为半自律的子系统或模块（青木昌彦和安藤晴彦，2003），通过“明确规定的规则”和/或契约关系，可以打破传统职能性组织单元间的隔阂，显著减少沟通协调成本（戴水文等，2018；魏江等，2014）。与马歇尔意义上的市场协调、威廉姆森的一体化组织相比，模块化组织形式更能调动各利益主体的积极性。

1.3　企业颠覆性创新的深化思路

围绕上述现实需求和理论缺口，秉承“贴近前沿、贴近企业、贴近产业链”前提，本书从组织模块化视角出发，探讨组织模块化与企业颠覆性创新、创新生态系统理论的“连接”、“互动”与“融合”的内在机理，重点探索组织模块化下企业颠覆性创新生态系统的运行逻辑，研究促进企业颠覆性创新生态系统发展的新模式和新机制，弥补目前学术界在颠覆性创新理论研究上的缺失。

1.3.1　从组织模块化视角切入深入探讨企业颠覆性创新发展的新逻辑

当前，提升我国企业颠覆性创新能力、解决关键核心技术“卡脖子”问题已被提升到国家战略（王海军，2021），新形势下探究企业颠覆性创新的组织模式和

管理机制意义显著。然而，学术界和产业界仍然对企业颠覆性创新的内涵特征、基本规律和实现机制存在明显的研究缺口。

有鉴于此，本书从组织模块化这一独特视角出发，着重利用其降低复杂度、减少过度依赖、促进分工和协同等创新赋能作用，并在企业创新生态系统和企业颠覆性创新生态系统间建立联系渠道，在此基础上深入探讨企业颠覆性创新生态系统的运行逻辑与管理等问题。特别地，本书主张，组织模块化的范畴可以被解析为动态与静态两个维度，组织模块化是对技术模块化的承接与拓展，在本书的焦点案例分析中均按照此逻辑展开。独特的研究视角为复杂多变情景下增强企业颠覆性创新的组织韧性和应变能力提供思路。

1.3.2　研究构建基于组织模块化的企业颠覆性创新生态系统理论框架

跳出传统研究窠臼，本书将组织模块化理论拓展至企业颠覆性创新生态系统之中，通过解构颠覆性创新价值链，并将企业创新生态系统解构成不同的承接模块。进一步地，本书将企业颠覆性创新生态系统诠释为单核价值链和多核价值链的嵌套与耦合，同时引入创新价值链协同理念，研究促进“单核价值链资源协同”和“多核价值链资源协同”的内在机制，并提出企业颠覆性创新生态系统的基础性逻辑框架。另外，本书还贴近数字化、人工智能等时代发展背景，计划利用组织模块化来解释其他促进颠覆性创新的路径，如构建分层次的模块化数字平台架构、解构动态能力（环境洞察能力、资源整合能力和组织重构能力）和组织学习（正式学习、非正式学习）等，目标是在此基础上输出企业颠覆性创新生态系统的整合性逻辑框架。

1.3.3　研究设计促进组织模块化下企业颠覆性创新生态系统的管理机制

承接上述研究输入，本书着重结合案例分析手段，提取案例企业促进组织模块化下企业颠覆性创新生态系统良序运转的微观管理机制，包含动态优化机制、核心互动机制、耦合协同机制、价值共创机制等，从而促进核心企业与其价值链合作伙伴进行知识分工、知识共享、知识再创造，推动企业颠覆性创新根系网络的形成。在此基础上，本书综合采用扎根理论、探索性案例和实证分析方法，结合来自 OLED 显示、工业互联网等产业的样本交叉检验以上理论体系，进而提出有针对性的对策建议。

1.3.4 提出新形势下推动中国企业颠覆性创新的可操作性指导思路

本书试图开展“对社会负责的学术”（Tsui，2013）和响应“让我们的研究与周围的世界联系得更加紧密”（Denisi，2010）。因此，本书直面我国颠覆性创新发展的现实情境，通过理论建构、案例分析、实证检验等，力争建构出动态化、开放性的企业颠覆性创新生态系统，并将理论研究成果落脚于我国重点产业/企业。在此基础上，凝练出相关对策建议，既为我国企业推动颠覆性创新、实现技术追赶提供路径参考，也为政府制定有关政策及产业发展规划提供参考。

1.4 本章小结

本章回顾了企业颠覆性创新面临的现实背景，厘清了近年来国家出台的激发企业颠覆性创新的相关政策。在此基础上，探讨了企业颠覆性创新的理论背景，其中着重解析了颠覆性创新的判断和障碍因素、企业创新生态系统与颠覆性创新的联系，并分析了模块化的源起、特征及其对技术创新的影响。进一步地，本章凝练了企业颠覆性创新的深化思路，为开启本书的研究主题提供铺垫。

第 2 章　企业颠覆性创新生态系统的相关理论

2.1　学术趋势及文献来源

本节系统性梳理并归纳了前述研究问题和研究内容所涉及的国内外文献，以求悉数把握相关领域的研究议题，以期对该领域研究有更为全面和准确的把握。首先，检索与研究密切相关的六大领域（颠覆性创新、创新生态系统、全球价值链、数字平台、组织学习、模块化）的学术研究趋势。这里主要借助中国知网的“学术趋势”功能进行分析。

相关学者对“颠覆性创新”的学术研究趋势如图 2.1 所示，由中国知网的检索结果整理出的进展情况可以发现：中国知网收录的“颠覆性创新”首篇中文文献出现于 2002 年。同时，中文论文发表量在 2016 年达到顶峰，虽然随后两年发文量略微下降，但国内学者对颠覆性创新的研究热度仍未减退（图 2.1）。

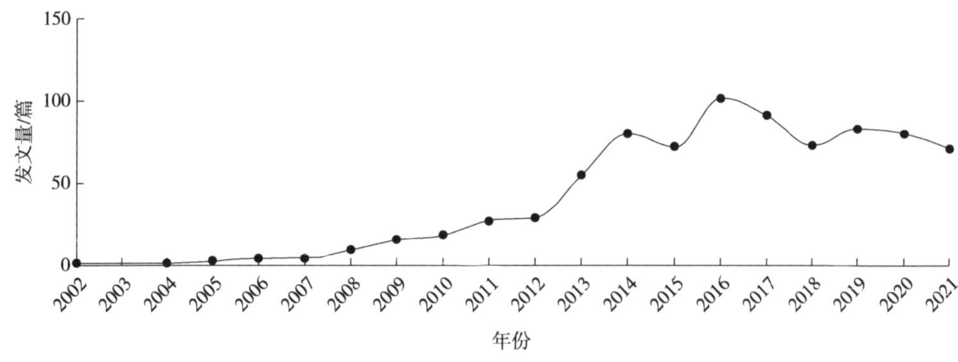

图 2.1　中国知网“颠覆性创新”学术研究趋势

关于“创新生态系统”的学术研究趋势，2013 年以前国内学者对该问题的学术关注度稍显不足，每年公开发表的文献均在 100 篇以下。2013 年夏季达沃斯论坛关于“构建创新生态系统”的讨论主题，不仅引起了国内学者的高度关注，还使得中国知网收录的有关“创新生态系统”的研究论文数量急剧上升，特别是 2021 年公开发表的文献数量高达 487 篇（图 2.2）。

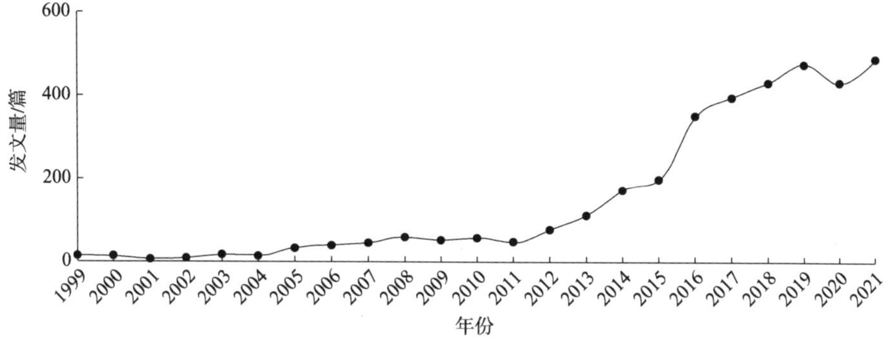

图 2.2　中国知网“创新生态系统”学术研究趋势

关于“全球价值链”的学术研究趋势，学术界对“全球价值链”的研究始于 1992 年，随后对“全球价值链”研究的热度持续不减，特别是 2012~2021 年，国内学者对“全球价值链”问题的关注呈明显上升势头，说明该领域有许多新的问题值得进一步深入研究（图 2.3）。

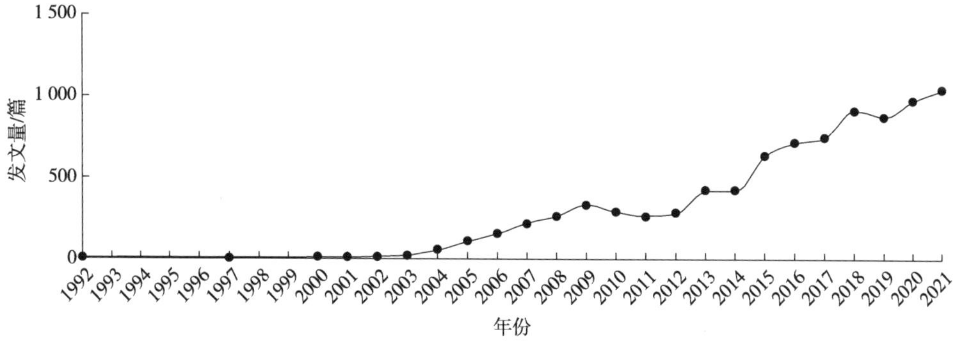

图 2.3　中国知网“全球价值链”学术研究趋势

关于“数字平台”的学术研究趋势，2012 年开始学术界高度关注对“数字平台”的研究，中国知网发文量与日俱增，年均发文量超过 100 篇，其中 2020 年达到 348 篇，2021 年国内学者关于“数字平台”的学术关注度仍然较高。这说明随着大数据等新一代信息技术的更新和迭代，关于“数字平台”的研究是国内学者追逐的热点之一（图 2.4）。

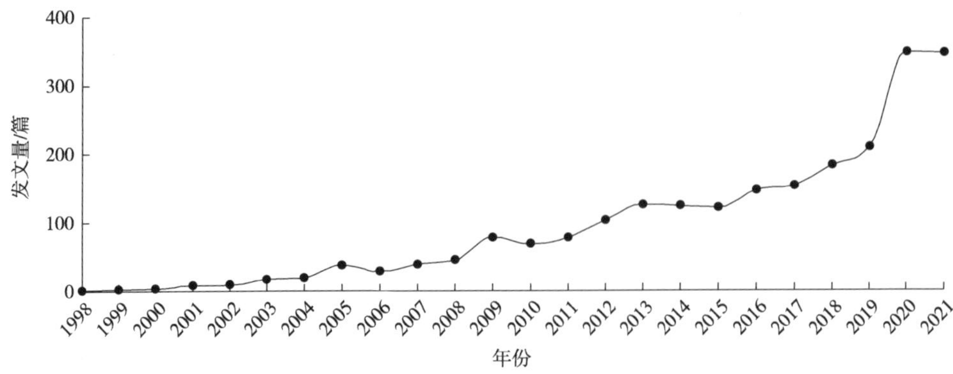

图 2.4 中国知网“数字平台”学术研究趋势

关于“组织学习”的学术研究趋势，学术界对“组织学习”问题的研究历史悠久，尤其是 2000 年之后，国内学者对“组织学习”问题的关注度飙升，每年中国知网数据库收录的相关文献数量均超过 100 篇，其中 2009 年达到峰值 950 篇，随后国内学者对“组织学习”问题的关注度稍有下降，但每年在中国知网数据库收录的文献数量仍在 200 篇以上，说明该领域的研究尚处发展阶段，还存在许多问题有深入研究的价值（图 2.5）。

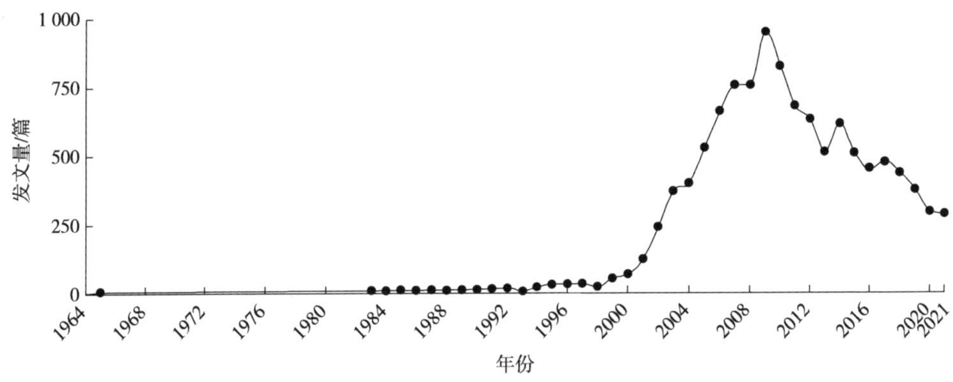

图 2.5 中国知网“组织学习”学术研究趋势

关于“模块化”的学术研究趋势，自 1997 年以来国内学者对“模块化”的关注度明显上升，2018 年达到历年来的最高水平，中国知网收录相关研究文献达 5 977 篇，随后关于“模块化”的学术关注度虽有小幅波动，但公开发表的研究文献数量依旧十分客观，说明对“模块化”问题的研究一直是学术界的热点之一（图 2.6）。

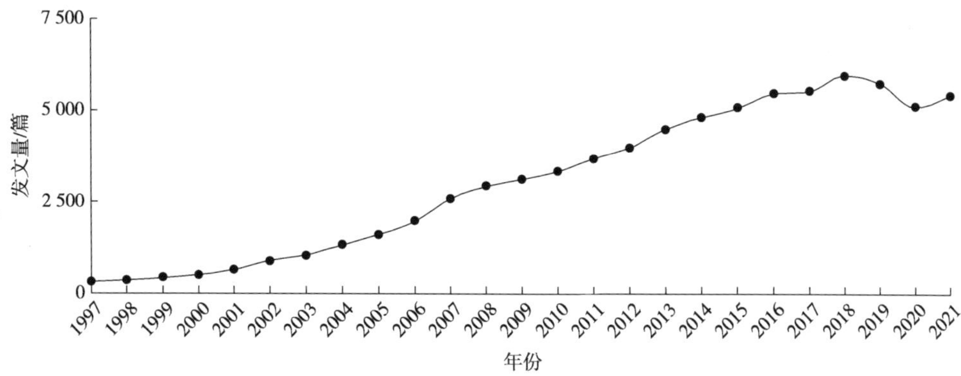

图 2.6　中国知网“模块化”学术研究趋势

对于国际研究的学术趋势，筛选 Web of Science 核心合集数据库中的文献内容，同时勾选 SCI-Expanded（Science Citation Index Expanded，科学引文索引扩展）和 SSCI（Social Sciences Citation Index，社会科学引文索引）两大数据库，筛选类型为 Article 及主题为 Disruptive Innovation 的文献数据，共得到 1 412 篇文献。由图 2.7 发现，在国际范围内，学术界对“颠覆性创新”有关问题的研究具有阶段性，1998~2006 年为起步阶段，2007~2017 年为发展阶段，自 2018 年开始，“颠覆性创新”的研究进入快速发展阶段，尤其在 2020 年，发文量超过 200 篇。总体看来，“颠覆性创新”不断演化和发展，目前仍然是学术研究的热点问题。

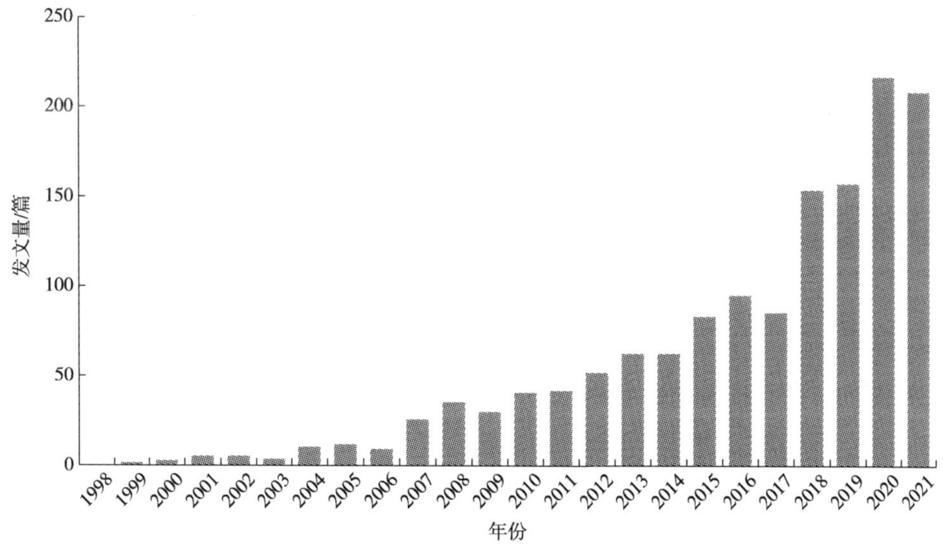

图 2.7　Web of Science“颠覆性创新”学术研究趋势（发文总数为 1 412 篇）

关于“创新生态系统”研究，以“(TS=（Innovation Ecosystem)) AND 语种：

(English) AND 文献类型：(Article)”为检索范式在 Web of Science 核心合集中的 SCI-Expanded 和 SSCI 两大数据库进行检索，共得到 3 287 篇文献。由图 2.8 发现，1998~2005 年，学术界关于“创新生态系统”的研究处于萌芽阶段，每年的发文量在 10 篇以下。2005 年之后关注度不断上升，2014 年发文量超过 100 篇，2020 年达到 653 篇，说明该研究领域尚处于发展阶段，仍然是学术界研究的热点问题之一。

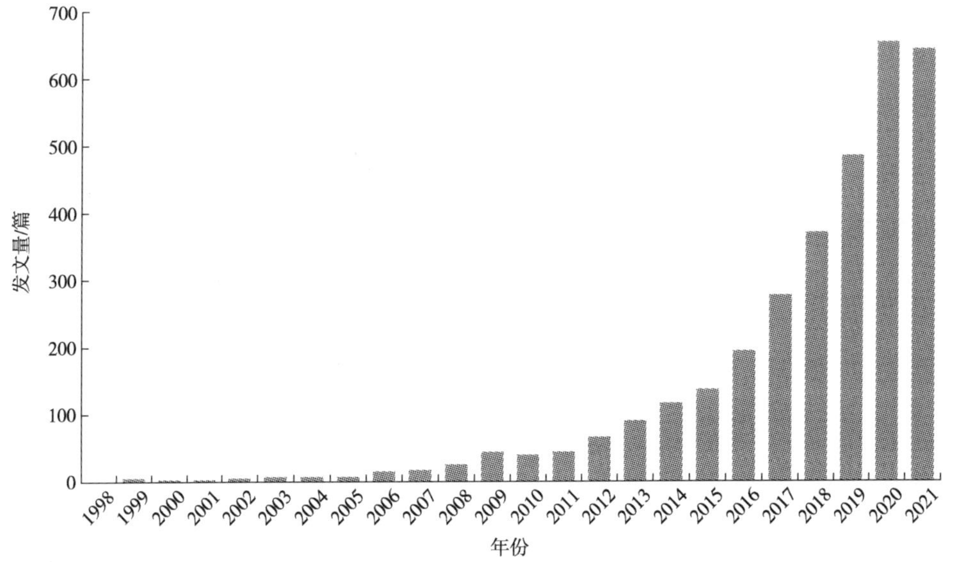

图 2.8　Web of Science“创新生态系统”学术研究趋势（发文总数为 3 287 篇）

关于“全球价值链”研究，以“(TS=(global value chain)) AND 语种：(English) AND 文献类型：(Article)”为检索范式在 Web of Science 核心合集中的 SCI-Expanded 和 SSCI 两大数据库进行检索，共得到 812 篇文献。由图 2.9 发现，国外学者对“全球价值链”的研究始于 1997 年，但初期（截至 2007 年）研究进展较为缓慢。从 2008 年开始，其关注度不断提升，说明该领域有新的问题值得进一步研究探索。

关于“数字平台”研究，以“(TS=(Digital platform)) AND 语种：(English) AND 文献类型：(Article)”为检索范式在 Web of Science 核心合集中的 SCI-Expanded 和 SSCI 两大数据库进行检索，共得到 1 839 篇文献。由图 2.10 发现，“数字平台”的兴起，开始于 2008 年。随着数字经济和数字技术的发展，2017 年学术界对“数字平台”的关注度高涨，发文量超过 100 篇，并且逐年递增，说明“数字平台”仍然是学术界研究的热点问题。

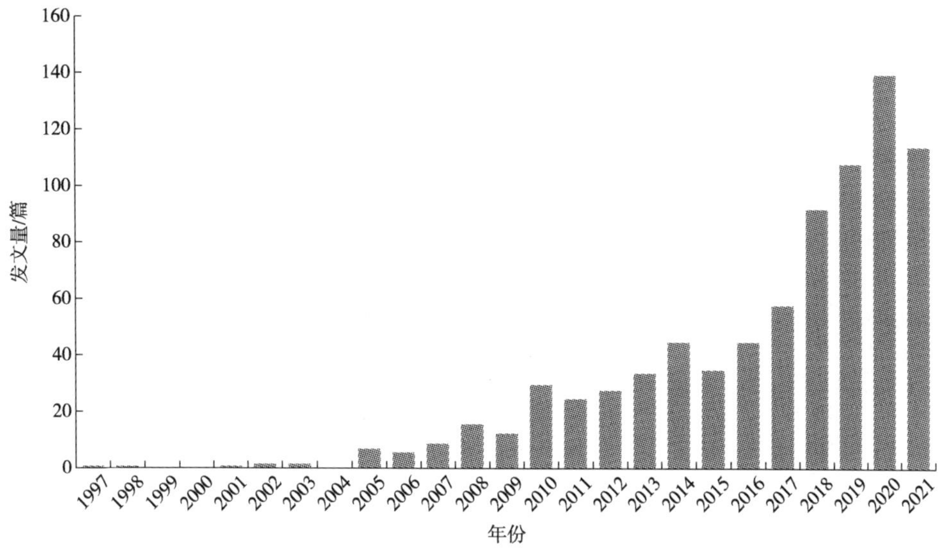

图 2.9　Web of Science“全球价值链”学术研究趋势（发文总数为 812 篇）

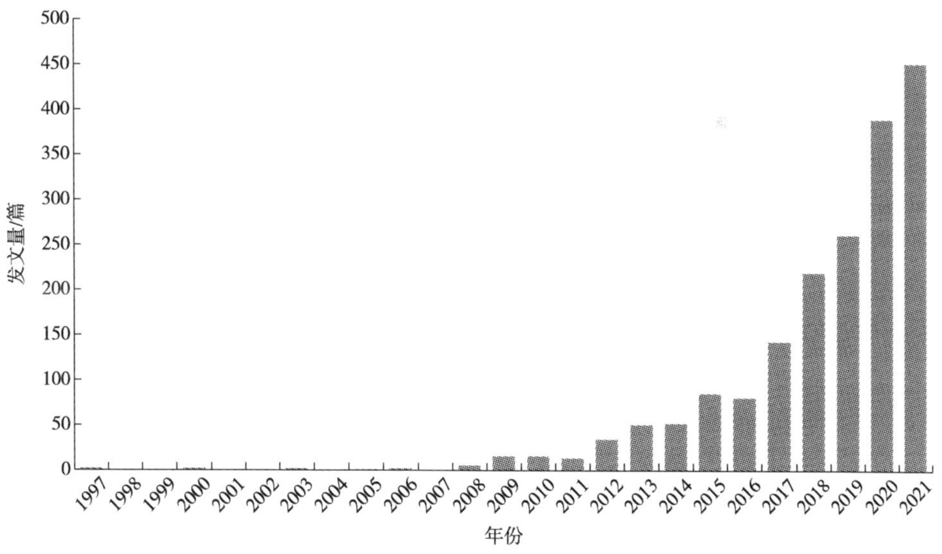

图 2.10　Web of Science“数字平台”学术研究趋势（发文总数为 1 839 篇）

关于“组织学习”研究，以“(TS=(Organizational learning)) AND 语种：(English) AND 文献类型：(Article)”为检索范式在 Web of Science 核心合集中的 SCI-Expanded 和 SSCI 两大数据库进行检索，共得到 2 692 篇文献。由图 2.11 发现，学术界关于“组织学习”的关注度始于 20 世纪 90 年代，在 2002~2004 年有小的波动，总体关注度不减，说明“组织学习”仍然是学术界的研究热点问题之一。

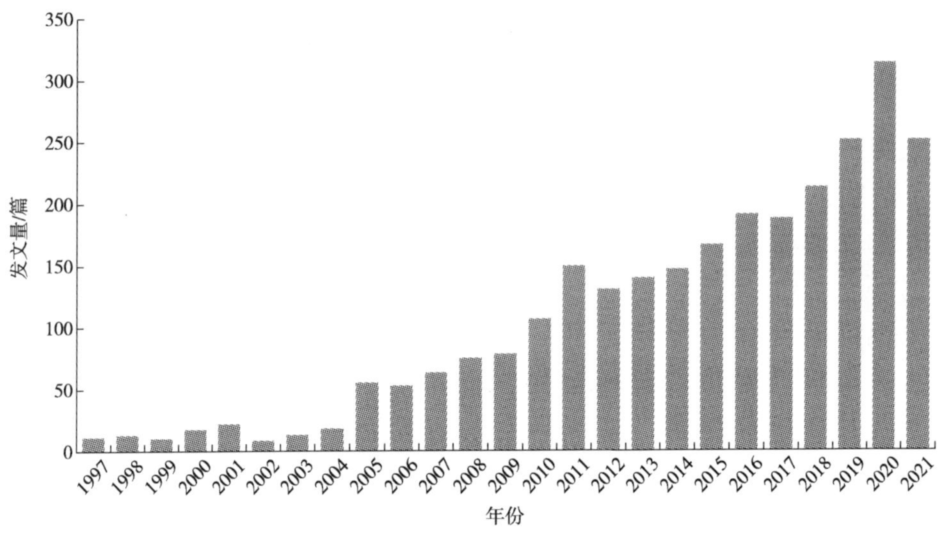

图 2.11　Web of Science“组织学习”学术研究趋势（发文总数为 2 692 篇）

关于“模块化”研究，以“(TS=(Modularization)) AND 语种：(English) AND 文献类型:(Article)”为检索范式在 Web of Science 核心合集中的 SCI-Expanded 和 SSCI 两大数据库进行检索，共得到 1 217 篇文献。由图 2.12 发现，在国际范围内，学术界对“模块化”有关问题的研究具有明显的阶段性，其中第一个研究高潮在 20 世纪 90 年代后期，之后陷入平稳发展期，自 2003 年以来，模块化理论的研究呈现明显的快速发展态势，说明“模块化”仍然是学术界的研究热点问题之一。

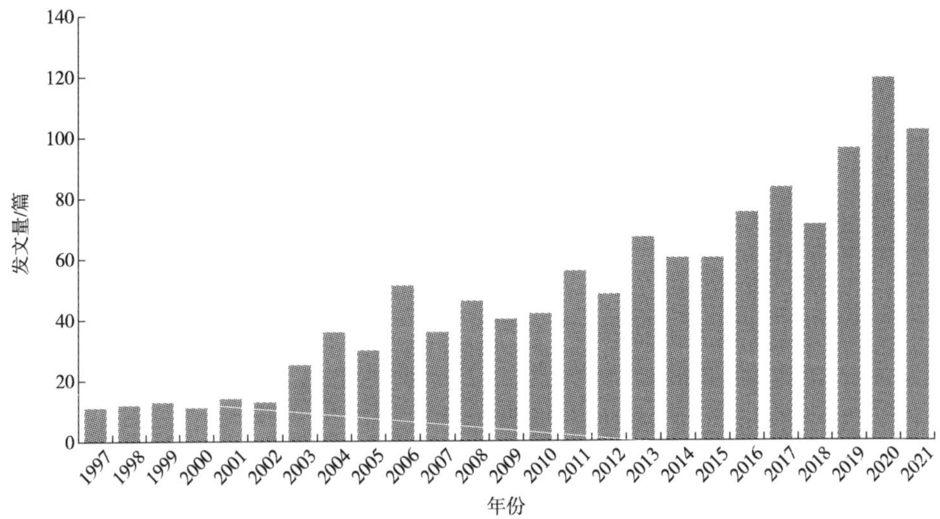

图 2.12　Web of Science“模块化”学术研究趋势（发文总数为 1 217 篇）

关于文献来源，对于国内文献的检索，由于本书涉及的领域文献较多，故主要检索国家自然科学基金委员会管理科学部认定的 30 种管理类重要期刊（表 2.1）。本书主要在中国知网数据库检索中文文献，该数据库收录了我国大部分学术期刊，是收录国内文献较权威的数据库。

表 2.1　国家自然科学基金委员会管理科学部认定的 30 种管理类重要期刊

期刊名称	期刊级别	影响因子	期刊名称	期刊级别	影响因子
管理科学学报	A	3.340	公共管理学报	A	4.454
系统工程理论与实践	A	2.174	管理科学	A	3.789
管理世界	A	4.751	预测	A	1.472
数量经济技术经济研究	A	3.358	运筹与管理	A	1.025
中国软科学	A	3.638	科学学研究	A	3.326
金融研究	A	2.741	中国工业经济	A	8.170
中国管理科学	A	2.706	农业经济问题	A	4.701
系统工程学报	A	1.573	管理学报	B	2.408
会计研究	A	7.243	工业工程与管理	B	1.390
系统工程理论方法应用	A	1.397	系统工程	B	1.009
管理评论	A	2.704	科学学与科学技术管理	B	2.562
管理工程学报	A	2.593	研究与发展管理	B	2.243
南开管理评论	A	6.960	中国人口·资源与环境	B	4.530
科研管理	A	3.143	数理统计与管理	B	1.462
情报学报	A	1.391	中国农村经济	B	4.564

注：影响因子数据为复合影响因子，为 2021 年 9 月 6 日数据

分别以“颠覆性创新”“创新生态系统”“全球价值链”“数字平台”“组织学习”“模块化”为主题词在 30 种管理类重要期刊进行检索，人工检索出“颠覆性创新”有关文献 23 篇，“创新生态系统”有关文献 129 篇，“全球价值链”有关文献 211 篇，“数字平台”有关文献 324 篇，“组织学习”有关文献 361 篇，“模块化”有关文献 217 篇①。以下对这些领域的中文理论综述将基于这些文献展开。

对于国际文献的检索，本书所需的文献均来源于 Web of Science 核心合集中的 SCI-Expanded 和 SSCI 两大数据库。该数据库是 Thomson 公司旗下全球最大、覆盖学科最多的综合性学术信息资源数据库，能够确保用户对特定研究领域进行深入和全面的检索。

① 文献检索时间为 2021 年 9 月 6 日。

2.2 相关理论介绍及评述

2.2.1 颠覆性创新理论

1. 颠覆性创新理论的起源与特征

Bower 和 Christensen（1995）首次提出了“颠覆性技术创新”这一概念，而后 Christensen 在其著作《创新者的窘境》及其后续的一系列文章中，进一步阐述和发展了颠覆性创新的理论内涵，因此称 Christensen 为“颠覆性创新之父”。Christensen（1997）将颠覆性创新阐述为一种立足于非主流的低端市场或新兴市场，后发企业通过不同的技术或商业模式提供的新产品、新服务，逐步削弱在位企业竞争力并颠覆现有市场结构的创新范式。Christensen 的开创性理论贡献诠释了困惑研究界已久的“亚历山大困境”，即在位企业在面临新技术调整时会面临被后发企业替代的窘境。基于 Christensen 针对颠覆性创新理论的研究演变历程（图 2.13），可以获悉颠覆性创新隐含两层重要含义：第一，颠覆性创新是脱离既有的创新窠臼进行的技术、产品或管理模式变轨；第二，颠覆性创新没有遵循传统的发展轨迹，后发企业因而有机会以此创造出新的价值体系（王海军和金姝彤，2021）。

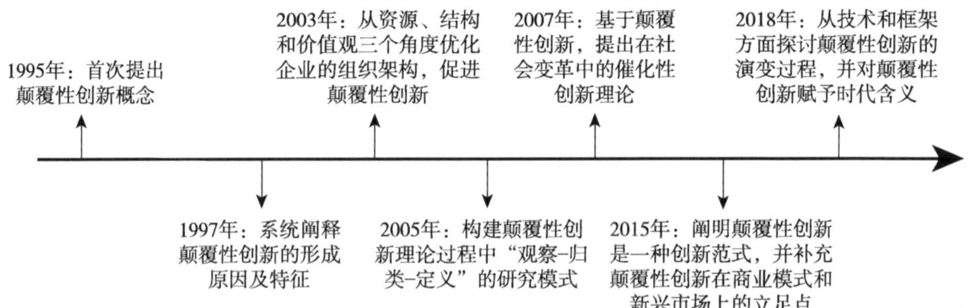

图 2.13 Christensen 的颠覆性创新理论演变时间线

换句话说，在涌现之初，由于缺乏与既有技术方案媲美的性能，颠覆性创新产品无法在主流客户群体中立足，因此主要服务于利基市场，并超出了竞争主流市场的在位企业战略雷达。但是，随着时间的流逝，颠覆性技术将逐渐达到足够的性能水平，以渗透到更大的客户群中并与现有技术展开抗争，由于其独特性的价值主张，时常有机会取代现有技术。同时，根据 Christensen 等（2015）的颠覆性创新理论模型进行阐释（图 2.14），颠覆性创新产品的性能与技术呈现出正向相关的增长关系，并且颠覆性创新能够在满足未被发掘的潜在用户需求的基础上，实现在细分市场中由低到高地逐步侵蚀市场，对在位企业产生冲击甚至替代其市场地位。

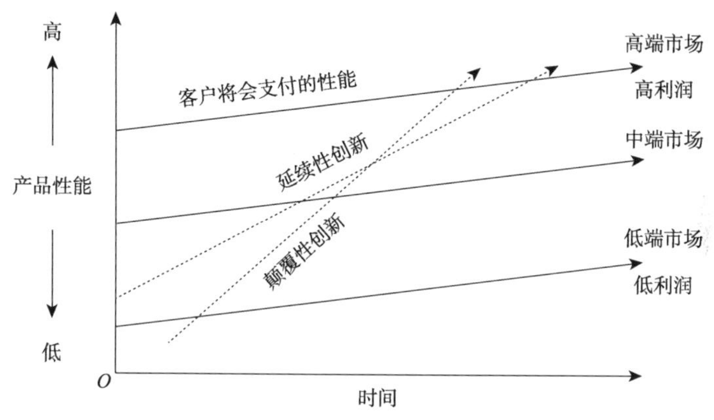

图 2.14　颠覆性创新理论模型

资料来源：Christensen 等（2015）

进一步分析在位企业失败的原因。一方面，成熟的在位企业通常更重视主流客户的需求偏好，与颠覆性创新产生与发展所需的非主流用户需求产生矛盾；另一方面，这种瞄准非主流用户需求的创新模式难以形成高额利润，并难以为大企业提供利润支持，因此在大企业中容易过早夭折，形成“大企业病”。此外，国内学者对颠覆性创新的内涵也有不同角度的解读。例如，黄鲁成等（2015）基于 Christensen 的颠覆性创新技术 *S* 曲线提出了属性–技术（P&T）模式下的颠覆性创新阶跃式性能提升轨道，并展现了属性与技术在时间迁移下互相推动的作用机制；张枢盛和陈继祥（2013）对颠覆性创新的演进、机理及路径选择进行了评述；王俊娜等（2012）对广东省 LED（light-emitting diode，发光二极管）照明行业的颠覆性创新过程进行了分析。

Christensen 的颠覆性创新模型未能在所有情境下适用，如从高端市场兴起同时伴随技术突破的液晶显示器（liquid crystal display，LCD）电视机则对阴极射线管（cathode-ray tube，CRT）电视机形成了颠覆。周洋和张庆普（2017）则认为鉴于顾客消费水平的不同，技术偏离也能够存在于高端市场中，同时产品/服务因规模效应而带来的成本降低也成为高端市场自上而下被侵蚀的重要因素。

国内外学者也从不同视角对颠覆性创新进行了研究，Danneels（2004）认为颠覆性创新造成市场竞争绩效甚至市场竞争格局的变化。靳宗振等（2017）认为颠覆性创新的效果涉及价值链的全过程，具体包括产业链、创新链和时间链三个方面。Arun 等（2018）扩展了颠覆性创新概念的内涵并从演进、相关性、暂时性和框架的角度探讨颠覆性创新的现象。刘安蓉等（2018）整理了美国安全中心等机构提及的颠覆性创新内涵，同时从国家战略的角度肯定了颠覆性创新的重要性。此外，由于颠覆性创新研究的切入点通常为市场及行业的角度，不少国内外学者以案例研究的方式进行研究。为具象理解颠覆性技术，本章归纳整理了部分典型案例，如表 2.2 所示。

表 2.2 颠覆性技术典型案例

成熟技术	颠覆性技术案例	作者	颠覆过程描述
白炽灯等传统照明技术	LED 照明技术	王俊娜等（2012）	LED 照明技术性能的快速提升和生产成本的大幅下降，使其从渠道、标准和供应链三个方面对传统照明技术进行颠覆
CRT	LCD	周洋和张庆普（2017）	LCD 在体积和画面质量上优于 CRT，前者首先在高端显示器市场兴起，随着制造成本降低后，继而占领了主流显示器市场
日本新干线高铁技术	中国高铁技术集成	刘云等（2019）	中国在引入日本新干线高铁技术后，通过自主研发实现“落后—追赶—领跑”的颠覆性创新发展历程
喷墨打印机	激光打印机	Christensen 和 Raynor（2003）	激光打印机的体积及打印速度优势使其迅速占领办公室用品市场
摩托罗拉手机芯片	英特尔 PC 微处理器	李善友（2015）	英特尔从低端市场进行颠覆，对芯片技术的改进使苹果等客户弃用摩托罗拉芯片
课堂教育	互联网远程教育	Christensen（1997）	互联网环境为教育服务方式的转变提供了载体支持，进而占领了部分教育市场并对传统课堂教育产生了冲击
B2B（business to business，企业之间）商业模式	C2C（customer to customer，用户之间）商业模式	仝自强等（2019）	C2C 商业模式通过多元化的个体销售方式打破了企业间对接的 B2B 互联网经济模式

颠覆性技术的“颠覆性”是在面对被颠覆对象时体现的，如表 2.2 中列示的 LED 照明技术最早应用于指示灯及显示板等产品，后经过集成技术组合后应用于照明行业，从而对白炽灯等传统照明技术产生了颠覆性的效果，因此被颠覆对象是颠覆性创新研究中必不可少的要素。一方面，颠覆性创新广泛分布于制造、交通、通信、教育等行业；另一方面，颠覆性创新在学科、行业之间的交叉融合现象十分常见，如互联网远程通信技术应用于教育行业后对课堂教育产生了冲击，因此如何引导跨学科、跨产业的知识交流、科技融合与技术应用在当前变得尤为重要。

2. 国外研究现状

1）共被引分析

为了识别关于颠覆性创新的文献关联度和研究热点，利用 CiteSpace 可视化工具针对 Web of Science 数据库中选取的文献，从期刊共被引、作者共被引和文献共被引三个方面进行分析，分别反映出颠覆性创新研究领域期刊（图 2.15）、作者（图 2.16）和文献（表 2.3）方面的表现及联结情况（王海军和金姝彤，2021）。

AM ECON REV（American Economic Review）
IND CORP CHANGE（Industrial and Corporate Change）
INNOVATORS DILEMMA（The Innovator's Dilemma）
ACAD MANAGE REV（Academy of Management Review）
STRATEGIC MANAGE J（Strategic Management Journal）
MANAGE SCI（Management Science）
ORGAN SCI（Organization Science）
J MANAGE（Journal of Management）
J MANAGE STUD（Journal of Management Studies）
ACAD MANAGE J（Academy of Management Journal）
ADMIN SCI QUART（Administrative Science Quarterly）
INNOVATORS SOLUTION（The Innovator's Solution）
CALIF MANAGE REV（California Management Review）
TECHNOVATION（Technovation）
RES POLICY（Research Policy）
MIT SLOAN MANAGE REV（MIT Sloan Management Review）
J PROD INNOVAT MANAG（Journal of Product Innovation Management）
HARVARD BUS REV（Harvard Business Review）
IEEE T ENG MANAGE（IEEE Transactions on Engineering Management）
J MARKETING（Journal of Marketing）
J MARKETING RES（Journal of Marketing Research）
RES TECHNOL MANAGE（Research Technology Management）
TECHNOL FORECAST SOC（Technological Forecasting and Social Change）

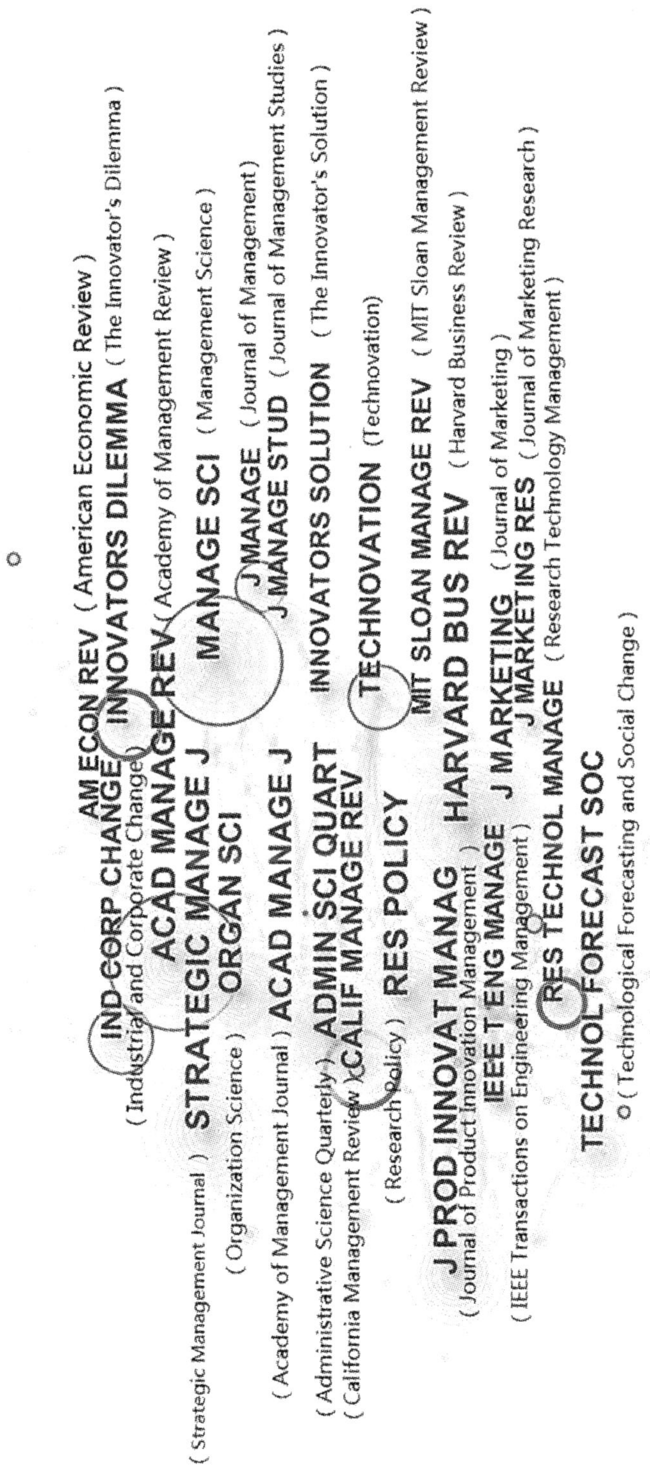

图 2.15　国外颠覆性创新研究领域期刊共被引图谱

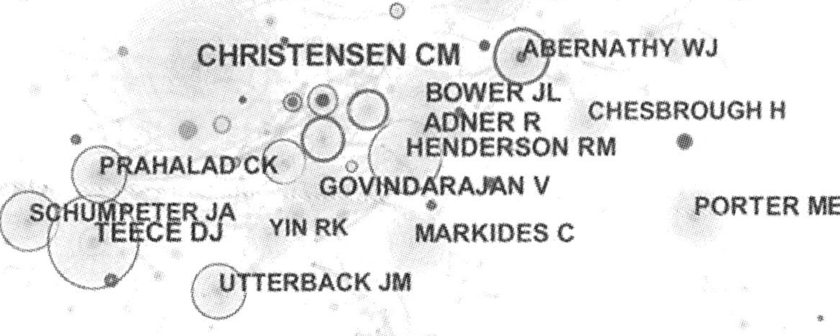

图 2.16　国外颠覆性创新研究领域作者共被引图谱

表 2.3　Web of Science 文献共被引情况

序号	题名	作者	来源	共被引频次
1	The Innovator'S Solution：Creating and Sustaining Successful Growth	Christensen 和 Raynor（2003）	Harvard Business School Press	36
2	A Reflective Review of Disruptive Innovation Theory	Yu 和 Hang（2010）	*International Journal of Management Reviews*	27
3	What is disruptive innovation?	Christensen 等（2015）	*Harvard Business Review*	22
4	The innovator's dilemma as a problem of organizational competence	Henderson（2005）	*Journal of Product Innovation Management*	21
5	Creativity is not enough: ict-enabled strategic innovation	Markides 和 Anderson（2006）	*European Journal of Innovation Management*	19
6	Road mapping a disruptive technology: a case study: the emerging microsystems and top-down nanosystems industry	Walsh（2004）	*Technological Forecasting and Social Change*	19
7	The ongoing process of building a theory of disruption	Christensen（2006）	*Journal of Product Innovation Management*	18
8	Business models, business strategy and innovation	Teece（2010）	*Long Range Planning*	18
9	Disruptive technology roadmaps	Kostoff 等（2004）	*Technological Forecasting and Social Change*	18
10	Business model innovation: opportunities and barriers	Chesbrough（2010）	*Long Range Planning*	18

如图 2.15 所示，*Harvard Business Review* 的论文共被引频次最高，居于被引期刊首位，共被引频次高达 292 次；*Strategic Management Journal* 次之，共被引频次为 281 次；*Resources Policy* 居于第三位，共被引频次为 253 次。居于前十位期刊的共被引频次均大于 200 次。大部分期刊对于颠覆性创新研究领域的影响较小。

Christensen 的研究观点得到广泛认同并被视为后续学者的理论基础，其中 *The Innovator's Dilemma*: *When New Technologies Cause Great Firms to Fail* 共被引频次高达 453 次（图 2.16）。然而，其余作者的共被引频次相对逊色，其中 452 名共被引作者中有 348 名共被引频次低于 10 次的作者。进一步分析图 2.16 中节点位置可以发现，虽然 Porter（共被引频次为 79 次）和 Utterback（共被引频次为 61 次）等学者共被引频次较高，凭借其鲜明且独立的学术观点也受到了颇多关注，但与领域内的重要学者之间的引用关系较弱。进而，本书梳理了 Web of Science 数据库中颠覆性创新文献共被引情况（表 2.3）。

根据表 2.3，*The Innovator's Solution*: *Creating and Sustaining Successful Growth* 一书共被引频次最多，为 36 次。Yu 和 Hang（2010）在阐明颠覆性创新的基本概念和潜在误解的基础上总结了有关如何从内部和外部、市场和技术角度进行潜在颠覆性创新研究，共被引频次为 27 次。共被引频次在 10 次以上的仅有 22 篇，且共被引文献中有 419 篇共被引频次低于 5 次，意味着绝大部分文献影响力有限且联结不紧密。

2）关键词分析

为掌握该领域的研究演进过程，生成关键词聚类图谱（图 2.17）和关键词词频变动知识图谱（图 2.18）。依据图 2.17，颠覆性创新最为重要的是各研究领域之间重合程度较大、关系密切，但同时也表明颠覆性创新各方向研究的延展度不足。对以上聚类结果进行再次归纳，具体可以分为颠覆性创新的内涵/特点与演进机制研究（包括颠覆、原有企业失败和不平等等特征）、行业领域研究（包括工程生态学、共享经济和纳米技术等领域）和组织系统研究（学习、管理和策略等方面）。

根据图 2.18 中十字形节点，“创新”“颠覆性技术”“绩效”等关键词均处于突显位置。可以发现：颠覆性创新逐步由探究其创新模式，演进为对其性能、战略和能力等内容的探索。进一步地，2003 年前后关键词的词频节点为创新、颠覆性技术和绩效等方面，到 2010 年后则逐步演变为对系统、策略、模式等的研究，近年来已经逐渐拓展到知识管理、可持续性和增材制造等方面。

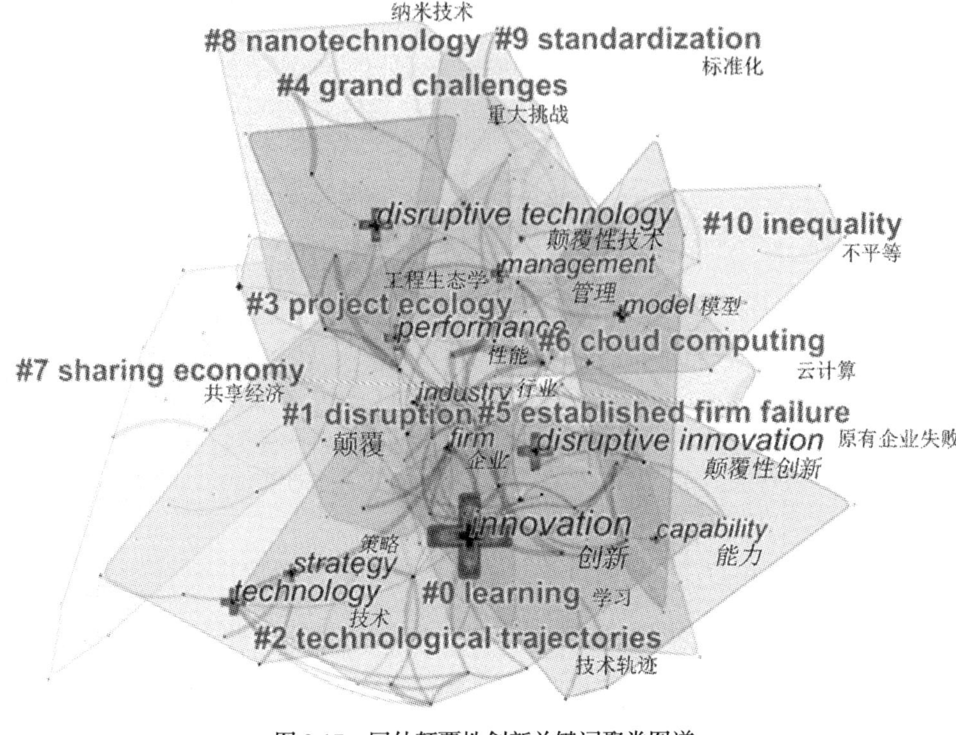

图 2.17 国外颠覆性创新关键词聚类图谱

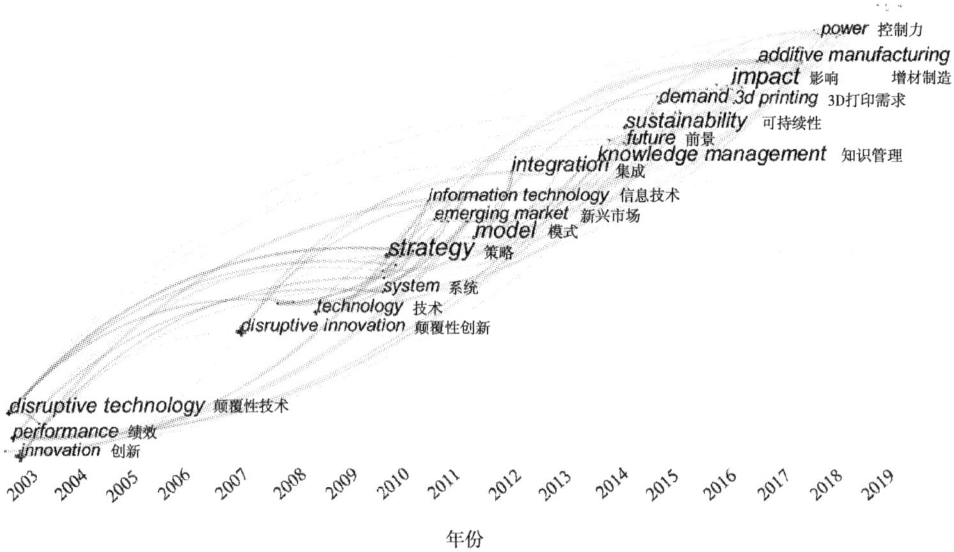

power 控制力
additive manufacturing
增材制造
impact 影响
demand 3d printing 3D打印需求
sustainability 可持续性
future 前景
knowledge management 知识管理
integration 集成
information technology 信息技术
emerging market 新兴市场
model 模式
strategy 策略
system 系统
technology 技术
disruptive innovation 颠覆性创新
disruptive technology 颠覆性技术
performance 绩效
innovation 创新

2003 2004 2005 2006 2007 2008 2009 2010 2011 2012 2013 2014 2015 2016 2017 2018 2019

年份

图 2.18 国外颠覆性创新关键词词频变动知识图谱

3. 国内研究现状

1）共被引分析

为研判国内学者对于颠覆性创新的学术关注点，颠覆性创新文献共被引情况如表 2.4 所示。在被国内学者参考的与颠覆性创新相关的文献中，共被引频次并列第一的文献共有 3 篇（13 次）。其中，Danneels（2004）围绕颠覆性技术的定义、颠覆性技术的预测、在位者成功的原因、顾客导向的优点及创建颠覆性技术商业化模式的优点 5 个主题进行探讨，并挖掘这些主题与颠覆性创新相关领域之间的关系。Govindarajan 和 Kopalle（2005）的相关文章也是高度共被引的文献之一。共被引频次排在前 10 位的文献中，7 篇为外文文献，3 篇为中文文献，可见国内作者仍需在颠覆性创新领域进行探索。

表 2.4　颠覆性创新文献共被引情况

序号	题名	作者	来源	共被引频次
1	A reflective review of disruptive innovation theory	Yu 和 Hang（2010）	*International Journal of Management Reviews*	13
2	Disruptive technology reconsidered：a critique and research agenda	Danneels（2004）	*Journal of Product Innovation Management*	13
3	The usefulness of measuring disruptiveness of innovations ex post in making ex ante predictions	Govindarajan 和 Kopalle（2005）	*Journal of Product Innovation Management*	13
4	关于颠覆性技术识别框架的探索	黄鲁成等（2015）	《科学学研究》	11
5	Demystifying disruption：a new model for understanding and predicting disruptive technologies	Sood 和 Tellis（2011）	*Marketing Science*	9
6	颠覆性创新的扩散过程与中小企业的竞争策略	黄海洋和陈继祥（2011）	《工业工程与管理》	8
7	When are technologies disruptive? a demand-based view of the emergence of competition	Adner（2002）	*Strategic Management*	8
8	Disruptive innovation：in need of better theory	Markides（2006）	*Journal of Product Innovation Management*	8
9	“破坏性创新”与组织响应	吴贵生和谢伟（1997）	《科学学研究》	7
10	Disruptive technology roadmaps	Ronald 等（2004）	*Technological Forecasting and Social Change*	7

2）关键词分析

对比国外而言，在国内颠覆性创新研究中（表 2.5），关键词共现 78 次的“颠覆性创新”，与共现 70 次的“颠覆性技术”共现频次居于前两位。其余高频关键词共现频次均不超过 5 次。

表 2.5 国内颠覆性创新关键词共现频次统计

项目	关键词	共现频次
1	颠覆性创新	78
2	颠覆性技术	70
3	技术创新	5
4	DARPA	4
5	颠覆性技术创新	4
6	后发企业	4
7	人工智能	4
8	项目经理	2
9	竞争优势	2
10	领域	2

4. 相关研究成果评述

结合知识图谱聚类结果，围绕基本命题、研究方法和研究视角三个维度对颠覆性创新的研究现状进行述评。颠覆性创新研究的发展趋势主要包括：①颠覆性创新的理论内涵将得以拓展。Christensen 提出的颠覆性创新理论基础被视为领域探索的北极星。随着国内外学者的不断深化研究，颠覆性创新的内涵和外延将有所变化。例如，伴有技术突破的高端颠覆性创新研究将受到更多重视。②颠覆性创新研究的方法和视角将更加多元。当前学者多停留在通过探索性案例研究等质性研究方法探寻颠覆性创新的机理与机制，今后国内外学者将使用多元化的分析方法开展对颠覆性创新的具体研究，如实验方法、计量分析和仿真模拟等定量方法，从多个维度揭秘理论“黑箱”，不仅有利于系统地解析颠覆性创新的内在动力和影响因素，也便于推动在复杂、不确定性环境下的颠覆性创新理论体系开发。③企业进行“弯道超车”的具体路径将更为广阔。未来，数字化、平台化、模块化、创新生态系统等技术革命带来的浪潮也可能成为赋能颠覆性创新的重要因素，从而更加系统和全面地挖掘颠覆性创新的潜力和绩效。④颠覆性创新的研究场景将更为丰富。当前，以 5G、物联网、大数据、人工智能等为代表的新一代信息技术正与经济社会各领域深度融合，极有可能触发越来越多的颠覆性技术创新和商业模式变革，不同应用场景间的交叉研究与应用将成为颠覆性创新研究的重要趋势之一。

2.2.2　创新生态系统理论

1. 创新生态系统理论的起源与特征

创新体系理论经历了由 1.0 线性创新范式（封闭式创新）到 2.0 创新体系范式（开放式创新），再到 3.0 创新生态系统范式（嵌入/共生式创新）的转变。随着市场环境的快速变化、任务的复杂性和不确定性增加，未来的竞争不再是单独的企业之间的对抗，而是发生在生态系统之间或系统内部业务领域的竞争，企业的可持续发展取决于生态系统的整体发展状况（Adner，2006）。在创新生态系统中，拥有互补资源和能力的各种创新主体相互作用，以松散耦合的方式连接在一起，参与主体的相互作用和共生关系保证了生态系统的可持续发展（Iansiti and Levien，2004）。当前，创新生态系统已成为企业关注的焦点问题，全球一些领先企业（如苹果、IBM、宝洁、西门子、微软、谷歌、海尔等）引进新的创新范式，纷纷建立以企业为中心的动态开放型创新生态系统，这些企业与系统内其他成员积极开展资源共享和信息交互，产生了许多在产业界颇具影响力的创新成果，不仅提升了企业自身业务的增长潜力和创新能力，还为消费者创造了价值，赢得了市场竞争优势（战睿等，2020）。

创新生态系统模式的构建与特定的区域空间相关，如国家创新生态系统、区域创新生态系统、产业创新生态系统和企业创新生态系统（Shimei et al.，2019）。其中，企业创新生态系统，是指企业为满足用户需求，在创新过程中与影响其创新活动的组织或个人建立各种合作关系，形成协同化、相互依赖、共存亡的开放性和动态性网络格式系统（蒋石梅等，2015）。自 Moore（1996）和 Adner（2006）分别提出商业生态系统和创新生态系统后，陈劲（2017）认为企业创新生态系统的核心在于成员异质性、共生演化，以及个体目标与整体目标协同。

在分析企业创新生态系统对颠覆性创新的影响上，Rieple 和 Kapetaniou（2017）建立了一个集成化的理论框架，提出每种类型的颠覆性创新都需要不同类型的商业生态系统才能使创新扎根并变得具有颠覆性。闫瑞华和杨梅英（2019）认为核心企业能够充分利用资源编排的方式巩固自身市场地位并实现技术进阶与升级，同时促进创新生态系统的迭代。有学者指出，诸如谷歌、亚马逊、英特尔、高通等高科技行业的“颠覆者”，其成功归因于能带来网络效应和多边市场交易的核心技术平台（Gawer，2014）。反过来，它们还依靠创新生态系统中充满活力且独立的成员来提供互补性的产品和服务，从而增强其核心技术平台的价值（Gawer and Cusumano，2002；Parker et al.，2016；战睿等，2020）。在此基础上，Ozalp 等（2018）解析了基于平台的生态系统和颠覆性创新之间的影响关系，并指出代际技术的转化可能会颠覆现有的生态系统。

具体检索规则如下：①检索使用高级检索；②索引界定为管理学相关范畴，排除与主题无关的文献干扰；③检索时间为 2002~2019 年；④外文检索编辑检索式，同义主题词用“OR”连接，相关联主题词用“AND”连接，中文检索采用期刊检索，输入主题词进行限定。由数据可知，检索后共得到英文文献 517 篇，中文文献 357 篇。

2. 国外研究现状

国际研究的聚类分析通过共被引关系聚类视图呈现，如图 2.19 所示。最终确定的聚类标签名称如表 2.6 所示，聚类 0 为 business model（商业模式），聚类 1 为 digital platform（mobile platform mediated network）[数字平台（移动平台中介网络）]，聚类 2 为 innovation（创新），聚类 3 为 value co-creation（价值共创），聚类 4 为 entrepreneurial ecosystems（创业生态系统），聚类 5 为 knowledge（service science）[知识（服务科学）]，聚类 7 为 strategy and policy（战略与政策），聚类 8 为 regional innovation systems（区域创新系统），聚类 9 为 capability（能力）。以下以经典文献和前沿文献从聚类方面对国际企业创新生态系统研究进行阐述。

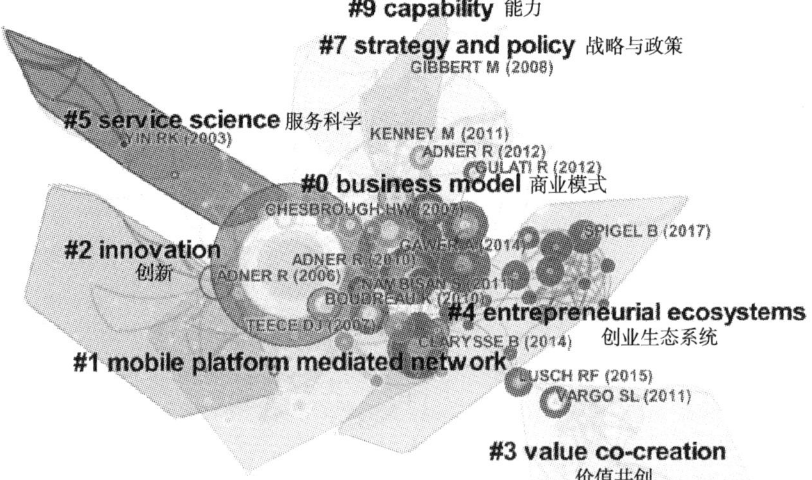

图 2.19　国外“创新生态系统”共被引关键词聚类图谱

聚类 6 为小聚类，与其他聚类没有交叉关系，此处做剔除处理

表 2.6　国外"创新生态系统"文献共被引主要聚类概况

聚类号	聚类的紧密程度	平均发表年份	标签词
0	0.696	2012	business model
1	0.812	2009	digital platform（mobile platform mediated network）
2	0.796	2008	innovation
3	0.990	2010	value co-creation
4	0.868	2013	entrepreneurial ecosystems
5	0.850	2006	knowledge（service science）
7	0.869	2011	strategy and policy
8	0.973	2011	regional innovation systems
9	0.977	2011	capability

聚类 0 的研究主题为 business model（商业模式），商业模式描述了核心企业的价值创造和价值获取计划。Adner 和 Kapoor（2010）、Adner（2017）认为关于生态系统的一系列问题需要根据共同的价值创造来重新考虑商业模式和组织设计的选择，参与者的商业模式是生态系统战略的关键。Gawer（2014）、Gawer 和 Cusumano（2014）则主张生态系统治理包括加强各参与者的商业模式，并提出平台运行的框架，认为平台领导者不能依赖传统治理模式而要培育自身的生态系统。Rong 等（2015）通过案例研究提出三阶段商业生态系统培育模型，以促进核心企业产品的商业化。Bogers 等（2016）通过梳理学者对于开放性创新的研究，认为核心企业向外部利益相关者开放商业模式时，多个利益相关者的商业模式出现动态和共同演进，生态系统与实施生态系统的行业之间相互依存。在商业模式问题上，学者多基于案例（如英特尔、ARM 等）进行论证，然而，在生态系统的背景下，仍需要深入探索有关商业模式发展激励、定位和协调选择、客户期望和价值量配置等问题。

聚类 1 的研究主题为 digital platform（数字平台），按照原型技术进行分类，平台技术包含于数字技术。技术平台是由创新和竞争代理组成的演进组织或元组织（Gawer，2014）。从平台技术视角来看，Boudreau（2010）研究出两种开放平台的方法，一是授予对平台的访问权，为围绕平台的互补组件打开市场；二是放弃对平台本身的控制。Gawer 和 Henderson（2007）从互补的角度探讨了英特尔的战略，强调了公司使用组织结构和过程作为承诺机制，证明平台通过供应和/或需求的范围经济创造价值，对理解竞争在互补中的动态及组织形式在形成竞争中的作用具有启示意义。Yoo 等（2010）认为数字化催生了一种新型的产品架构——分层模块架构，以一种不可逆的方式在设备、网络、服务和内容之间建立松散耦合的数字化产品。从平台经济视角上，将产品开发和网络理论与实证研究结合起来描述网络中心核心企业协调过程的本质（Nambisan et al.，2011），可以揭示网络的外感性和网络效应。Tiwana 等（2010）基于软件平台的出现将竞争转向以平台为中心的生态系统。数字科技正迅速改变产业形态，有效地协助人们进行高质量的创新，形成万物共生的创新生态。

聚类 2 的研究主题为 innovation（创新），该聚类主要探讨创新的实现途径。创新生态系统使企业能够创造单独一家企业无法创造的价值（Adner，2006），创建技术标准体系结构和管理补充第三方供应商的生态系统是复杂生态系统演化的关键因素（West and Wood，2013），Brusoni 和 Prencipe（2013）认为核心组织可以促进创新和获取价值，创新生态系统是一个复杂的实体，由一群相关的参与者组成，参与者的知识和能力不断进化。Teece（2007）利用社会科学和行为科学，说明在一个开放经济中，在全球快速创新的情境下，企业动态能力是保持企业绩效所必需的本质能力和微观基础。Ethiraj 和 Posen（2013）扩展了产品开发工具组件之间技术依赖关系变化会破坏企业创新规范的观点，探讨了在复杂产品生态系统中，产品架构的变化对企业创新绩效的影响。学者从不同角度对创新实现途径的探讨丰富了创新的理论。

聚类 3 的研究主题为 value co-creation（价值共创），价值共创是一种新的创造价值的方法，对企业和系统中的其他参与者都具有重要意义。Vargo 和 Lusch（2011，2016）探讨了以系统为导向的框架，证明所有的参与者通过资源集成和提供服务来共同创造价值，并且重点关注制度在价值共同创造系统中的作用，突出服务生态系统的概念。Lusch 和 Nambisan（2015）为服务创新提供了一个更广阔的视角，即一个基于服务主导逻辑的创新，提供了服务创新的三方框架，探讨了价值共创的影响因素。Mele 等（2014）基于服务和价值的广阔创新视角，提出资源整合是网络参与者共同创新、共同创造价值的根本途径，亟须补充价值共创的实践案例以便促进资源更好整合，同时，通过流程设计创造新的价值仍是需要进一步解决的问题。

聚类 4 的研究主题为 entrepreneurial ecosystems（创业生态系统），创业生态系统是一个区域内社会、政治、经济和文化因素的组合，能够支持创新创业企业的发展和增长，鼓励新兴企业家和其他参与者承担创业、融资及评估高风险投资（Spigel，2015）。Stam（2015）认为区域政策创造一种环境、一种制度能够使创业精神蓬勃发展。Clarysse 等（2014）分析了一群初创企业在特定时期的生态系统，认为还需要进一步分析生态系统的不同元素如何在更广泛的创新生态系统中共同进化。Colombo 等（2019）针对创业生态系统进行研究，认为应厘清不同机构设置和所有权模式之间的关系，并围绕直接参与企业生态系统的成本和收益展开的绩效措施来解决治理方面的问题。

聚类 5 的研究主题为 knowledge（知识）。Chesbrough 和 Appleyard（2007）认为在价值创造方面开放性的力量在很大程度上与知识的固有特性重置有关，知识可以带来不断增加的回报。Alexy 等（2013）提出让选择性披露知识成为竞争工具箱中的标准工具，以解决问题、塑造技术、改善市场定位及创造新的利基市场。学者从不同角度探索了企业如何利用知识进行创新活动。

聚类 7 的研究主题为 strategy and policy（战略与政策），该聚类下的文献主要是关于战略和组织架构设计主题的研究。在组织创新方面，Gulati 等（2012）在概念上把组织和社区的各种形式放在一个类别的组织元下，建立了内部系统变化的维度。Kapoor 和 Adner（2012）发现技术变革性质不同和外部知识获取能力差异均会影响企业追求纵向一体化或外包程度，揭示了创新技术和组织来源。对于组织架构设计的问题，今后有必要进行更广泛的研究，以构建不同的创新生态系统。

聚类 8 的研究主题为 regional innovation systems（区域创新系统），区域的长期发展取决于在现有知识和能力的基础上，向新的应用、多元化部门发展的能力（Asheim et al.，2011）。过度依赖单一解决方案来增强区域创新能力没有效果，决策者需要考虑当地企业生态的属性和参与角色等（Brown，2016；Brown et al.，2016）。

聚类 9 的研究主题为 capability（能力），该聚类下的文献主要探讨了企业在竞争中的协同、吸收、知识创造、价值获取和服务创新等能力。从战略管理发展史来看，学者目前主要关注的是企业的核心能力和动态能力。Teece（2018）证实了企业通过构建生态系统和设计适当的业务模型能够有效提升其动态能力，进而实现价值增值。学者在此基础上普遍强调了动态能力中资源整合在价值获取方面的重要作用。

3. 国内研究现状

通过 CiteSpace V 版本构建的关键词知识图谱（图 2.20）可以看出：①国内早期对企业创新生态系统的研究以科技企业为研究对象，主要研究企业的技术创新和技术标准；②近年来国内学者多以协同创新为视角开展研究，结合不同创新角度对企业创新生态系统理论进行丰富；③创新环境与创新主体、案例研究与系统结构的共现强度明显较高，反映出当前研究的热点和趋势。可见，国内外对企业创新生态系统研究的侧重点有所不同，国外更注重对绩效的影响，而国内更注重企业创新生态系统中的协同创新问题。

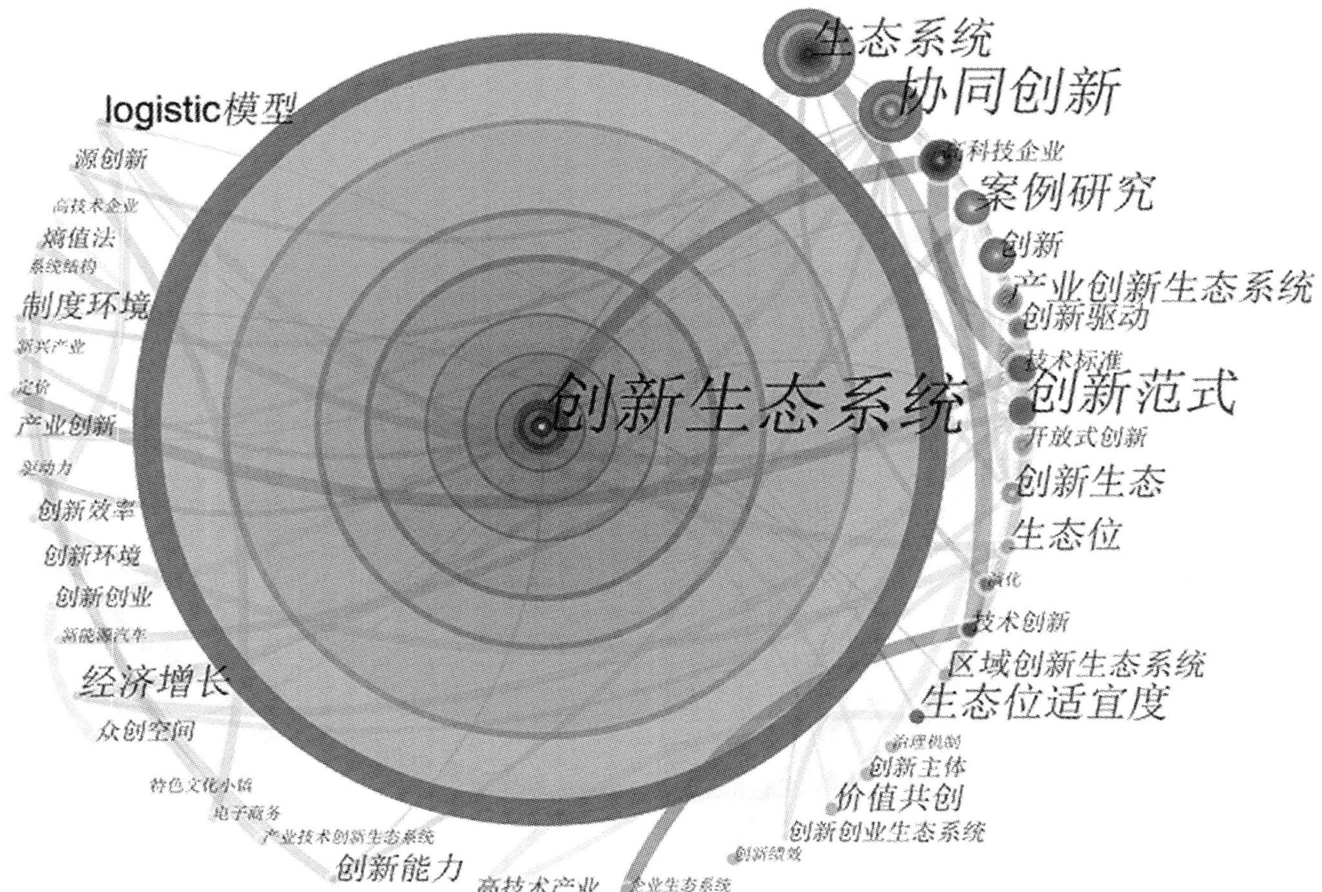

图 2.20　国内“创新生态系统”关键词图谱（文献检索来源于中国知网）

关键词共现时区图能够很好地反映国内研究的发展趋势。图 2.21 为国内企业“创新生态系统”关键词共现时区图，为增加企业创新生态系统文献演变的证据，下文对转折节点相关文献进行分析，以识别和理解主要研究对企业创新生态系统知识结构的改变。随着时间推移，出现的 3 个频次大于 10 的重要转折节点将研究划分为 3 个阶段，如表 2.7 所示。

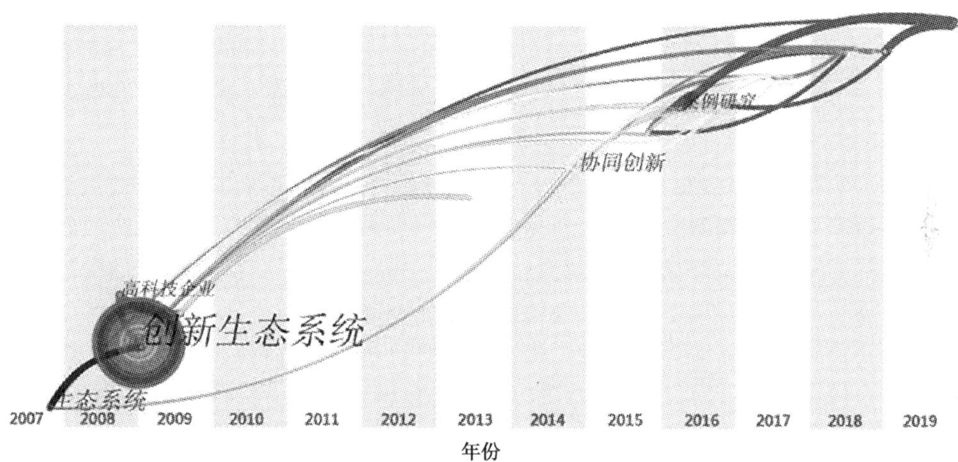

图 2.21　国内“创新生态系统”关键词共现时区图

表 2.7　国内“创新生态系统”关键词演进阶段（频次≥2）

时间范围	频次	关键词
2007~2013 年	189	创新生态系统
	27	生态系统
	12	高科技企业
	5	技术创新
2014~2017 年	17	协同创新
	9	产业创新生态系统
	7	创新范式
	6	创新生态
	3	创新能力
	2	制度环境
	2	源创新
	2	经济增长
	2	产业创新

续表

时间范围	频次	关键词
2015~2019 年	12	案例研究
	7	开放式创新
	5	生态位
	4	价值共创
	2	新能源汽车
	2	系统结构

第一阶段（2007~2013 年）：理论建构阶段。该阶段的演进过程有两条分支：一是以生态系统为起点的演进；二是以创新生态系统为起点的演进。以生态系统为起点的演进有 6 条分支，分别为技术创新、创新创业、产业创新、创新、创新驱动、演化。其中，从生态系统和企业生态系统向技术创新这一分支的演进过程具有重要意义。吴陆生等（2007）从生态系统论视角切入研究创新系统，继而构建了以市场需求为导向、企业为创新主体的科技创新模式。陈斯琴和顾力刚（2008）界定了企业创新生态系统的含义，从技术创新的宏观和微观角度分析了企业创新生态系统的结构和功能。吕玉辉（2011）认为企业技术创新系统是企业有关实施和影响技术创新活动的机构和制度的系统。在创新生态系统—高科技企业—技术标准—定价这条分支中，以张运生（2009）为主导提出了创新生态系统由高科技企业技术标准为创新耦合纽带，形成了基于模块的知识异化、协同共生、共同进化的技术创新体系，之后在此研究基础上从技术标准定价视角深入探讨了创新伙伴之间的生态关系与耦合机理问题。由此可见，企业创新生态系统的理论构建是从技术角度以高科技企业为载体率先提出的，在此阶段并未对企业创新生态系统的概念进行清晰的界定。

第二阶段（2014~2017 年）：战略融合阶段。企业创新生态系统的另一重要演进节点是与协同创新的战略融合。其中，吴绍波和顾新（2014）从创新生态系统视角研究战略性新兴产业上下游企业的协同发展问题和新兴产业创新生态系统协同创新过程中的治理模式，认为在战略性新兴产业内的企业应该采取协同创新战略，完善创新生态系统。黄海霞和陈劲（2016）以协同创新网络相关理论为基础，建构协同创新网络的理论框架，分析创新生态系统协同创新网络的运行机制和运行规律。此后，以协同创新为视角的企业创新生态系统研究范围迅速扩展，呈现多角度、多因素结合的研究趋势。创新范式与协同创新结合较为密切，21 世纪后创新范式系统论和整体论的思想被引入创新活动的研究中，创新范式逐步过渡到创新生态系统（范洁，2017），整合式创新是战略视野下的创新范式，是战略创新、协同创新、全面创新和开放创新的综合体（陈劲等，2017a）。在此阶段，学者将研究重心落在通过各种方式推动创新主体协同创新的问题上，认为在培育和发展企业创新生态系统过程中，要重视系统构成要素的整体性。

第三阶段（2015~2019 年）：应用检验阶段。随着企业创新生态系统理论体系的不断完善，我国学者将研究视角聚焦于具体运行机制的设计和实践的校验上。例如，有学者通过完成海尔集团（简称海尔）大量企业创新实践的案例发现，海尔采取开放式资源整合，利用平台战略进行创新，形成核心的企业创新生态系统，不断创造用户价值，证明平台经济是推动经济转型发展的重要引擎（张小宁和赵剑波，2015；蒋石梅等，2018）。王宏起等（2016）结合创新生态系统理论思想和分析框架，以生产新能源汽车的企业为例探究新能源汽车创新生态系统的演进机理。钱堃等（2016）、陈劲等（2017b）从嵌入式视角对案例进行深度挖掘，聚焦创新生态系统运行机制，揭示核心企业在创新生态系统中构建新能力的动态过程。此外，戴亦舒等（2018）通过案例分析尝试回答创新生态系统中价值共创的实现问题。近年来，核心企业在创新生态系统的演化过程中，出现了新的系统结构，通过案例分析对新结构下参与者关系和机制进行研究，可以为企业建立和治理创新生态系统提供借鉴（孙聪和魏江，2019）。从案例分析可以看出，企业创新生态系统的演变进程沿着生态位—嵌入性视角—价值共创机制，按时代特点和政策导向逐渐展开，同时反映出我国在企业创新生态系统研究上趋于应用性的倾向（战睿等，2020）。

4. 相关研究成果评述

第一，国内外对企业创新生态系统的研究侧重不同。从发文量上看，自 2016 年后，国外发文量激增，国内发文量平稳上升，2019 年国外发文量近似国内发文量的两倍，表明企业创新生态系统仍是全球企业创新管理研究的热点问题。国内发文量虽然稳步增长，但从研究的深度和广度来看与国外仍存在差距。从关键词共现频次上看，国外更偏重对系统绩效方面的探讨，而国内则偏重协同共生方面的研究。

第二，对企业创新生态系统结构的研究需要结合多案例开展。目前，国内研究紧随国外研究前沿，并从不同角度密切结合本土情境展开。企业创新生态系统的建构需要适宜的土壤，一个成功的生态系统是不可能完美复制的，因此结合具体案例对企业创新生态系统各方面影响因素及系统结构方面的研究更具有实践价值，并且未来的研究应采取多案例研究方法，以提高案例研究的有效性和可靠性。

第三，企业创新生态系统的建构需要重视影响系统的相关能力。国外学者偏重对创新生态系统能力、产品开发、绩效和竞争优势等方面的影响因素进行研究，而国内学者对企业创新生态系统的研究主要聚焦于协同创新和高科技企业技术创新等方面。企业将自身命运与整个生态系统紧密联系成一个整体，努力实现共生演化，在这个过程中企业内部创新能力的提升往往不足，与生态系统相关的能力则扮演了越来越重要的角色，如动态能力获取、组织关系协调和生态治理等。

第四，企业创新生态系统相关能力的培养与能力的实现途径有关。通过对国内外 2017~2021 年基于新视角的企业创新生态系统研究文献的梳理，发现多视角研究的最终目的是探讨系统相关能力在系统中的实现途径。例如，构建一个企业创新生态系统更重要的是如何保持系统的活力，对生态系统能力培养的解析有助于提高企业创新生态系统活力，高活力的创新生态系统具有平稳运行的能力，有利于企业的生存和发展。伴随企业创新生态系统的演进，需要拓展原有理论的应用界限，以适应企业创新生态系统的健康运行。

2.2.3　全球价值链理论

1. 全球价值链理论的起源与特征

在经济新常态下，中国深度嵌入全球经济一体化彻底颠覆了中国企业传统的创新管理模式，使企业不得不在更具挑战性的环境中生存和发展：第一，全球贸易和投资规则的变化，如 TTP（Time-Triggered Protocol，通信协议）和 TTIP（Transatlantic Trade and Investment Partnership，跨大西洋贸易与投资伙伴关系协定）等使各国进一步重视知识产权管理和自主技术开发；第二，全球化和网络化使科学技术知识的创造更加分散、传播更加迅速；第三，中国市场的全面开放，如中国（上海）自由贸易试验区的设立等，将进一步推动国内市场的国际化进程，进而加剧行业市场竞争。为此，企业必须探索创新模式，以提高技术标准，准确捕捉用户需求，利用快速和低成本的创新产品与服务等，最终在激烈的市场竞争中求生存、促发展。但是，由于单个企业自身核心技术的不足和战略资源的缺乏，无法依靠自身的力量去满足众多用户的个性化需求和新需求，也不可能参与全球市场竞争。这势必要求企业将创新体系外延到更广泛的外部网络层面，以获取新的和异质性的技术与知识（Stevenson et al.，2002）。

全球价值链嵌入为解决上述困境提供了方案。全球价值链理论根源于 Porter（1985）在 *Competitive Advantage*（《竞争优势》）中所提出的“价值链”概念，他将相互联系的价值创造过程称为价值链。在此基础上，Krugman（1995）融合了企业间价值链和区域、国家间价值链，丰富了全球价值链的内涵。随后，Gereffi 和 Memodovic（2003）等逐步建立起全球价值链概念及理论框架。嵌入全球价值链有利于企业获得知识，提高学习及创新能力（Pietrobelli and Rabellotti，2011）。宋晶和陈劲（2016）也证实了后发企业可以凭借创新推动企业融入且攀向全球价值链高端。此外，Williamson 和 Meyer（2012）指出，全球价值链为企业构建竞争优势带来机会，而其中的主要方式是创造松散耦合的网络或生态系统，由此企业能够在维持企业核心业务的同时，还能（向客户）提供更为复杂的解决方案。在经济新常态下，全球价值链朝着更加协同的方向迈进（喻汇，2013），说明在全球价值链中可能存在多个参与治理的主导企业，它们分布于价值链的不同节点上。全球价值链也是模块化分工深化的必然产物，模块化催生了价值链上价值的重新分布（尹美群，2006），形成了由价值模块组成的模块化创新网络（党兴华和张首魁，2005；孙耀吾和谈媛嫡，2018）。刘维林（2012）揭示了模块化对于本土企业突破全球价值链低端锁定具有重要意义。

本部分检索规则及经检索后所使用的文献数据如表 2.8 所示。将检索后的文献进行导出和处理，其中中文原始数据 696 篇，在 CiteSpace 软件中经过数据转换和除重处理后为 696 篇；英文原始数据 432 篇，经过 CiteSpace 软件除重处理后为 432 篇。

表 2.8　“全球价值链”文献检索规则

数据库类别	检索式（词）	更多设置	数据库名称	数量/篇
Web of Science 核心合集	TS=（global value chain）AND TS=（innovation）	索引=SCI-EXPANDED, SSCI 时间跨度=1997-2020	MANAGEMENT OR BUSINESS OR ECONOMICS	432
中国知网	主题=全球价值链 AND 主题=创新	时间跨度：1997-2020	CSSCI[1)]	696

1）CSSCI：Chinese Social Sciences Citation Index，中文社会科学引文索引

2. 国外研究现状

本书通过 CiteSpace 共被引关系聚类功能分析国外研究文献数据。生成的文献共被引图谱共产生 13 个爆发式节点，节点信息如表 2.9 所示。

表 2.9　“全球价值链”文献共被引爆发式节点（基于 Web of Science 数据库）

序号	突现题名	作者	强度	开始年份	结束年份
1	The governance of global value chains	Gereffi 等（2005）	5.35	2008	2010
2	Upgrading in global value chains：lessons from Latin American clusters	Giuliani 等（2005）	4.36	2009	2010
3	Global value chains and technological capabilities：a framework to study learning and innovation in developing countries	Morrison 等（2008）	6.49	2010	2013
4	Location, control and innovation in knowledge-intensive industries	Mudambi（2008）	5.39	2010	2013
5	Why are companies offshoring innovation? The emerging global race for talent	Lewin 等（2009）	3.3	2010	2014

续表

序号	突现题名	作者	强度	开始年份	结束年份
6	Who profits from innovation in global value chains? A study of the iPod and notebook PCs	Dedrik 等（2009）	5.68	2012	2015
7	Global commodity chains：genealogy and review	Bair（2009）	3.28	2012	2014
8	Global value chains meet innovation systems：are there learning opportunities for developing countries?	Pietrobelli 和 Rabellotti（2011）	8.42	2013	2016
9	Catch-up strategies in the Indian auto components industry：domestic firms' responses to market liberalization	Kumaraswamy 和 Mudambi（2012）	3.34	2013	2017
10	Clusters, connectivity and catch-up：Bollywood and Bangalore in the global economy	Lorenzen 和 Mudambi（2013）	7.24	2016	2018
11	Thriving innovation amidst manufacturing decline：the Detroit auto cluster and the resilience of local knowledge production	Hannigan 等（2015）	3.85	2016	2018
12	Knowledge connectivity：an agenda for innovation research in international business	Cano-Kollmana 等（2016）	4.38	2017	2020
13	Global value chains in a post-Washington Consensus world	Gereffi（2014）	4.03	2017	2020

根据表 2.9，Gereffi 等（2005）通过四个行业的案例研究突出了全球价值链治理的动态性和重叠性。Giuliani 等（2005）通过分析拉丁美洲的集群得出结论：集群有助于工业区的企业克服增长限制，并在发达国家和欠发达国家的遥远市场上进行竞争。Mudambi（2008）研究了全球价值链背景下知识密集型产业的定位、控制和创新。Dedrik 等（2009）通过对特定产品的研究，探讨了谁能从全球价值链创新中获得经济利益的问题。随着时间的推移，国外学者对全球价值链创新领域的研究主题不断丰富，拓展至发展中国家及各行业，如 Pietrobell 和 Rabellotti（2011）认为创新系统以多种方式与全球价值链互动，这些互动影响发展中国家企业是否及如何学习和创新。近年来被引用次数最多的文献主要基于全球价值链的理论框架进行，不断创新和深化相关理论研究。Cano-Kollmann 等（2016）提出在全球价值链背景下，全球知识流动的规模正在扩大，跨国企业必须把握全球知识网络创新，提升在全球价值链中的地位。

3. 国内研究现状

本部分构建国内“全球价值链”关键词共现时区图（图 2.22）。为了更好地观察研究的演进趋势，按照时间顺序把频次≥4 的关键词分为三个阶段进行罗列，如表 2.10 所示。下文以这三个阶段来阐述国内“全球价值链”创新的演进脉络。

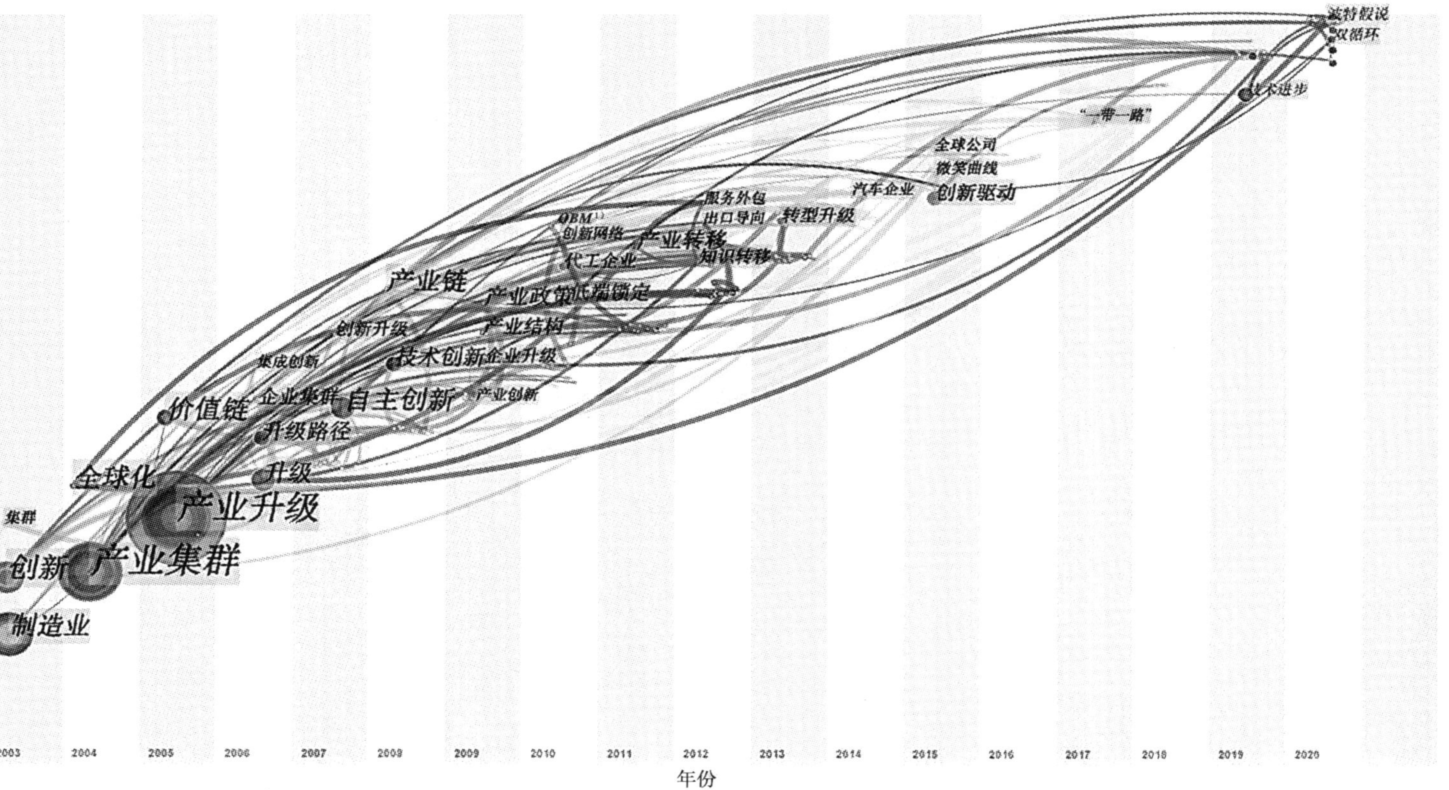

图 2.22　国内“全球价值链”关键词共现时区图（基于中国知网数据库）

1）OBM：original brand manufactuce，原始品牌制造商

表 2.10　国内“全球价值链”演进阶段关键词（频次≥4）

时间范围	频次	关键词
2003~2007 年	59	产业升级
	45	产业集群
	31	制造业
	23	升级
	21	创新
	18	价值链
	15	自主创新
	12	升级路径
	9	全球化
	5	企业集群
2008~2016 年	15	技术创新
	14	创新驱动
	13	低端锁定
	11	产业链
	8	企业升级
	8	转型升级
2017~2020 年	9	技术进步
	5	“一带一路”

第一阶段（2003~2007 年）：理论构建阶段。该阶段的演进围绕全球价值链创新的各个主题内容进行，主要包括价值链和创新体系、处于全球价值链的对象，如产业集群或企业集群及其通过创新实现价值链增值的升级路径。其中，孙飞翔和吕拉昌（2017）通过回顾国家创新系统的研究成果，提出国家创新系统国际化是当前重要的研究主题，未来国家创新系统研究要重视基础理论研究和多学科综合研究，加强对国际化尤其是与全球价值链的关联研究和创新系统整合的研究。侯茂章（2010）提出创新是发展中国家产业集群嵌入全球价值链并实现转型升级的必由之路。梅丽霞等（2005）在总结一般意义上产业升级理论的基础上，提出地方产业集群的升级应包含五个方面的升级，即技术能力、创新能力、外向关联、社会资本和创新系统的升级。由此分析可知，全球价值链创新的理论构建是在全球化背景下，从全球价值链理论及创新系统理论的融合中提出的。

第二阶段（2008~2016 年）：应用检验阶段。随着全球价值链理论体系的不断完善，国内学者将研究重点转移至解决企业或产业集群低端锁定的问题及具体对策上。例如，王静华（2012）认为产业集群升级应该同时考虑外部视角与内部动力的结合，不仅要建立并完善内部知识共享和技术扩散机制以促进集群自身技术创新能力提升，还要推动集群打破传统加工制造业务局限，积极地向先进研发服务型集群迈进。王海军等（2018a）分析了全球价值链对 OLED 产业的影响及中国 OLED 产业面临的挑战和机遇，在此基础上，绘制了中国 OLED 产业的价值链跃迁路线图，并提出了推动中国 OLED 产业创新发展的若干对策。

第三阶段（2017~2020 年）：与时俱进阶段。该阶段，国内学者更注重时代特点与国家政策和全球价值链创新的结合。例如，韩晶和孙雅雯（2018）依据"一带一路"倡议，通过分析中国主导的"双环流全球价值链"体系的发展趋势及面临的挑战和机遇，提出相应的对策和建议。张兴祥等（2020）基于"双循环"发展格局提出，中国需从不同方向着手，以巩固在全球价值链中的地位，并努力向中高端转移。例如，针对传统制造业和前沿技术发展可采取更具针对性的创新战略。张二震和戴翔（2020）认为新冠疫情影响下，全球价值链重构速度加快，这也为中国的发展带来机遇。由此可见，全球价值链创新的研究越来越贴近时代特征并按照时政导向展开。

4. 相关研究成果评述

国内外对全球价值链创新的研究侧重不同。综合上述对全球价值链创新领域的国内研究分析，国内学者对全球价值链创新问题的研究主要分为四种类型：①过程创新。在全球价值链的各环节或各环节之间通过改变内在的作业过程来实现创新，从而提高效率，如优化资源配置方案，降低库存成本或提高物流效率。②产品创新。新产品创造或老产品功能创新，从而提高企业的市场竞争力，巩固或提高市场地位。③功能创新。通过改进企业内价值组合来实现价值增值。④跨价值链创新。由原价值链跨越到更具有获利空间的价值链中。除了以上对全球价值链创新类型进行的划分以外，还有众多国内学者对企业及企业集群嵌入全球价值链后的创新升级和转型机制进行深入研究。部分学者基于全球化视角，以全球价值链嵌入为主要研究对象探索其与企业之间的关系，并得出一些有价值的管理启示；还有部分学者以企业为研究对象，分类研究这些企业嵌入全球价值链后升级和转型的路径和对策，如高技术企业集群、制造业等。该研究方向的相关理论成果不断发展更新，已相对丰富和完善。对于国外研究，国外学者主要是就全球价值链创新的理论问题进行研究，此外，还通过实际案例进行实证研究，以拓展相关理论体系更好地贴合实践。

2.2.4 数字平台理论

1. 数字平台理论的起源与特征

近年来，平台模式席卷全球，对企业价值创造方式、市场竞争格局、产业演化与变革乃至人们的生活都产生了颠覆性的影响，平台思维已经成为许多行业尤其是高新技术产业取得成功的重要因素之一（Cusumano，2010）。同时，大数据、云计算、区块链、人工智能等新兴数字技术的快速发展，为数字平台的发展和演进带来了新的动力。数字化使平台更易于扩展，交易成本更低，领先数字化平台（如 iTunes、Facebook、微信等）呈现高度的模块化特征，并显著颠覆了用户的消费行为和企业的创新模式。

数字平台是一个由互补性模块、一系列规则和组织管理行为构成的复杂信息系统（Cenamor et al.，2017）。在技术维度上，数字平台是嵌入业务网络中的分层模块化信息技术架构（Kazan et al.，2018），包含了由数字技术创造的设备、网络、服务与内容四个层面，这些层面彼此之间存在松散的关联，并通过可扩展代码库提供核心功能和相关模块化服务（Yoo et al.，2010；Tiwana et al.，2010）。例如，数字平台拥有者提供的软件开发工具包（software development kit，SKD），以及服务商提供的增值功能就属于模块化服务，其可以借助应用程序接口（application programming interface，API）来整合新模块。从这种意义来说，每种模块化服务都是一个软件子系统，能够扩展数字平台的功能。

数字平台的数据检索规则如表 2.11 所示。经过数据筛选，共得到 1 024 篇英文文献，324 篇中文文献。

表 2.11 数字平台的数据检索规则

数据库类别	检索式（词）	数据库名称	数量/篇
Web of Science 核心合集	TS=（Digital platform）	MANAGEMENT OR BUSINESS ORECONOMICS OR MANAGEMENT SCIENCE	1 024
中国知网	主题=数字平台	CSSCI	324

2. 国外研究现状

图 2.23 为国外“数字平台”关键词共现图谱。由图 2.23 可知，国外“数字平台”关键词共现有 513 个节点，1 033 条连线，根据关键词共现频次整理得到排名前十的高频关键词分别为 innovation（创新）、platform（平台）、impact（影响）、digital platform（数字平台）、technology（技术）、model（模型）、social media（社交媒体）、information（信息）、competition（竞争）、strategy（战略）。

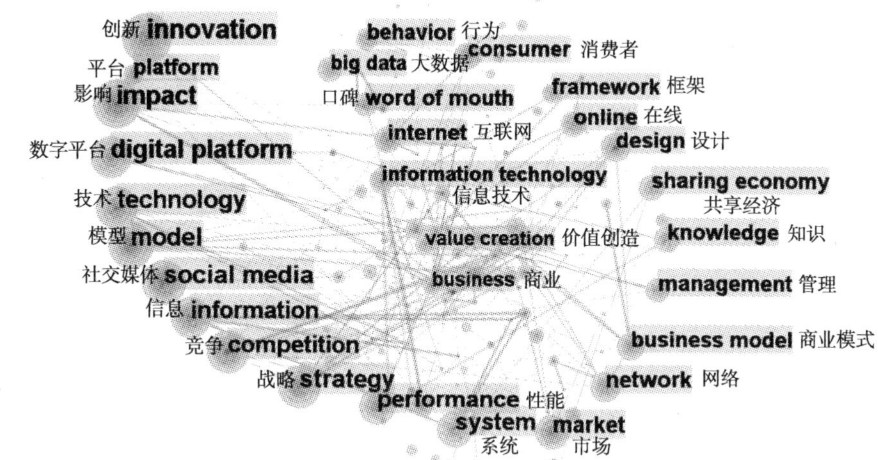

图 2.23　国外“数字平台”关键词共现图谱

根据高频关键词的属性特征，可以将国外关于数字平台研究的热点主题划分为三类。第一类是对数字平台提供支持，包括创新、平台、技术，随着技术不断发展，数字平台将得到完善，更好地服务于企业与大众。第二类是数字平台的特征，包括信息、竞争、战略，反映出数字平台的本质属性。第三类是对数字平台的应用，包括数字平台产生的影响、模型、社交媒体，通过对数字平台的应用将数字技术转化为产出，促进数字经济与实体经济的融合发展。学界以数字技术为出发点，结合数字平台的特征，最后实现数字平台在企业中的应用，从而不断丰富和完善数字平台的理论体系。

3. 国内研究现状

图 2.24 为国内“数字平台”关键词共现图谱。由图 2.24 可知，国内“数字平台”关键词共现有 369 个节点，580 条连线。国内“数字平台”关键词排名前十的分别为数字平台、数字经济、平台化、数字劳动、事件系统理论、企业创新生态系统、合作意愿、数据商品、数字创新模式、数字创新能力。

可以将国内关于数字平台研究的热点主题划分为三类。第一类是数字平台的动力，包括数字经济、平台化、数字创新模式、数字创新能力等，推动数字平台向前发展。第二类是数字平台与企业之间的联系，包括事件系统理论、企业创新生态系统、合作意愿等，数字平台与数字平台生态系统的发展密不可分。第三类是数字平台的产物，包括数字劳动、数据商品等。

图 2.24　国内“数字平台”关键词共现图谱

4. 相关研究成果评述

国外研究主题较为广泛和均衡，国内则缺乏多样性。同时，对比高频关键词，国内外研究的关键词差别较大，说明国内外关于数字平台研究的关注点有所不同。国外关于数字平台的研究逐渐形成“平台—平台经济—数字平台—数字平台企业—数字平台生态系统—数字平台治理机制”的研究体系，国内尚未形成一定的研究体系。

国外关于数字平台研究的两个前沿趋势如下：①数字经济背景下，平台经济的治理机制；②企业产品利用数字平台在市场中扩大发展。国内关于数字平台研究的两个前沿趋势如下：①数字经济背景下，企业如何利用数字平台进行转型升级；②企业的数字创新模式与能力。

通过对比国内外关于数字平台的研究，国内未来可以从以下方面进行提升：第一，深化关于数字平台的理论研究，逐渐形成研究体系。与国外研究相比，国内研究不够深入，尚未形成研究体系。第二，拓宽研究主题。相比国外研究，国内研究主题缺乏多样性，因此在研究主题方面还有较大的拓展空间。

2.2.5　模块化理论

1. 模块化理论的起源与特征

模块化理论的正式研究开始于 20 世纪 60 年代 Simon 提出的“复杂性架构”。

可以看出，模块化最初是基于技术层面提出的，其本质是将产品（系统）分拆成不同的模块，使模块之间通过标准化接口进行信息沟通的动态整合过程（Baldwin and Clark，2000）。对系统的模块化分解可简化系统层处理界面，还可降低系统层处理界面的分析和处理复杂度（McClelland and Rumelhart，1995；Ulrich，1994）。哈佛大学的 Baldwin 和 Clark（1997）发表了 Managing in an age of modularity（《模块化时代的管理》）论文后，模块化开始进入系统性研究阶段，并被陆续应用于产品开发、技术创新、战略管理、组织行为和产业发展等领域。

相关研究指出，模块化有助于解构复杂的系统和组织（Langlois，2002），基于模块化的组织管理模式可以通过定义清晰的关系架构，构建易于管理的模块与接口。这些能够在提升模块间知识交互效率的同时，实现对于复杂性的收敛管理，促进模块内的自主创新，以及通过模块间的简单互联规则实现专业分工下的混合和匹配创新。模块化具有专业化分工和松散耦合的特性，能够使一组截然不同但相互依存的组织进行协调而非施行分级管理，不但可以降低产品复杂度、促进技术创新，更被视为催生和塑造创新生态系统出现的重要驱动力（Jacobides et al.，2018）。例如，Sanchez 和 Mahoney（1996）主张模块化可以成为有效组织复杂产品和战略灵活性的关键工具，基于"近似可分解性"结构和"明确规定的规则"，可以获得新的配置而不损失系统的功能（Baldwin and Clark，1997）。另有学者提出，组织模块化创新策略有助于核心企业整合资源、减少沟通协调成本等（魏江等，2014；王海军等，2019）。

关于模块化的研究主题，限定"主题= modularization or modularity""文献类型=Article""类别=management or business or operations research management science or economics""时间跨度=1991-2019""数据库=SCI-EXPANDED，SSCI"，来检索英文文献，共计检索到 878 篇文献。

2. 国外研究现状

图 2.25 为基于 CiteSpace 软件绘制的可视化知识图谱，每个圈由不同灰度的环构成，环代表该年份的文献被引情况，环越大，则该文献的被引频率（即引用率）越高；黑色圆环说明该文献在某一年份引用率突进，即该主题成为研究热点。从图 2.25 中可以看出，1991~2019 年管理领域中模块化理论的研究聚类群主要包含 product architecture（产品架构）、organizational design（组织设计）、supply-chain management（供应链管理）、mass customization（大规模定制）、learning（组织学习）、supply chain agility（供应链敏捷性）和 service modularity（服务模块化）。

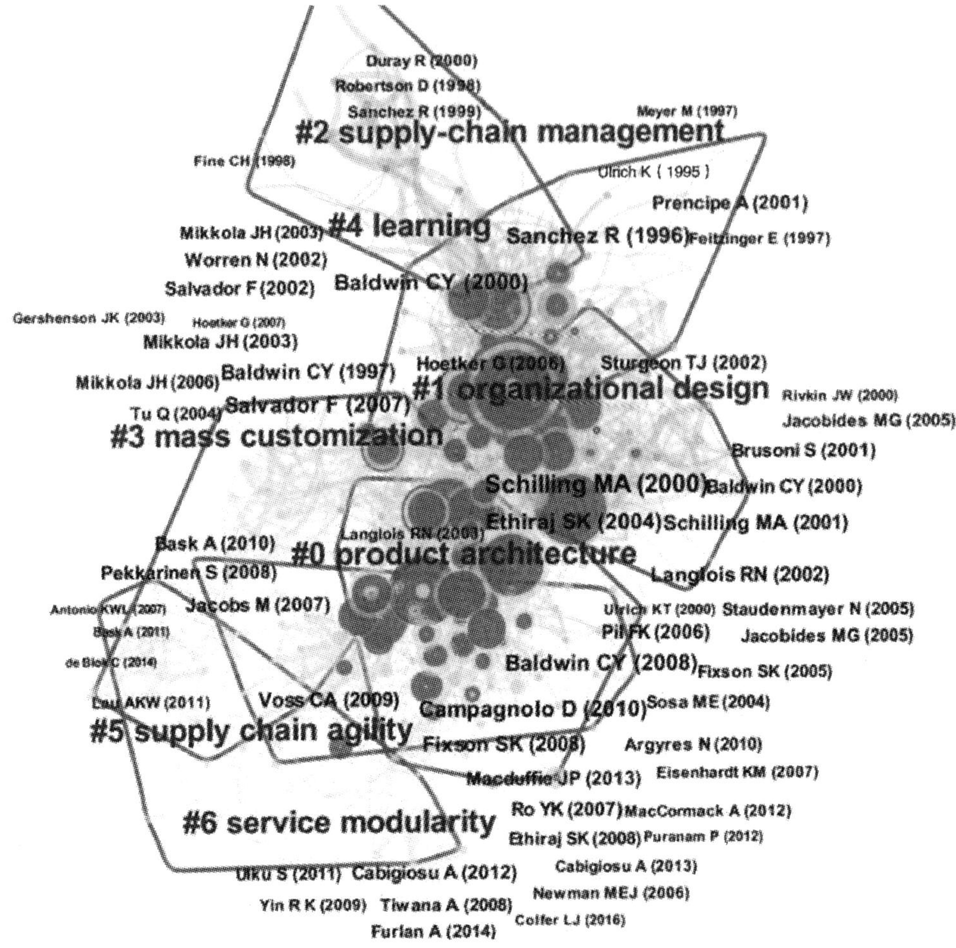

图 2.25　模块化研究共被引文献聚类知识图谱（1991~2019 年）

第一，产品架构聚类以 Hoetker（2006）、Jacobs 等（2007）、Lau 等（2011）为代表的研究开拓了模块化定量研究阶段，对产品与组织模块化、产品模块化与竞争绩效等关系展开实证探讨。其中，Hoetker（2006）基于企业知识观和交易成本理论，构建了产品与组织模块化关系的因果模型。Jacobs 等（2007）首次利用实证手段检验了产品模块化对竞争绩效（成本、质量、灵活性和周期时间）的影响。Lau 等（2011）通过实证研究了产品模块化、产品创新，以及新产品绩效间的关系。Pil 和 Cohen（2006）的研究指出，产品模块化设计可驱动模仿，可能导致对模块化长期绩效的负面影响。

第二，组织设计聚类以 Schilling 和 Steensma（2001）、Ethiraj 和 Levinthal（2004）、Langlois（2002）等的研究为基础，主要围绕组织模块化的特性和驱动

因素，以及复杂系统的最优模块化程度等展开。其中，Schilling 和 Steensma（2001）基于通用模块化系统理论，实证检验了投入和需求的异质性对模块化组织形式的驱动作用。Ethiraj 和 Levinthal（2004）构建了检验复杂系统创新和绩效的动态能力仿真模型，探讨了数量、精细度、集成水平等模块化的最优化问题。Langlois（2002）基于模块化设计与知识产权理论构建了企业组织模块化理论。

第三，以 Schilling（2000）、Salvador 等（2002）和 Mikkola（2003）为代表的学者隶属于供应链管理聚类，他们从生产设计模块化层面探讨了模块化生产系统的运营管理问题。其中，Schilling（2000）对产品模块化的驱动因素及机制等做出定性探讨，并构建了跨企业的产品模块化模型。Salvador 等（2002）通过实证探讨了如何协调产品、流程设计和供应链决策，以最大限度地提高运营和供应链绩效。Mikkola（2003）分析了产品架构模块化及其对企业的外包决策和企业间学习的影响机制。

第四，大规模定制聚类重点关注模块化战略的驱动因素。其中，Worren 等（2002）开创性地构建了包括前因、驱动因素和结果变量的产品模块化整合模型。

第五，组织学习、供应链敏捷性两个聚类关注模块化调节下组织管理行为对绩效的作用机制。其中，Sanchez 和 Mahoney（1996）研究了产品设计、组织设计、知识学习和管理过程及竞争策略之间的相互关系，指出产品设计和组织设计的模块化驱使一种新的知识管理方式的出现，进而形成一种使学习流程同产品架构及部件设计流程相契合的松散耦合形式。Danese 和 Filippini（2013）基于 201 家制造厂的数据实证分析，验证了产品模块化对新产品开发时间绩效及产品绩效有显著影响，以及供应商的参与起到部分中介作用。模块化理论作为研究焦点上的新兴议题，服务模块化聚类的研究尚处于探索阶段。其中，Pekkarinen 和 Ulkuniemi（2008）提出服务平台可分解为服务概念、流程、组织和顾客界面四个模块。以 Bask 等（2010）为代表的学者也进行了模块化理论扩展到服务业的可行性讨论。

3. 国内研究现状

运用 CiteSpace 对 2000~2020 年的 814 篇模块化相关文献数据研究状况及热点问题进行呈现，经数据筛选与去重，形成国内“模块化”关键词共现图谱，如图 2.26 所示。可以看出，早期国内对于模块化的研究以企业、产业集群为主要研究对象，并聚焦企业的创新竞争优势与技术创新研究。关键词“模块化”共现频次最高，达 231 次，关键词“产业集群”、“竞争优势”和“创新”共现频次较高。

图 2.26　国内“模块化”关键词共现图谱

进一步地，近 20 年来国内针对模块化的研究从最初的模块划分、生产管理拓展到组织管理角度。从产品/服务模块化和组织模块化两个主要维度来看，国内研究主要呈现以下动态。

在产品/服务模块化与创新之间关系的研究上（表 2.12），已有研究证实产品模块化设计有助于提高企业的技术创新水平或增强创新绩效，其内在机制包括培育创新文化（方爱华和卢佳骏，2017）、提升产品创新性与制造敏捷性（游博和龙勇，2016）、知识集成（骆品亮和刘明宇，2009）、知识创新和应对不确定性（芮明杰和陈娟，2004）、分散研发风险（陈柳，2006），以及产品多样化和为产品创新带来新动力（张莉莉等，2005）等。在组织模块化与创新之间关系的研究上，已有研究不仅证实组织模块化对技术创新具有显著直接的正向影响作用（王海军等，2019；曹虹剑等，2015），还指出了其对创新的间接影响作用；而引入结构构建匹配后，模块化制度设计对组织价值创新的影响更加显著。这种间接影响作用的内在机制为组织学习的开放化与知识整合的标准化等（郝斌和冯增田，2011）。

表 2.12　国内模块化与创新研究状况

研究主题	研究内容或主要观点	研究方法	代表文献
产品/服务模块化	产品模块化可以被赋予调节产学研用协同创新的功能	关系研究	王海军等（2020b）
	产品模块化设计对企业创新文化具有一次影响，流程自动化对企业创新文化具有二次影响		方爱华和卢佳骏（2017）
	产品、技术模块化通过提升产品创新性提高新产品绩效，制造流程模块化通过制造敏捷性提升新产品绩效		游博和龙勇（2016）
	产品模块化、组织模块化（企业层面和产业层面）、模块化分工与模块化协同对技术创新都具有显著的正向影响		曹虹剑等（2015）
	产品模块化通过提高技术创新水平来提升企业的未来性能力进而影响增长绩效		陈建勋等（2009）
	专业服务业的服务模块化（模块自律性和界面标准型）分别通过推动个人知识结构化和企业知识显性化来提高创新绩效（客户响应性）	机制研究	魏江等（2014）
	模块化创新的网络化知识集成模式有助于产品创新静态效率和动态效率的结合		骆品亮和刘明宇（2009）
	模块化信息包裹的重要功能更体现在具有分散企业研发风险的内在机制方面		陈柳（2006）
	模块化为产品快速、持续地创新搭建了一个平台：产品快速实现多样化；给企业产品创新带来动力		张莉莉等（2005）
	以模块化原理管理员工可以激发其创造力，同时有利于提高组合创新的机会，应付未来不确定性及提高创新速度		芮明杰和陈娟（2004）
组织模块化	产品模块化、企业组织模块化、产业组织模块化、模块化分工与模块化协同对技术创新都具有显著的正向影响	关系研究	曹虹剑等（2015）
	组织模块化具备的协同机制，可以推动研究型大学组织体系→教育教学→科技创新→技术转移的良性运转	机制研究	王海军等（2019）
	模块化企业促进技术创新的三大机制：组织学习的开放化与知识整合的标准化，架构创新与模块创新的主体分离，模块化成员企业之间的创新淘汰赛		郝斌和冯增田（2011）
	模块化组织的价值创新路径：竞合互动路径→价值对流路径→模块操作路径		王瑜和任浩（2014）
	以超模块组织来加强开发过程中各任务模块之间的联系，有利于促进整个产品系统的突破性创新		王凤彬等（2011）
	组织模块化与技术模块化的协同是管理跨边界研发网络架构的重要方式		魏江等（2014）

4. 相关研究成果评述

归纳起来，目前学术界对模块化的概念仍未给出清晰的界定，因此未能形成统一的变量测量方式，导致管理领域模块化理论的相关实证研究间缺乏关联。此外，由于模块化及绩效等相关的变量测量会随着学者的关注点不同而呈现差异性，即主观性较为严重，这在一定程度上制约了实证研究的客观性。例如，当前学者基于产品设计模块化、生产系统模块化和组织设计模块化等进行实证研究，概念不清、分类标准模糊等导致变量测量混乱，甚至出现相互矛盾的研究结果。同时，也有研究证实组织内部缺乏适当的协调规则和制度支持，过度的模块化策略一方面会与现存的标准化策略相违背，另一方面则会导致企业的低绩效与创新阻隔。

2.3　现有研究存在的不足

1. 创新情景嵌入研究不足

追溯 Christensen 关于颠覆性创新的经典理论，发现其关键内涵在于“技术变轨”和“低端市场切入”。然而，当前我国面临着嵌入全球价值链且提升竞争位势，以及促进关键核心技术创新等深刻命题。为了突破思维定式，颠覆性创新理论在我国当前的发展情景下势必要做适应性的演化。例如，该类创新范式既可以从低端市场切入，也可以依靠技术的突破性、引领性来满足细分市场需求。另外，当前关于颠覆性创新情景下的生态系统理论研究落后于实践，其理论体系存在“模糊地带”，亟待拓宽相关理论研究和应用情境。此外，现有文献对于企业创新生态系统影响颠覆性创新的途径辨析仍不清晰，前者对后者的赋能逻辑并未被深刻揭示。

2. 跨层次整合研究不够

现有研究多聚焦于单个企业主导的创新生态系统建构，事实上颠覆性创新充满不确定性，具有高度复杂性，其价值链构造复杂，一般应由多个核心企业协同分工而非仅由“赢者通吃”的单个企业主导。另外，虽然管理机制对于理解复杂系统和组织非常有帮助，也被视为催生和塑造创新生态系统的重要驱动力，但针对企业颠覆性创新生态系统的微观管理机制研究没有受到充分重视，如创新生态系统的成员角色设计、成员间的交互和关系管理、利益分配和冲突管理等。进一步地，现有研究未能结合应用实践来验证、提升上述管理机制的可操作性、可复制性。

3. 模块化赋能力度不够

尽管模块化的根本属性在于降低复杂度，但其主要应用在产品设计和生产网络搭建上。在管理领域的模块化创新理论研究并未达成共识，现有文献缺乏对模块化的动因、结果、影响过程及测量等微观层面的跟踪研究。归纳起来，模块化与创新生态系统、全价值链等理论仍然处于并行而非交叉融合。模块化到底如何促进企业创新生态系统的成功和价值链的协同？在数字经济浪潮影响下，模块化如何改良数字平台架构继而推动企业颠覆性创新？现有文献存在一定的盲区，致使企业在践行颠覆性创新过程中缺乏灵活的“工具箱”。

2.4 本章小结

本章分析了“颠覆性创新”“数字平台”“模块化”“创新生态系统”等相关议题的学术趋势。围绕上述相关理论，还运用 CiteSpace 工具概览了这些领域的研究热点和趋势。在此基础上，总结了现有研究存在的缺口，如企业颠覆性创新的创新情景嵌入研究不足、跨层次整合研究不够、模块化赋能力度不够等，进而为后续章节深化研究提供指引。

第3章　技术与组织导向下的模块化：基本特征及创新赋能机理

3.1　模块化的背景和动因

我们生活在一个充满波动性、复杂性、不确定性和模糊性的动态世界中，业务发展速度急剧提升。重要的是，市场复杂性飙升带来的持久挑战引起了很多关注（Dincer and Nilgun，2019）。由于市场复杂性的急剧攀升，产品结构变得越来越复杂，进而企业内部效率降低（Ericsson and Erixon，1999）。因此，复杂性既与系统包含的不同部分的数量有关，也与这些部分之间的互联或相互依赖的性质有关（Langlois，2002）。随着市场需求越来越个性化，针对市场差异化的产品设计越来越精细，产品阵容的增加将导致制造企业产品种类的增加（图 3.1）。进一步地，沉重的运营费用和财务负担侵蚀了研发资源，导致产品技术开发困难。此外，全球化加速了知识传播，使科技知识的创造更加分散。因此，大型制造企业必须探索新的创新模式，以提高对用户需求的响应。

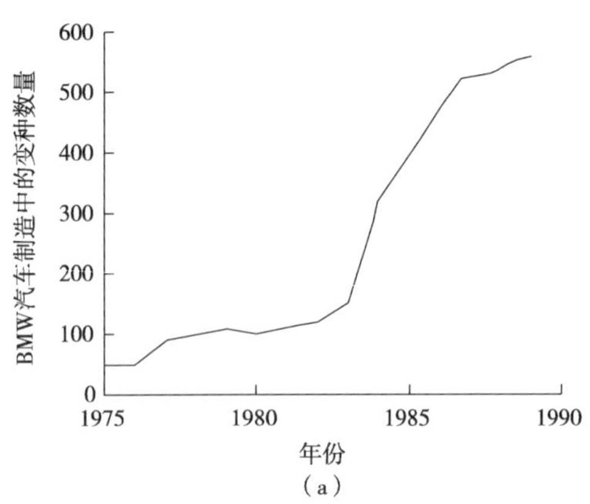

（a）

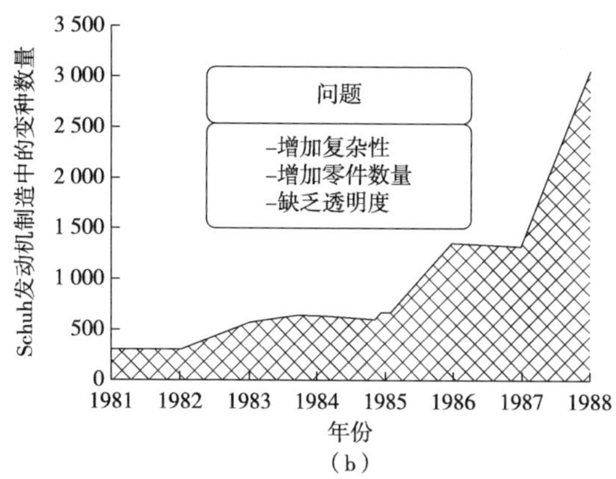

（b）

图 3.1　动态市场引发的产品复杂度攀升：BMW 和 Schuh 发动机示例

在这种情况下，创新被普遍认为是全球经济的主要驱动力，尤其是在制造业（Xin et al.，2010）。产品和服务的创新已成为全球制造企业在更具挑战性的环境中生存的必要条件（Arik and Dov，2020）。为了创新，企业必须通过灵活的产品设计和管理模式来应对复杂性，进而有效响应用户需求（Wang and Islam，2017；Candi et al.，2018）。管理复杂性的一种方法是通过将元素聚类到子系统中来减少系统中不同元素的数量，我们称之为模块化。

3.2　模块化世界基本知识

模块是可组合成产品或系统的、具有某种确定功能和标准化接口的独立单元（王海军等，2018a），模块实体（module entity）是根据功能模块的概念设计产生的差异化实体，每个模块会包含一个或若干个模块实体，模块可实现“独立设计和生产”等。模块化产品架构是用统一化的以模块为单元来描述产品族群的结构样式（王海军等，2017a）。模块化是一种通过将复杂系统分解为简单的子系统来更有效地组织复杂设计和流程操作的方法（Jose and Tollenaere，2005）。产品模块化与产品的零部件间的技术相互依赖程度有关（Schilling，2000）。这意味着具有标准化接口的模块可以独立设计、采购或生产（Ericsson and Erixon，1999）。产品模块化已被广泛认为是推出差异化产品，同时保持低成本和快速响应市场的关键途径。

模块化的特点还在于以需求分析为基础，以构建功能模块、产品架构和接口为重点，进而以模块为单元组织企业的研发、采购和生产等活动。因此，考虑到模块是独立的单元，其可以组合成具有某些特定功能和标准化接口的产品或系统（Ericsson and Erixon，1999）。此外，每个模块将包含一个或多个可以“独立设计和生产”的模块实体。模块实体是根据功能模块的概念设计的差异化实体。产品架构是将产品功能与物理组件联系起来的方法。定义产品架构是模块化产品工程设计的关键要素，应在新产品开发过程的早期系统级设计中进行（Ulrich and Eppinger，2004）。Ulrich（1995）将产品架构定义如下：①功能元素的排列；②从功能元素到物理组件的映射；③交互物理组件之间的接口规范。

因此，模块化产品可以带来较多益处，从提高设计、制造的灵活性到降低产品的研发成本等。产品模块化允许研发人员沿用设计知识和调整设计过程，继而满足用户需求的个性发展和外部环境的动态变化等（Baldwin and Clark，1997；Ericsson and Erixon，1999）。通过定义明确的产品架构和接口，可以促进统一产品平台的开发，并能支撑企业轻松引入持续创收的模块变体。在早期的产品设计过程中，将模块化逻辑嵌入产品设计阶段是开发成功产品线的必要步骤（Tucker，2010）。此外，产品模块化可以支持制造企业实施大规模定制战略，从而为基于配置的设计过程奠定基础。从实践角度来看，从 IBM 于 1964 年宣布的 System/360 开始，半个世纪以来计算机处理能力有了很大的提升。通过逐步采用产品模块化，计算机行业显著提高了创新速度，其中产品模块化使企业能够处理日益复杂的技术（Baldwin and Clark，1997）。以伊莱克斯为例，基于弹性化的模块使得产品配置战略能够发挥作用，该公司在极短的时间内创造出 3 个系列、40 多种不同型号的洗衣机产品型谱，进而能满足不同阶层的用户需求。

模块化的成功还在汽车行业显现。例如，大众公司构建了基于模块化的汽车平台，其中 A 汽车平台可生产大众、斯柯达、奥迪 TT 等 8 个品牌轿车（图 3.2）。进一步地，大众公司还运用模块化工具包（modular toolkit）策略来获得增长动力。如图 3.3 所示，大众公司持续实施模块化策略，继而降低开发成本、提升生产效率（Johnson，2013），其中，MQB（Modular Querbaukasten，横置发动机模块化前驱平台，是大众集团最新的横置发动机模块化平台）的组成部分是一个灵活的车辆架构，具有模块化的即插即用、灵活性和通用性等特点。因此，MQB 使大众公司能够以更低的成本为细分市场提供批量化定制的汽车，而且 MQB 被大多数竞争对手作为学习标杆。目前，模块化成为大众公司牢固根植于企业运营体系的一项焦点战略。

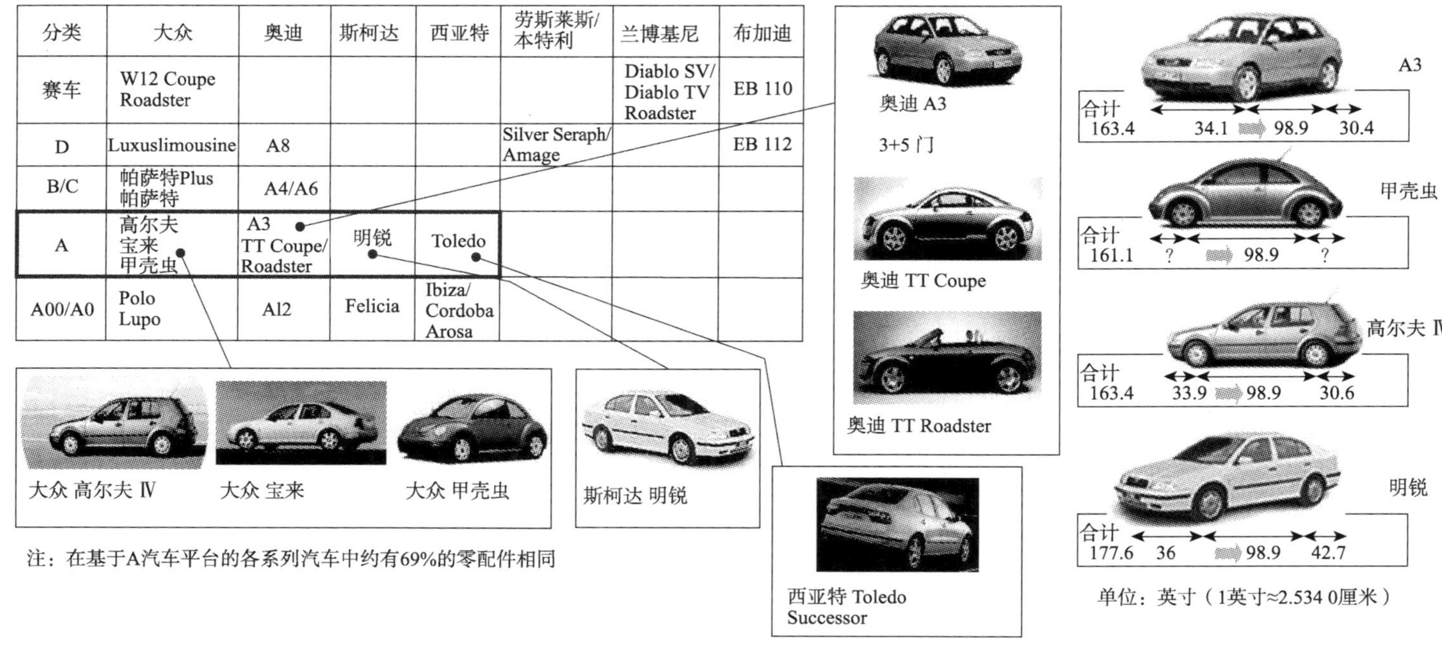

分类	大众	奥迪	斯柯达	西亚特	劳斯莱斯/本特利	兰博基尼	布加迪
赛车	W12 Coupe Roadster					Diablo SV/ Diablo TV Roadster	EB 110
D	Luxuslimousine	A8			Silver Seraph/ Amage		EB 112
B/C	帕萨特Plus 帕萨特	A4/A6					
A	高尔夫 宝来 甲壳虫	A3 TT Coupe/ Roadster	明锐	Toledo			
A00/A0	Polo Lupo	Al2	Felicia	Ibiza/ Cordoba Arosa			

注：在基于A汽车平台的各系列汽车中约有69%的零配件相同

图 3.2　德国大众公司的模块化 A 汽车平台

基于 A 汽车平台的几款车（如 A3、甲壳虫、高尔夫和明锐），均具有相同轴距；Coupe 为硬顶跑车，Roadster 为敞篷跑车

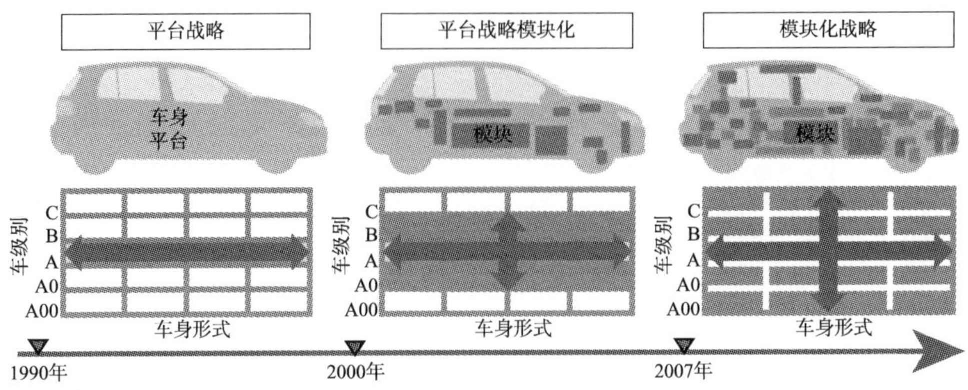

图 3.3 德国大众公司的模块化战略演进

在运输和重型设备行业，瑞典商用车制造商斯堪尼亚公司于 1980 年推出了产品模块化战略。新卡车的模块化不仅根植于模块化发动机和齿轮箱等关键部件的灵活覆盖，也用于底盘部件，包括驱动轴、传动轴、框架等（图 3.4）。这让斯堪尼亚公司可以根据市场需求制订解决方案，通过模块化设计以配置差异化的产品平台、适应不同的运输需求，同时满足更经济的生产需求（图 3.5 和图 3.6）。基于产品模块化的实施，斯堪尼亚公司的卡车具有高质量和高性价比的特点，为相对较高的利润率和行业最高的利润率铺平了道路（表 3.1、图 3.7）。

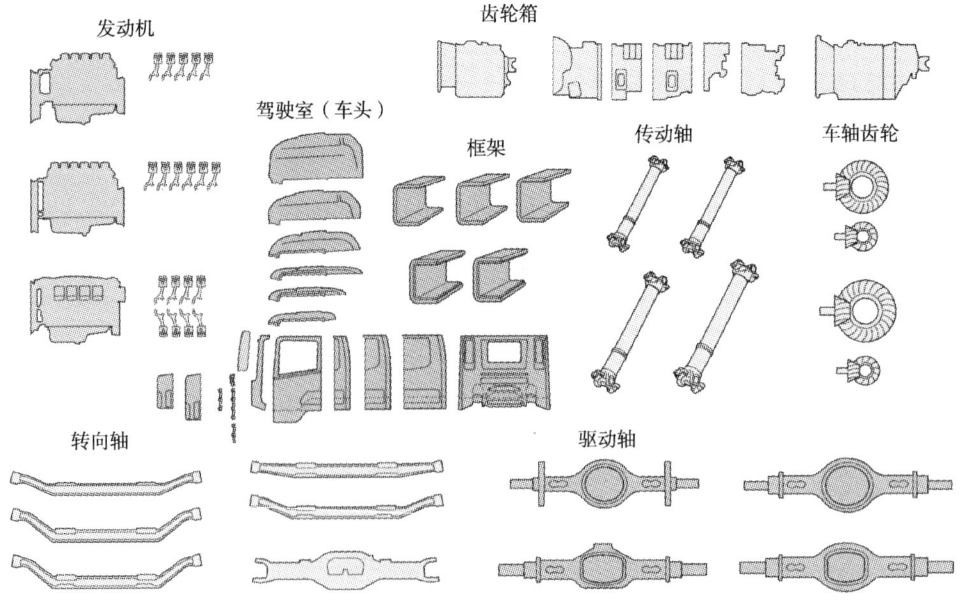

图 3.4 斯堪尼亚公司卡车的模块划分一览

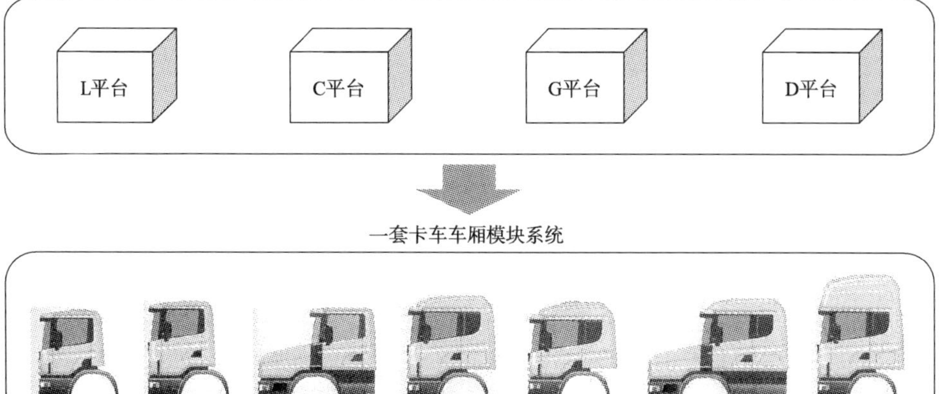

图 3.5　一套卡车车厢模块系统支撑的斯堪尼亚公司四大卡车平台

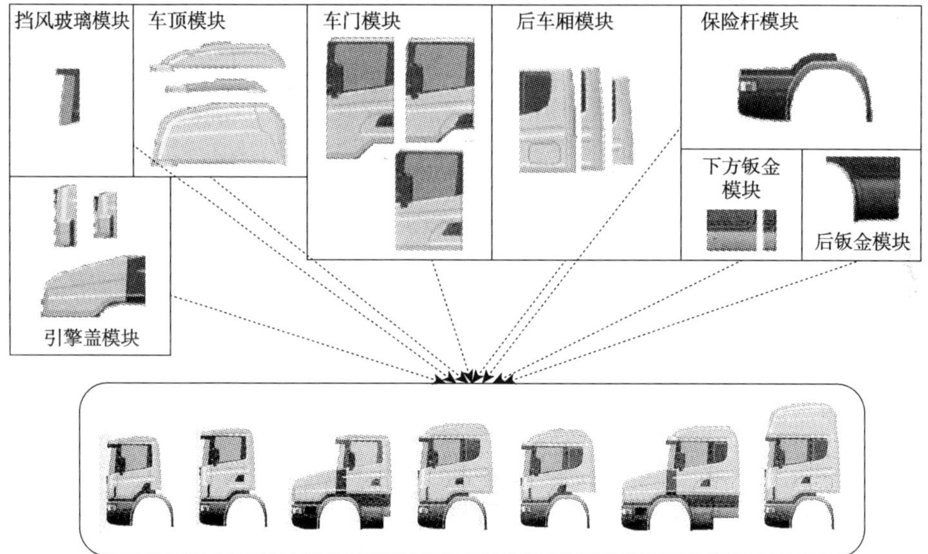

图 3.6　斯堪尼亚公司卡车车厢的模块配置示意

表 3.1　斯堪尼亚公司卡车的模块化收益

项目	推行模块化之前	第一代模块化平台	第二代模块化平台
钣金金属组件/个	1 400	380	250
内部组件/个	1 800	600	360
车厢种类/个	<1 000	50 000	>50 000
组装工时百分比	100%	75%	50%
库存（最大）	4 个月	30 天	10 天

续表

项目	推行模块化之前	第一代模块化平台	第二代模块化平台
库存（平均）	2个月	15天	5天
自动化焊接	0	60%	80%

注：数据为2007年数据

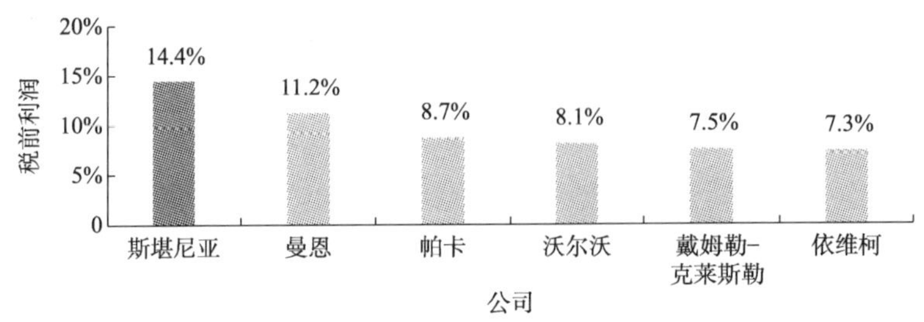

图3.7　斯堪尼亚公司与其他竞争对手的财务绩效比较

数据为2007年数据

3.3　技术导向下的模块化创新赋能机理

3.3.1　模块化连接用户和开放性资源

产品模块化设计的重要特征在于强调以市场需求分析为起点，通过组合功能独立、互换性强的模块，配置出满足用户个性化需求的特定产品（郑帅和王海军，2021）。因此，首先细化市场客户群、定量化用户需求，并把用户需求和产品特征参数联结起来；其次，构建技术解决方案转化矩阵并形成创新的载体——模块，即通过模块化将终端用户需求映射到产品设计过程中，并以模块对应用户的特定需求，进而为异质性主体间的协同创新奠定基础（王海军和张悦，2018）。

比较起来，传统的标准化主要目标是缩减零部件，而模块化则是从功能模块上实现产品的差异化与标准化的平衡（王海军等，2018b）。如图3.8所示，在传统的零部件研发模式下，由于各零部件之间缺乏清晰的关系架构，围绕零部件的研发设计受到诸多限制。实施产品的模块化设计之后，企业构建出稳固的模块化产品架构（B：核心模块，A、C、D：一般模块），模块与模块之间的作用关系趋于清晰。基于模块之间的标准化接口，企业与模块背后维系的合作资源实施知识交互和协同创新更加简单、高效。

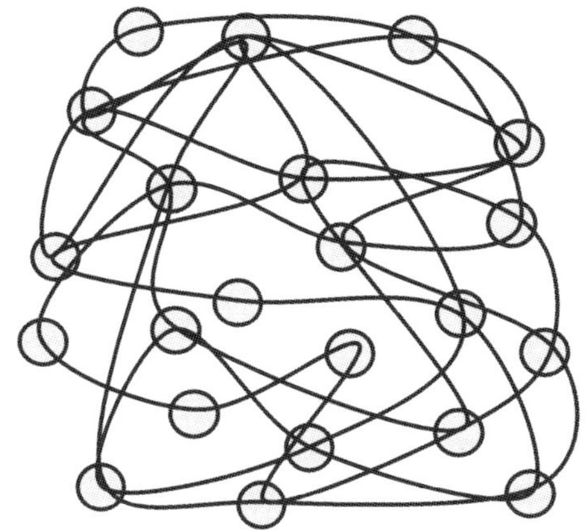

（a）传统研发模式下的零部件交互关系

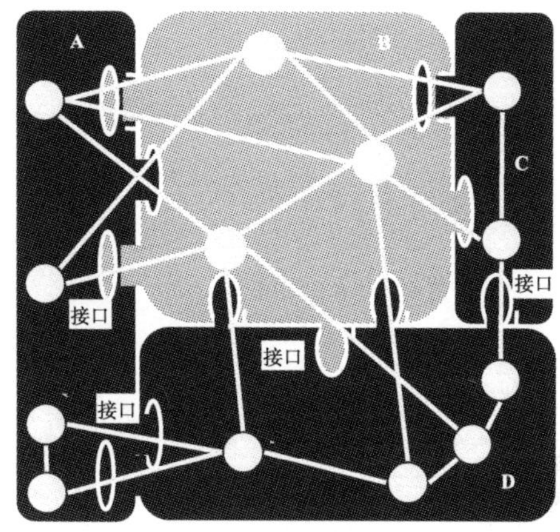

（b）模块化研发模式下的模块交互关系

图 3.8 传统研发模式下的零部件交互关系及模块化研发模式下的模块交互关系对比

资料来源：王海军等（2018b）

此外，基于模块化产品架构，企业还可以将其内部的共用模块和个性模块进行分类，并将需要与外部合作伙伴协同创新的模块及自主研发的模块分类处理。此外，结合模块之间的关联度及供应链承接能力，企业还可以将模块聚合成模组，目的是进一步提升创新效率，减少与企业直接接触的资源数量。通过以模块/模组为交互载体，企业吸引优秀伙伴（如模块供应商）参与早期设计，进而为后续模块/模组的稳定供应奠定基础。

3.3.2 模块化促进企业实施产品创新

模块化的本质是分工和合作，对于复杂的环境具有更灵活和迅速的适应性，采用模块化设计可以有效地提高系列产品的标准化、通用化程度，并从大规模定制过程中获得最佳经济效益（Wang and Shu，2020）。另外，用户的个性化需求也带来模块的竞争，并产生具备不同功能和性能的模块实体。海尔于 2008 年推出一款意式二代冰箱产品。相对于意式一代冰箱，该意式二代冰箱新增了日本等新市场，以及变温室等新功能。由此，海尔通过市场需求和竞品分析，确定产品技术解决方案（图 3.9）；采用聚类分析和模块化功能配置（modular function deployment，MFD）方法后（Ericsson and Erixon，1999），最终划分出冰箱的 25 个模块（图 3.10），其中包含 10 个可以推行标准化的模块（如下风道模块、主控模块等），以及 15 个可以创造差异化的模块（如门抽屉模块、压机模块等）。

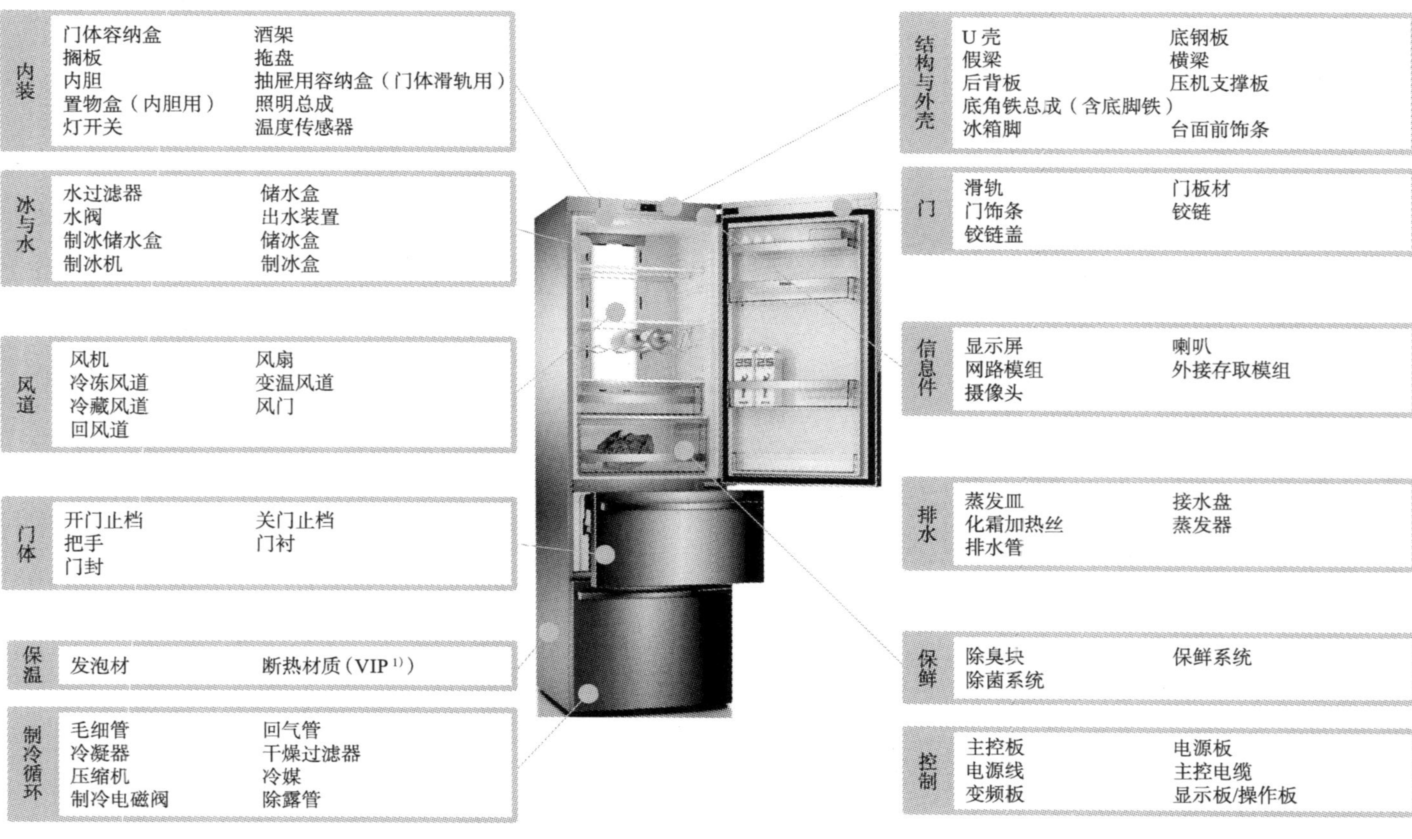

图 3.9　海尔意式二代冰箱的技术解决方案梳理

1）VIP：vacuum insulation panel，真空绝热板

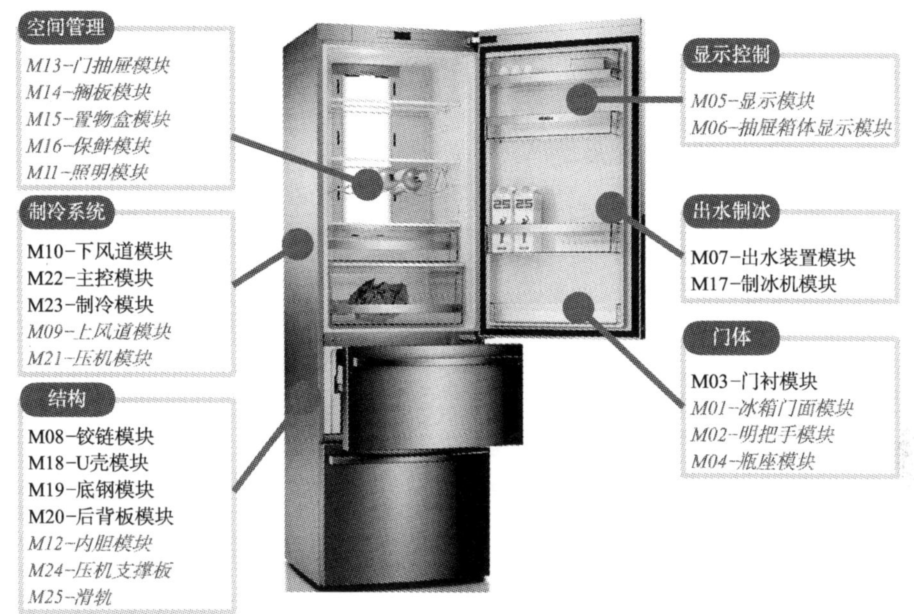

图 3.10　海尔意式二代冰箱的模块化设计情况

图中正体字代表创造标准化，斜体字代表创造差异化

基于这些模块，海尔理论上可以配置出 104 个满足用户需求的不同产品，在满足全球市场差异化需求的基础上还极大地提升了产品配置自由度（由 13%提升到 25%），该款产品在其生命周期内的总销量达 180 万台。尤为重要的是，基于该样本的成功实践，海尔不但固化出一套推动产品模块化设计的模式，还优化了外部模块供应商网络，推动了零库存下的大规模定制战略的稳步实施。

3.3.3　模块化能降低依赖、促进协同

Baldwin 和 Clark（1997）研究指出，模块化擅长从环境中获得反馈信息，并倡导基于最小化模块之间的相互依赖性和最大化模块内部的依赖性来设计系统结构，这也得到了王海军和温兴琦（2018）的研究证实。对于以模块为基本构成单元的模块化产品架构来说，由于标准化模块接口融合了嵌入式协调的功能，减少了人为行使管理权限协调研发过程的需要，可以成为调节企业技术创新方向、产品复杂度和运营战略的重要工具（Sanchez and Mahoney，1996）。

Pfeffer 和 Salancik（1978）、Ulrich 和 Barney（1984）均指出，组织需要适应

外部环境并做出积极反应，以减少对外部资源的过度依赖。因此，可以考虑桥接模块化理论和资源依赖理论，用以诠释在协同创新网络组织中如何消除或缓解资源的过度依赖问题。控制资源过度依赖的最直接方法就是控制产生依赖的根源，即采用缓和创新主体在资源对接、交互不稳定状态下可能发生的碰撞，而模块化具备的独立性和互换性特征是减少资源依赖的重要途径。

模块接口两端的模块在执行具体功能的过程中会接触到其他与自身相关的模块知识，因而会产生多学科专业知识流的整合和集成，与这些模块创新关联的资源也处在动态地互换知识和更新迭代的过程中（王海军等，2017b；童时中，2000）。因此，有必要规范模块接口类型以利于接口两端的模块维系的资源进行知识传递，即以模块接口调节创新主体之间的交互行为。从协同创新视角来看，基于模块化的产品架构可以解构并赋予各创新主体相应的创新任务，进而使符合预期的产品从协同创新组织中产生，这得到了 Baldwin 和 Clark（2000，2006）及 Sturgeon（2002）的研究证实。

在模块化架构下不仅需要劳动分工，更需要外部资源的知识与创造性的分工。基于功能的独立性，模块彼此之间不会产生过度依赖关系。因此，不同协作体之间的关联程度可以得到一定程度的降低，有利于实现产品的解耦设计（decoupling design），并能简化外部的资源协作方式。与此对应的是，在传统的耦合设计（coupling design）下，产品的各个零部件之间呈现错综复杂的功能、性能耦合联系，意味着企业需要花大量的时间进行内部的产品设计优化和外部的资源间关系协调，而在模块化架构下，外部资源可以根据企业的需求与对应模块进行对接，并提供相应的技术创新支持。

3.4 组织导向下的模块化创新赋能机理

3.4.1 组织模块化下企业创新的新机遇

模块化不仅用于产品和过程，还可以用于整个组织以适应不断变化的环境条件。尤其是当组织没有足够的资源和技能来跟上变化时，这种整体方法的重要性随之增加。实际上，对组织本身采取模块化方法已成为必然需求，因为组织应对这种变化的反应将是迅速重组，并且必须重新设计组织单位之间及与外部单位之间的相互作用。组织模块化提供了适应环境变化的能力，同时考虑了组织内部和外部组件之间交互的级别和内容，可以更快、更有效、更灵活地满足组织中不同的用户需求。Tushman 和 O'Reilly（2004）在研究中发现，通过推动组织单元的协同机制发展（即培育跨团队意识），模块化程度较高的机构不但能够实现知识在组织模块间的融合和渗透，还可以同时在不同类别的工作上获得良好的收益，模块化在细化分工的基础上提高了组织间的协同效应。斯坦福大学基于组织的模块化设计，过去 30 年间在商业化和教育教学等环节的研究都呈现出显著增长的趋势，大学与产业界间已经建立了技术转移合作范式。

因此，组织模块化的嵌入既可以推动企业技术创新系统高效灵活地处理不同的问题，还能从外部环境中及时获得反馈信息。由于模块化的本质是分解与组合，模块化系统内部各个模块具有较高的独立决策和自主行为的权利（Nelson and Byers，2005）。对于组织模块而言，其模块与模块之间的依赖性降到最低，而模块内部结构单元的关联性达到最大。

再以企业研究院为例，解释组织模块化在企业创新体系中的应用。2003 年，罗伯特·布德瑞（Robert Buderi）在其著作 *Engines of Tomorrow*（《企业研究院》），阐明了企业研究院这一概念，他将企业研究院定义为企业内部所有研究机构的总称，又称之为企业实验室、企业研究实验室等。其中，大型的企业研究院往往由中央研究机构和各分支实验室组成。在此基础上，罗伯特·布德瑞还指出，"研究"指探索、改良和形成构思的过程，其目的是使新产品、新系统和新工艺流程初具雏形，而"发展"（development，或称为开发）是将构思或模型经过工程设计以后，制造成实际的产品。尽管其只占研究发展活动较小的一部分，但向来以创新闻名的企业都是依靠研究才有了光明的未来。

进一步地，罗伯特·布德瑞在 *Engines of Tomorrow* 中还列举了 1966 年成立的位于美国加利福尼亚州帕洛阿托的惠普实验室案例，并说明了该研究机构（惠普实验室）定位于产品开发和基础研究之间（图 3.11），即着重进行应用创新研究活动，同时具有一部分基础研究和产品开发验证的职能（王海军等，2020a）。资料显示，作为惠普的核心研究机构，惠普实验室担负着开创企业未来的重任，并且在 PC 和商用打印技术等领域取得多项颠覆性技术创新，如第一台可在任意地点运行的多用途计算机（1966 年）、第一台用于商业流通的 LED（1968 年）、第一台 PC（1974 年）、第一台适用于普通办公室的商用激光打印机（1980 年）等。

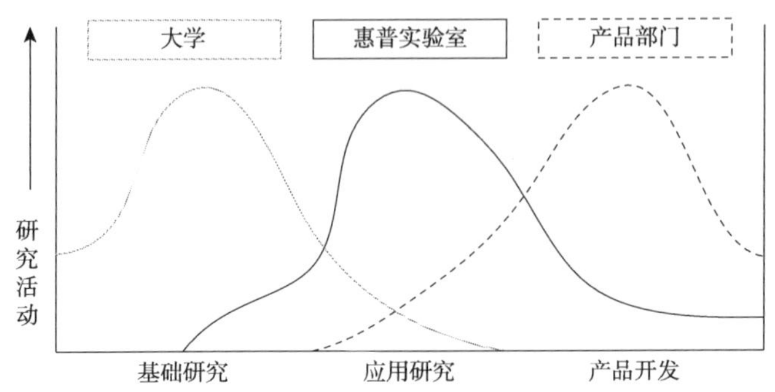

图 3.11 惠普实验室的创新定位

在西门子的创新生态系统架构中（陈劲，2017），为了确保获取外部前瞻性技术成果，该公司构建了涵盖风险技术商业化（technology to business，TTB）、西门子新业务（siemens new business，SNB）开发和西门子技术加速器（siemens technology accelerator，STA）的三种组织模块，共同完成从外部开发技术的获取和商业化，到外部颠覆性商业机会的捕获（图 3.12）。

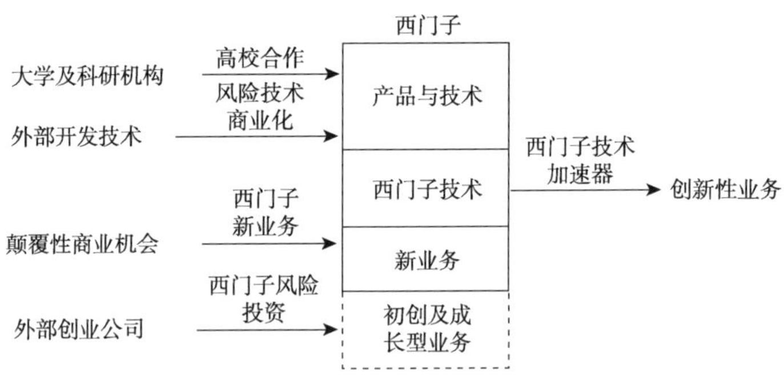

图 3.12 西门子的创新生态系统架构

来源：陈劲（2017）

西门子的研发组织机构分为三个层次——中央研究院（Corporate Technology，CT）、事业部研发中心和业务单元研发中心，如何促进这些机构间的协同创新？在西门子的创新生态系统中，特别值得注意的是起到创新纽带作用的“联合研究屋”。如图 3.13 所示，研究屋的合作项目由事业单元提议或者由研究院发起，双方协商设定。联合研究屋中的项目周期一般为 3 年左右，每个研究屋还可以同时进行多个项目，成员来自双方，人数多为 5 人以上。目前，西门子中国研究院的研究屋达 10 个，产生了百余项发明成果，且至少有 15 项元件和 10 个创新产品被事业部采用。

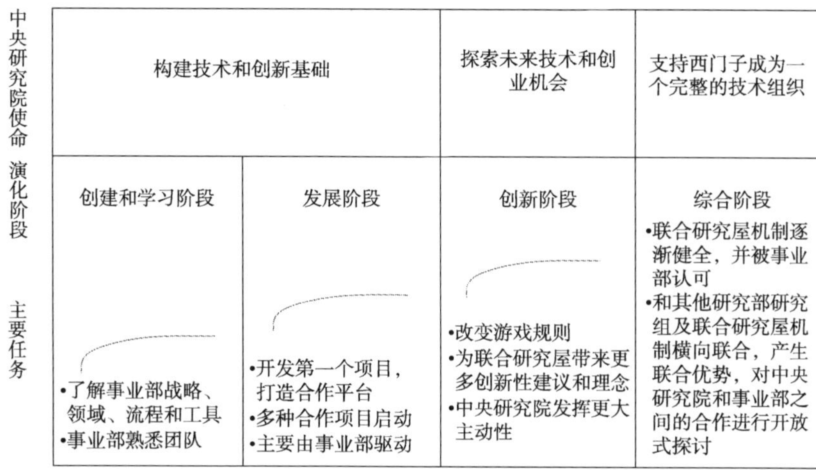

图 3.13　西门子联合研究屋的创建过程

以上实践为我们带来了启迪：在标杆企业的技术创新体系中，有必要设置不同功能的模块化组织机构，从而有效地吸收、转化来自合作伙伴的创新输入。此外，研究还表明前瞻性技术研究在跨国公司技术创新体系中起到至关重要的作用，如 IBM 的全球技术展望（global technology outlook，GTO）、思科公司的“蓝天研究”计划和西门子的“未来之窗”项目（杨尚东，2014），而提升前沿知识的精准洞察能力和未来技术敏锐嗅觉的重要途径之一，在于同优秀高校、科研院所合作构建科技资源共享机制。

基于互联网给企业组织变革带来的巨大冲击，互动与分享已经成为一流企业技术创新及产品创新的必要条件。在此情景下，组织模块化的范畴得到拓展（王海军等，2020a），如 Ciborra 于 1996 年提出了“平台型组织”理念，并将其定义解释为“一种能在新兴的商业机会和挑战中构建灵活的资源、惯例和结构组合的组织形态”（井润田等，2016）。在此基础上，Thomas 等（2014）将平台型组织的功能概括为：能携带组织资源和能力并使这些资源和能力重组以快速、弹性适应多变市场需求。研究指出，平台型组织通常具有两大特征（简兆权等，2017）：一是平台赋能的模块化；二是平台资源的共用化。

从实践角度看，无论在企业内部还是生态成员间，彼此之间的协同都变得越发频繁、高效，全球 Top10 的互联网公司都已演化为以客户为中心的平台运营模式（波士顿咨询公司和阿里研究院，2016）。近年来，大众公司、宝洁、GE（General Electric Company，美国通用电气公司）、海尔等也在积极探索平台型组织战略，将其当作转型为服务型企业的重要突破点。对比诺基亚和苹果，后者重视基于平台的软件创新和生态圈的程度远胜于前者（如 iTunes、Apple Store），这也是诺基亚盛极而衰、苹果引领创新的重要原因之一（陈威如和王诗一，2016）。平台可以被视为一种组织形式，其主要功能是为不同用户群体创造和交换价值提供界面，而平台型组织则可以“连接多边资源创造单独一边所无法创造的价值”（张小宁，2014；韩沐野，2017）。

3.4.2　模块化与企业颠覆性创新的联系

通过理论归纳与演绎，本书所提及的组织模块化集结上述设计视角和组织视角下的模块化创新赋能作用，即以产品的模块化设计为基础进行延伸拓展，技术模块化与组织模块化两者之间是递进关系而非割裂（图 3.14）。也就是说，企业在构建产品模块化的基础上，通过对内部创新流程的解构，进而开展岗位和部门的模块化分工；而在外部，企业以模块为载体发布相应需求并吸引外部资源提供创新方案，并因此构建出若干既分工独立又相互协同的组织模块。置身于颠覆性创新情景下，本章提出组织模块化对颠覆性创新的推动作用，主要体现如下。

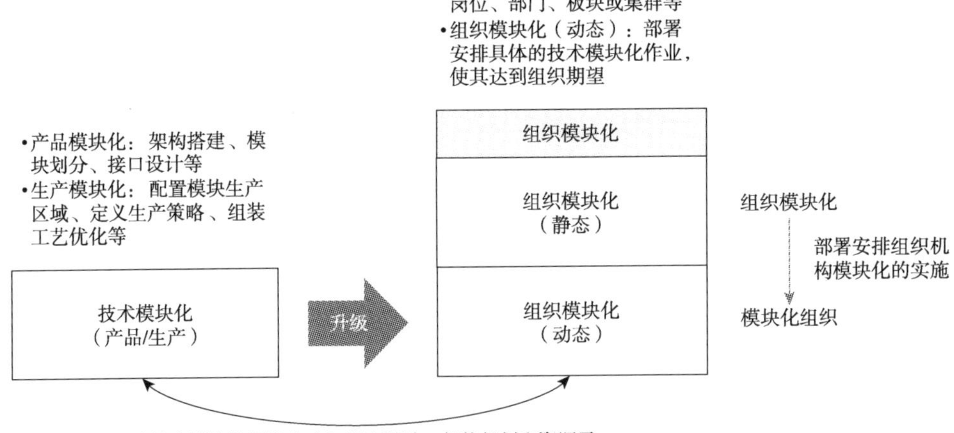

图 3.14　本书提及的组织模块化内涵与特征

第一，模块化有助于推动需求驱动下的创新裂变。颠覆性创新和模块化的源头均是用户需求分析。在模块接口作用下，企业主要发布技术需求并提供创新资源支持，无须干涉或过度约束外部伙伴的具体创新行为。模块化为解决用户需求端的个性化和企业供给侧的不平衡问题提供了新思路，通过配置功能独立、互换性强的模块，进而输出满足用户需求的颠覆性创新技术和产品组合方案。

第二，模块化有助于调节创新主体的颠覆性创新策略。模块化产品架构可以被赋予战略重点，企业也可以通过调节模块化产品架构的知识产权而获益。例如，企业可以根据模块创新价值不同，将非核心的模块研发委托给合作伙伴，并将有限资源集中在颠覆性创新模块的研发创新上。同样地，外部合作伙伴（如高校、科研院所等）也可以有机部署自身的模块化技术架构，并结合不同的用户需求提供相应的技术模块服务。在此过程中，大学和科研院所的自由度大大提升，而不是仅仅维系在某一企业身上。

第三，模块化有助于增强企业与创新伙伴的合作。模块化起到了连接企业和大学、科研院所、科技中介等合作伙伴的桥梁作用，模块的互换和组合配置也会牵动维系在其背后的创新资源流动。另外，外部伙伴在为企业不同模块提供创新服务时彼此关系独立，某个资源进入或退出不会对其他创新资源造成影响。经由案例分析，证实了模块化的松散耦合效应不仅利于颠覆性创新参与主体的分工合作，还对企业与外部资源的有效交互及创新贡献度有显著的增强作用。

第四，模块化有助于消除企业与创新伙伴的摩擦。模块化使得企业与合作伙伴遵从技术透明、易于执行的“透明设计规则”，形成了分工明确、能力互补、松散耦合的模块化协同创新网络组织，辅以相关协调机制还能显著降低企业与创新伙伴之间的利益冲突。进一步地，保持资源依赖关系能够促进颠覆性创新各方的协同，而模块化具备的独立性和互换性特征是减少资源过度依赖的重要途径（王海军等，2018a）。

【案例 3.1】

海尔基于组织模块化的创新体系构建及作用

2005 年之前，海尔一直采用基于零部件的产品研发模式，合作伙伴良莠不齐，研发效率长期偏低，企业因而难以适应来自全球市场端的用户个性需求变化（王海军等，2020b）。在实施产品模块化策略之后，一方面，海尔通过模块化产品架构实现了企业产品企划、研发与市场架构的有机对接，即通过模块的功能变化和组合配置来满足用户需求的变化，而模块化产品架构也被用作调节产品重要性能的载体；另一方面，产品模块化所具备的“透明设计规则”使企业可以与高校、科研院所等创新模块背后维系的伙伴更加便捷地开展技术创新。此外，基于模块化产品架构，海尔解构形成模块化产品创新流程结构，并在全集团实施了产品生命周期管理（product lifecycle management，PLM），用以通过统一的研发流程将内部部门链条和外部资源协同起来。

进一步地，以上酝酿期恰好处于海尔的全球化品牌战略阶段。致力于提升企业在全球市场的技术与产品竞争力，海尔还建立了 HOPE-开放式创新系统，辅以集团内部的中央研究院（服务于产业线的共性技术研发）等部门，为企业与高校、科研院所等全球创新参与者提供了虚实交互空间。基于模块化的推动作用，海尔推出了一系列在家电行业有影响力的创新产品，如不用洗衣粉的洗衣机、模块化网络家电、“防电墙”热水器等，并分别吸纳了中国科学技术大学、中国科学院、中国电子技术标准化研究院等学研资源参与了关键技术及产品研发。在此期间，该企业的协同创新模式以委托研发、联合研发为主，以共建实体（如北京北航海尔软件有限公司）、产学研创新联盟（如e–家佳网络家电创新联盟）为辅。

基于产品模块化实施基础，海尔通过组织模块化来加速企业颠覆性创新。作为海尔的核心技术机构和综合性科研基地，海尔中央研究院从以往聚焦于产业线的短期共性技术研发需求，延展到集企业国家重点实验室（聚焦中长期基础应用研究）、国家级企业技术中心（聚焦中短期应用技术研发）和国家工程实验室（聚焦短期上市产品开发验证）的“三位一体”技术创新体系，该系统的功能模块活动分布及网络关系如图 3.15 所示（箭头表示支持关系）。这些技术创新模块之间呈现出分工明确、关系独立等模块化特征，与高校、科研院所等外部伙伴在创新定位上形成互补，它们不但可以吸收、处理和反馈来自合作伙伴的差异化创新输入，还能作为服务于企业颠覆性创新的孵化平台。那些成熟的科技创新成果可以快速转化给相应的产业线，而那些尚需进一步检验或继续培育的颠覆性创新成果也可以经由孵化程序，转化形成新项目、新产品乃至更具商业潜力的新产业。

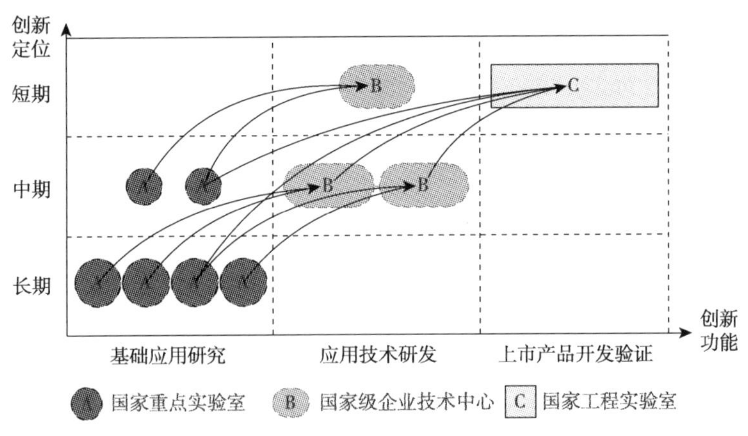

图 3.15 海尔的“三位一体”技术创新体系

可以看出，除了服务于海尔各事业部需求的短期的、具体的产品开发需求外，对于涵盖“三位一体”技术创新体系的海尔中央研究院来说，其更着力于中长期科技创新发展规划，即能产生突破性/颠覆性技术创新的成果，进而铸造企业的核心技术资产，同时衍生孵化出新产业，激发企业发展新动能（图 3.16）。在此情景下，海尔中央研究院与集团各业务单元的价值定位明确，且彼此之间形成了既分工独立又耦合协作的低度依赖关系，这也与组织模块化的关键特征相符合。

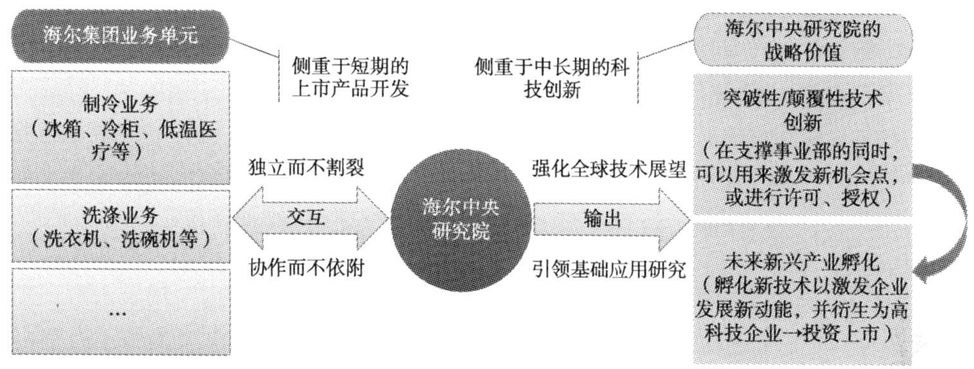

图 3.16　海尔中央研究院与集团各业务单元的价值定位与协作关系

海尔还将组织模块化的应用延伸到事业部层面。以空调产品线为例，海尔结合产品模块化属性构建了开发组织模块化框架（图 3.17）。其中，总架构管理员及总企划管理员负责整合产品架构与用户资源；企划管理员与架构管理员分别管理目标市场与产品架构，同时开展分工合作；模块系统经理负责整合内外部创新资源，实现模块的最佳效能与成本。

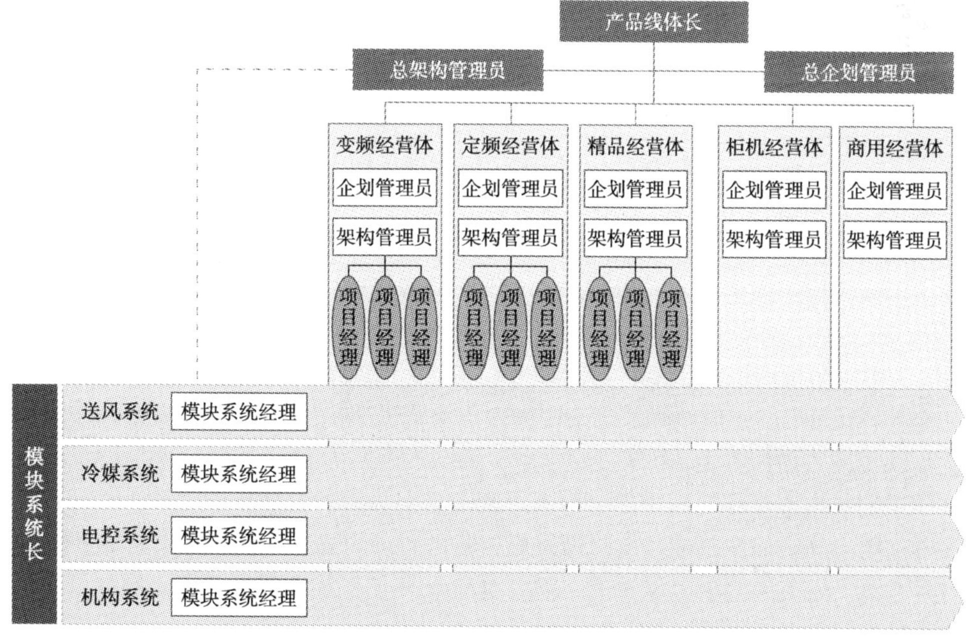

图 3.17　海尔空调产品线的开发组织模块化框架

模块化在海尔的应用从产品、采购、生产层面拓展到组织层面，组织模块化相应地成为挖掘创新潜力的发动机。创新联盟成为该阶段提升企业核心技术及产品创新能力的关键力量，如海尔与中国海洋大学、中国家用电器研究院等共建的"智能数字家电产业技术创新战略联盟"，联盟成员进入彼此存在耦合关系的基础研究、终端开发和标准制定等专业工作组，进而形成由"大联盟+小单元"等诸多节点构成的富有弹性和松散耦合型网络状组织。同时，校企（如清华大学、西安交通大学）、企研（如中国科学院、中国家用电器研究院、中国标准化研究院）联合体等形成的"结对子"组织也在海尔技术创新体系中扮演重要角色。在此期间，海尔既有无水洗衣机、不用压缩机冰箱、"天樽"空调等颠覆性创新产品问世，也有"模块创新经营体"、"知识产权经营体"和"合规验证经营体"等基本单元形态萌发出来。这些具备特色功能的模块为企业内外开展颠覆性创新发挥了重要的枢纽作用，也为更高层次的技术创新战略实施奠定了基础。

3.4.3 组织模块化与企业创新生态系统

未来的竞争不是单个企业之间的较量，而是商业生态系统的比拼（Iansiti and Levien，2004）。资料表明，企业创新生态系统与重大技术创新和价值创造密切关联。例如，美国总统科技顾问委员会将美国经济繁荣和在全球科技创新的领导地位归因于创新生态系统（曾国屏等，2013）。美国 Hyperloop One 公司通过构建松散耦合的创新生态系统推动了其超级高铁项目的问世（Applegate et al.，2017）。Adner 和 Kapoor（2016）调研了 1972~2009 年半导体光刻设备行业的高科技创新实践，发现这些技术突破需要归因于所嵌入的创新生态系统间的交互。基于美国战略专家穆尔提出的"基于组织互动的经济联合体"商业生态系统理论基础（Moore，1996），Adner（2006）认为企业创新生态系统是一种协同机制，该机制将企业个体与他者联系，进而提供面向客户的解决方案，实现价值的共同输出。Amit 和 Zott（2001）主张企业价值创造或价值增值源于其生态系统的新颖性、互补性、高效性和锁定性，它依赖于企业所嵌入的创新生态系统的变革。这也得到了梅亮等（2014）的研究响应：创新生态系统是市场与组织的网络，是企业在价值获取和价值创造方式上的重大转变。

在创新生态系统环境中，参与者之间呈现弱连接的松散耦合关系，这种资源共享和能力互补的良性依赖能降低网络组织的创新风险，有利于创造全新的技术/产品方案。同时，这种非线性的组织特征也有利于扩展创新生态系统的节点，增加网络组织的合作密度，创造出非常规的创新机会点和发展机遇。将颠覆性创新过程解构为不同的流程节点，形成若干业务执行模块并确立完成任务所需的资源模块，可以减少颠覆性创新开发和管理的复杂度。对于每个资源模块来说，它们都是可替代、可选择的，这就扩大了模块化组织的选择自由度。那些既不参与合作也不交换知识的企业，将减少构建长期性知识基础的机会，也会失去与其他企业和组织交换关系的能力。全球价值链协同和融合既有助于打破“信息孤岛”，也有利于降低创新生态系统的交易复杂性，对于发展产业创新生态体系至关重要，继而为后发企业嵌入全球价值链和推动颠覆性创新提供环境支撑。

3.5　本章小结

本章首先介绍了模块化的背景和动因，并阐明其核心效能在于降低复杂度。其次，阐明了模块化世界基本知识（包括模块、模块实体、模块化产品架构等）。在此基础上，围绕设计视角和组织视角深入分析了模块化的创新赋能作用。特别地，本章主张：技术模块化与组织模块化两者之间是递进关系而非割裂，组织模块化以产品的模块化设计为基础进行延伸拓展，即以产品的模块化设计为基础开展组织架构的模块化设计，且包含组织模块化（静态）（针对组织结构进行模块设计）和组织模块化（动态）（针对产品模块化部署实施）两个维度。由此，在组织模块化逻辑支撑下，企业创新生态系统既有实体的产品模块或数字平台模块为沟通纽带，又有传统的组织模块化所赋予的分工、协同效能，继而为企业颠覆性创新生态系统建构做了重要铺垫。

第4章　组织模块化何以创造价值？——来自创新需求端和供给侧的证据

4.1　研究动机和问题提出

随着技术的日新月异和市场竞争的此消彼长，为持续增加市场竞争力和获取由此带来的长短期利益，企业越来越重视技术创新。传统企业独立内化的创新模式已无法适应竞争加剧、技术突变、用户需求个性化与员工构成变化等情境要求，企业竞争优势的提升越发依赖其所处的创新生态系统。创新生态系统是由占据不同但相关生态位的企业组成的复杂系统，是众多具有共生关系的企业构成的经济共同体，其对技术创新的促进作用已经得到学术界和产业界的广泛认可。此外，模块化思想有助于理解复杂的系统和组织，可以借此探索创新生态系统的结构特征与演化机制，以及契合不同情境的内在逻辑（郑帅和王海军，2021）。

另外，作为我国科技革命与科技创新的重要主体之一，研究型大学是技术供给的重要源头，其技术转移是将科技成果转化为实体经济效益的重要途径。国家积极出台并落实高校科技成果转化政策法规，各大高校、科研院所的科技成果转化活动日益活跃。根据《2019 年我国高等学校 R&D 活动统计分析》报告，我国高校在技术市场中作为卖方成交的技术合同金额逐年下降，且总比重不超过全国的 6%。相较于国家科技创新的整体技术投入程度，我国大学技术转移转化的产出增加速率并不匹配。这意味着，我国研究型大学技术转移绩效不高、大学科技成果成功产业化的“最后一公里”问题显著。如何创建能够高效整合知识资源、迅速融合市场的研究型大学技术转移模式与机制成为我国科技创新发展的首要任务，我国研究型大学的技术转移体系建设工作迫在眉睫。

由此，基于企业的创新需求和研究型大学技术供给的视角，本章探讨组织模块化赋能技术创新这一主题，试图回答如下研究问题：①企业为获得长期竞争优势，如何根据情境变化做出技术、商业决策？②模块化如何影响创新生态系统的建构和演化？③在不同的战略转型阶段，企业创新生态系统结构、演化机制与路径呈现何种特征？④组织模块化如何影响研究型大学技术转移绩效？⑤组织模块化能否推动技术创新能力提高，进而影响技术转移绩效？⑥知识共享特征是否影响组织模块化的技术创新推动作用？

4.2　针对创新需求端的研究：组织模块化嵌入的企业创新生态系统演化

4.2.1　案例选择与构念测度

1. 案例选择

鉴于单案例研究更适合纵向过程的研究与分析，且更适合提炼出解释复杂现象的理论与规律，本书采用纵向单案例的研究方法，选择海尔为研究对象的原因如下：①案例典型性。海尔是中国家电产业的领先企业之一，创业至今与时俱进，持续进行自我颠覆，不仅取得了较好的财务及市场绩效，而且成为全球百强品牌中第一个且唯一的物联网生态品牌，成为工业互联网生态中国模式的典范。②数据可得性。鉴于一手资料主观性较大及纵向数据难以获得，本书以具有稳定性好、覆盖面广、时间跨度大、可反复阅读等优点的二手资料及一手资料作为数据来源，以海尔企业年报、官网发布的文件、新闻媒体报道、管理者公开演讲为主，辅以企业管理层的调研访谈。

2. 构念测度

本书从模块化理论视角，基于“情境—结构—机制”，构建模块化下企业创新生态系统结构与演化机制的研究框架（图 4.1），具体将情境因素分为技术标准、用户需求、政策支持三个维度，将生态系统结构因素分为交互界面开放性、创新架构模块化、网络治理嵌入性三个维度，将生态系统创新机制分为创新杠杆机制、创新协同机制和创新互利机制三个维度（郑帅和王海军，2021）。

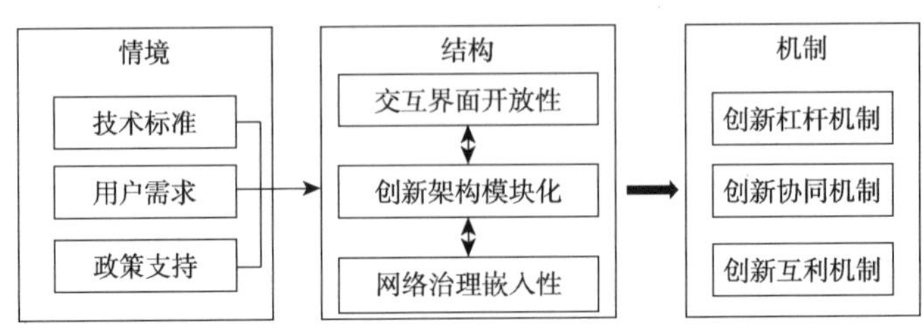

图 4.1　模块化下企业创新生态系统结构与演化机制的研究框架

（1）情境因素，旨在界定创新生态系统所处的环境特征。根据现有研究，技术标准指企业经营所处的科技创业环境、技术标准环境、技术动态发展等。用户需求指目标客户多样化、需求异质性、价格敏感性、顾客战略选择产品、用户参与等复杂环境。政策支持指政府制定的相关政策、法规、支持补贴等。

（2）结构因素，旨在界定供应网络的构成要素及典型模式。根据现有研究，交互界面开放性指企业进入（或退出）系统的容易程度，即边界开放程度或渗透程度（Wasserman and Faust，1994）。创新架构模块化指网络的创新体系结构被分解成独立或松散耦合模块的程度（Simon，1962；Baldwin and Clark，2000），且连接模块接口已被指定和标准化（Sanchez，1995；Langlois，2002），可体现在物理层（即物理组件的排列）和信息层（即系统所包含的知识的排列）（Richard and Devinney，2005）。网络治理嵌入性指系统中成员之间（直接或间接）的连接程度及成员间共享认知的程度（Dacin et al.，1999）。

（3）创新机制，指创新生态系统价值创造活动的实现机制。根据现有研究，创新杠杆机制指枢纽企业可以利用（重用或重新部署）系统中其他成员的技术、流程和其他创新资产，以促进或实现自身创新的能力（Iansiti and Levien，2004）。创新协同机制涉及成员的创新任务、组件和互动等内部一致性（Welborn and Kasten，2003；Gerwin，2004），以及与外部技术和市场环境的一致性（Gawer and Cusumano，2002）。创新互利机制与系统成员从其创新贡献中获得报酬有关，价值分配的透明性可激励合作伙伴提高创新效率。

4.2.2　模块化驱动的企业创新生态系统演进

1. 数据的收集与编码

按照“研究框架设计—数据收集—数据分析”的案例研究范式具体展开研究。

（1）探索阶段，通过文献研读和企业资讯收集，掌握理论研究现状与海尔创新生态系统的演化历程，进而确定研究问题与研究框架，并融入演化阶段情境。

（2）发展阶段，以案例研究完善和丰富框架。针对海尔互联工厂生态下全球智能制造的领先表现，采用网络探索、文献研究、系统访谈及参与者观察的数据收集方法，受访者均为集团级和部门级总监/经理。

（3）实施阶段。资料收集时间从 2017 年 6 月至 2020 年 6 月。结合相关文档资料及现场访谈信息，基于三角测量原则，将每一阶段的信息都与企业年报、行业研究报告等公开数据进行对比验证，最后讨论提出结论与数据之间的匹配程度。

为确保纵向案例研究顺利开展，优先对发展阶段进行划分。本书根据海尔模块化生态圈战略转型中的重要事件，将其战略转型过程划分为开拓布网期、扩展织网期和颠覆融网期三个发展阶段，详见表 4.1。

表 4.1　海尔模块化生态圈战略转型过程的阶段划分

阶段	开拓布网期	扩展织网期	颠覆融网期
时间范围	2005~2012 年	2013~2016 年	2017 年至 2020 年 6 月
战略阶段	开放式战略	网络化战略	生态化战略
阶段特征	以企业研发为中心的内部变革	以产业链协同为中心的平台交互	以用户为中心的创新生态
重要事件	人单合一、自主经营体	HOPE1.0、HOPE2.0、众创汇、海达源（海立方和海创汇）	COSMOPlat 工业互联网平台、U+智慧生活开放平台
创新模式	GRI[1）]+TTB	GRI+TTB+CTI+IT[2）]+运营+用户社群	GRI+TTB+CTI+IT+运营+用户社群+全球创新中心

1）GRI：Global Reporting Initiative，全球报告倡议组织。2）CTI：computer telephony integration，计算机电话集成；IT：internet technology，互联网技术

参照 Suddaby（2006）的编码定义和规则，以及许庆瑞等（2013）的案例多级编码数据分析方法，由本书作者通读一手和二手资料后基于内容分析共同编码。首先，按照数据来源对案例汇总资料进行一级编码，编码原则如表 4.2 所示，对同一来源的重复信息只记录为 1 条条目，形成一级引文库共 308 条一级条目库。其次，按照演化三个阶段对一级条目进行二级编码，其中开拓布网期共 52 条，扩展织网期共 109 条，颠覆融网期共 147 条。之后，根据条目内容，将条目归入技术标准、创新架构模块化、创新杠杆机制等研究框架的 8 个维度。三级编码全过程以双盲方式进行背对背编码，以保证编码结果的信度，在对概念进行构念测度归类中，对于无法归入现有测量框架的概念，经讨论后形成一个新的变量范畴，按其含义命名为创新互利机制。具体范畴归属及不同阶段的条目分布如表 4.3 所示。

表 4.2　一级编码原则

数据来源	数据分类	编码
一手资料	2017 年海尔创新能力调研访谈	I_1
	2017 年海尔创新战略调研访谈	I_2
	2016 年海尔人力资源副总裁访谈	I_3
二手资料	集团总裁 2020 年工业互联网专题报告会演讲稿	L_1
	集团副总裁 2020 年工业互联网专题报告会演讲稿	L_2
	智能制造总经理 2017 年报告演讲稿	L_3
	海尔标准化办公室模块化研讨会汇报稿	L_4

表 4.3　相关构念、测度变量和关键词的编码条目统计

构念	测度变量	关键词	时期			小计/条
			开拓布网期	扩展织网期	颠覆融网期	
情境	技术标准	生产与技术矛盾、缺乏核心技术、网络技术和现代工业融合、消费互联网、工业互联网、两化融合、工业 4.0、物联网技术等	3	4	9	16
	用户需求	技术与市场矛盾、多元化需求、个性化需求、场景需求、用户体验、终身用户等	5	3	8	16
	政策支持	政策驱动、政府推动、承接国家战略、政府扶持资金、契合国家供给侧结构性改革等	1	0	5	6
结构	交互界面开放性	开放接口、开放式“模块研发”、模块商参与设计、开放生态系统、用户全程参与、透明可视、开放全球资源、众创定制、一流资源无障碍进入、打开企业边界、打通“隔热墙”等	2	29	11	42
	创新架构模块化	零件模块化、全流程模块化、模块采购、模块制造、灵活配置模块、模块化产品架构管理图、模块定制、接口标准、模块化产业链、网络化的平台、支持平台、小微组织、COSMO-IM 模块、智能工厂等	15	47	53	115
	网络治理嵌入性	支持小微企业、治理平台化、管理信息化、仆人式领袖、自适应的非线性网络、沙拉文化、连接枢纽、多网融合、平台及要素迭代、信息互联等	5	7	19	31
机制	创新杠杆机制	链接新增长、资源整合、整合场景产品、产业链整合、信息融合、共创共赢、成本节约、大规模定制、弯道超车、全产业链统筹发展等	10	13	24	47
	创新协同机制	协同制造模式、协同研发平台、与外部治理环境零距离、市场驱动创新、文化融合、标准话语权、组织改革基准、构筑平台竞争力、规范的模块化功能配置、模块通用性、供应商协同平台、全流程体系同步创新等	8	1	9	18
	创新互利机制	交互价值、各方利益最大化、共赢增值、创造与分享价值合一、量子管理、动态优化、同一薪源、“0030”模式、创造的用户价值、高价值高酬、市场化、社会化的激励机制等	3	5	9	17

2. 模块化驱动的企业创新生态系统演进阶段

1）开拓布网期：基于产品设计、生产网络模块化的开放式战略期

2005 年，海尔开始布局全球化战略。对外以战略联盟或外包等形式整合全球资源，对内坚持用户导向再造企业流程，践行“人单合一”与“自主经营体”的创新管理模式。2007 年 4 月开始实施 1 000 天的流程再造，将海尔从职能型结构变成流程型网络，“自主经营体”作为“人单合一”的实施载体，将供应链主体角色转变为三种：一是一线自主经营体，直接向用户提供端到端的价值创造活动，包括研发、生产和市场等；二是平台经营体，体现流程再造和功能重组，主要从事财务、企业文化、人力资源和供应链管理等支撑性活动；三是战略经营体，由包括张瑞敏在内的高层决策者组成，以塑造和掌控海尔价值观与战略设计。该时期的成功经验在于海尔以“人单合一”驱动模块化的流程变革，以模块化产品架构发布模块和接口需求，吸引外部伙伴参与创新，实现产销协同，形成模块化生产网络，通过整合全球研发资源，提升企业核心竞争力。在开拓布网期，海尔以产品设计模块化和生产网络模块化驱动全球资源整合，其创新杠杆机制和创新协同机制表现得最为突出。具体典型引用语举例及其编码条目统计结果分别见表 4.4 与表 4.3。

表 4.4　海尔创新架构模块化的典型引用语举例及其编码结果

构念	测度变量	核心属性	典型引用语举例	来源	关键词
结构	创新架构模块化	产品设计模块化	模块化是支持用户参与设计和定制的基础。产品通过模块化的设计，将零件变为模块，通过模块化的自由配置组合，满足用户多样化的需求	L_3	零件模块化
		生产网络模块化	模块化设计带来采购的方式也就不一样了。这就要求我们的供应商，必须从现在的零件商转化为模块商，事先参与模块设计	L_3	模块采购
		组织设计模块化	现在海尔由小微企业和平台两部分组成。小微企业是直接为终端用户创造价值的最基本的单元，是在平台上独立运营、独立核算的自组织，小微企业是全流程的，每个节点都围绕小微企业的同一目标来工作和协同	I_3	小微组织
		超模块化系统	我们通过构建模块化、自动化、数字化、智能化的整体规划，以及协同发展的技术能力建设，构建出柔性制造体系，致力于使整个工厂变成一个像人脑一样的智能系统（模块化、自动化等相互之间的关系）	L_3	智能工厂

2）扩展织网期：基于组织设计模块化的网络化战略期

2012 年，海尔践行“企业无边界、管理无领导、供应链无尺度”的“三无”发展观，构建以自主经营体为基础的并联生态圈，逐步从线性制造企业向平台型

企业转变。2014 年，海尔以“企业平台化、员工创客化、用户个性化”的“三化”战略，实现生态圈内攸关各方的共赢增值。“企业平台化”契合互联网思维，即企业无边界；“员工创客化”使员工成为自主创业创新主体；“用户个性化”创造用户全流程场景的最佳体验。为保障“三化”成功转型，基于数字时代分布式创新的特点，海尔推动自主经营体向孵化创业“小微”的转型，深化对“人人创客”和“平台是快速配置资源的框架”的认识。2015 年，海尔打破原来按专业职能划分的垂直管理组织结构，在集团总部集中设置专业分工细化的十个“大共享平台”，提供财务、人力、法务、数据服务等基础性业务支持，并聚焦重要“功能平台”建设，包括 HOPE（开放创新平台）、海创汇（创业孵化平台）、众创意（全球创意互动平台）、众创汇（用户社群交互定制体验平台）、海达源（模块商资源平台）等。在扩展织网期，海尔以组织模块化的松散耦合解构、重构价值分布，变革组织结构为“支持平台+小微组织”，以交互界面开放性促进成员模块的业务交易、信息共享、知识交流、能力互补、平台整合等，追求平台、组织的模块化合理划分格局与快速集结机制，满足用户潜在需求，实现整个价值系统的整合，其创新杠杆机制和创新互利机制表现突出。具体典型引用语举例及其编码条目统计结果分别见表 4.4 与表 4.3。

3）颠覆融网期：基于超模块化系统的生态化战略期

2016 年，海尔正式推出 COSMOPlat 智能制造云平台，以“用户驱动”提供“全流程、全周期、零距离”大规模定制解决方案。基于此，COSMOPlat 已在全国建立 7 大中心，覆盖 12 大区域，在 20 个国家复制推广，服务全球 3 万多家企业，搭建覆盖全球的服务网络，为 27 种语言用户提供全天候服务。2018 年，海尔以互联网思维由单一硬件产品向智慧生活场景解决方案转型，发布全屋成套智慧家庭解决方案及 U+智慧生活开放平台。2019 年 6 月，海尔与百度专利合作签约加速物联网+人工智能的智慧家庭体验升级。该时期的成功经验在于基于超模块化系统，以用户体验为中心，企业与互补方构建专业能力模块互补的创新生态圈，并由海尔主导全球工业互联网及大规模定制的标准。在颠覆融网期，超模块化系统使各模块之间通过设置“跨界者”角色形成界面关联机制，使解构后的各组织模块以“人工响应”方式实现模块再集成，以共创、共享、迭代机制推动模块化创新生态系统演化。该时期创新杠杆机制、创新协同机制和创新互利机制三种机制均表现突出。具体典型引用语举例及其编码条目统计结果分别见表 4.4 与表 4.3。综合以上分析，提出如下命题。

命题 4.1 海尔在模块化下创新生态系统演化过程中，通过产品设计模块化与生产网络模块化向组织设计模块化、超模块化系统的结构演化，经历整合内部资源、构建简单的创新生态系统和构建复杂的创新生态系统三个阶段，具体呈现出“以内部研发为中心的创新体系—以产业链协同为中心的创新体系—以用户为中心的创新生态系统”的演化路径。

4.2.3　情境因素对企业创新生态系统的影响

企业发展及其商业模式创新要与时俱进，与所处情境相匹配。海尔原 CEO（chief executive officer，首席执行官）张瑞敏认为“海尔自我颠覆与时代契合实现了企业的动态能力”。回顾海尔创新生态系统建构的历程，其始终面对不确定性未来进行创新洞察与实践。海尔继实行名牌战略（1984~1991 年）、多元化战略（1991~1998 年）、国际化战略（1998~2005 年）后，家电市场供大于求、竞争加剧及利润受到挤压，海尔面临着产品创新与工艺创新不衔接的矛盾。随着企业规模扩张，海尔“大企业病”凸显，因职能机构增多，管理决策的准确度和有效性降低，而信息技术的发展使信息主动权由企业转向用户，用户议价能力、个性化需求增强。在此情境下，针对生产与制造的矛盾，海尔实施开放式战略（2005~2012 年），基于模块化技术颠覆了传统生产流程，不仅将“人单合一”管理模式在国内贯彻实施，还通过向其兼并与收购的国外企业推广复制该管理模式，让海尔成为名副其实的全球家电第一品牌。

伴随互联网飞速发展，技术与市场之间的矛盾凸显，即产品不能完全满足消费者需求，另外，伴随收购与兼并，海尔“企业惰性”问题导致组织结构越发复杂，管理、制度、技术、人员、组织等矛盾日益多样化，同时，海尔的研发人员数量不足导致缺乏特有核心技术、缺乏行业关键技术及设备改进能力。为强化多边市场感知和响应能力，海尔选择聚焦创新创业的网络化战略（2012~2016 年），将传统企业封闭系统颠覆成互联网企业，并转型为围绕智慧生活解决方案支持创客化、小微化创业单元的平台组织。

随着工业互联网时代的到来，信息技术与现代工业融合，万物互联，体验为王，“企业很难靠一己之力来满足所有用户需求，企业要么成为互联网的一个节点，要么就出局”。为承接国家战略，抓住工业互联网发展机遇，成为工业互联网的引领者，海尔进入生态化战略阶段（2016~2020 年），把企业颠覆为创造用户体验迭代的自适应、自组织、自演化的生态组织，从制造工厂向互联工厂转型，实现大规模定制。

综合以上分析，提出如下命题。

命题 4.2　因情境主导了企业技术创新的可实现性，制造企业创新生态系统的战略转型应该与所处情境同步，技术创新是经济增长的内生力量，企业应具备持续的技术创新能力，当前技术标准是企业转型的根本动力。企业战略转型是为了满足用户需求，提升创造用户价值的能力，用户需求是企业转型的驱动主体。政府全方位支持有助于营造良好的创新氛围与环境，政策支持是企业转型的保障因素。

4.2.4 结构因素对企业创新生态系统的影响

1. 创新架构模块化、交互界面开放性与创新杠杆机制

海尔创新生态系统的创新杠杆机制通过模块化的创新架构、交互界面的结构和决策两个维度的开放性来实现。其中，交互界面结构开放性打开企业边界，允许潜在合作伙伴加入，通过贡献互补性资源，提高系统创新资产的杠杆程度（Iansiti and Levien，2004）；若交互界面决策开放性越高，即系统成员可以影响与资源利用相关的决策，其更愿意与其他成员分享自己的创新资产（Gawer and Cusumano，2002）。但结构与决策的开放性存在冲突性，结构开放性的增强一定程度上会侵蚀合作伙伴的连接强度（Lorenzoni and Lipparini，1999），因共同目标被分散而凝聚力下降，于是企业将创新决策权集中在少数核心成员之间（Grandori，1997），却降低了决策开放性。

海尔通过构建模块化的创新架构有效应对交互界面结构开放性与决策开放性之间的矛盾，促成创新生态系统的创新杠杆机制。通过模块化变革有效解决系统成员创新的共性问题，海尔将自身定位为整合系统成员的资源，而非承担所有开发责任，实现虚实融合的互联模块柔性制造流程。一是，海尔开发模块化产品架构、接口标准及开放权限，通过区分不变与可变模块，开放共有资源给模块商，让其独立进行子模块设计，通过设立组件内技术隔离、组件之间松散耦合的模块化体系结构，降低了系统成员担心专有技术被侵害或枢纽企业技术垄断的疑虑，以激励成员之间的组件共享，并增强创新资源利用的便利性。二是，以模块化平台架构打破企业边界，使企业上下游及所有资源都能和共有资源（用户交互）连接，如通过 HOPE 平台，向全球资源方、利益攸关方和客户开放，提供公共平台支持不同类别的用户自动聚集及不同用户圈层间的并联，将用户需求送达全球 280 万个专家和资源方，共同提供满足需求的方案，海尔迭代式研发因发挥创新杠杆机制，大大缩短了研发周期。三是，海尔通过模块化的创新架构支持交互界面决策开放性，具体以组织模块化重塑企业价值体系，采用合伙人机制建立联盟，通过建立集中支持设施主导和促进创新资产杠杆化。例如，通过开放 U+智慧生活开放平台的编程接口，使每个创客在此基础上延伸开发产品，再依托海立方平台，全流程帮助创业者创业。

命题 4.3 海尔通过构建模块化的创新架构有效应对交互界面结构开放性与

决策开放性之间的矛盾，是枢纽企业创新杠杆机制的核心，枢纽企业可通过设计和部署模块化战略，在不牺牲交互界面决策开放性的情况下保持结构开放性，从而实现创新生态系统中的创新杠杆效应。

2. 创新架构模块化、网络治理嵌入性与创新协同机制

创新生态系统若缺乏创新协同机制，将出现过程延迟、设计冗余、技术不兼容、创新成本高和性能差（Gerwin，2004）等问题。在海尔创新生态系统的演化过程中，伴随成员数目增加和网络活动多边化、多样化，创新协同机制变得尤为重要。海尔主要通过网络治理嵌入性中的认知嵌入性实现外部创新协同机制，基于创新架构模块化实现内部创新协同机制。作为枢纽企业，海尔主要通过信息传播、解释、说服来管理外部协同。首先，不断引导成员形成生态圈、场景体验、互联工厂、大规模定制等思维框架，并通过去中心化、去中介化、“人单合一”驱动海尔 COSMOPlat 及其信息传播，使员工价值与用户价值合一，实现以“用户需求信息为中心”的“全流程、全周期、零距离”的大规模定制解决方案，以共享认知的嵌入引导系统合作伙伴对战略问题的看法并形成相关协同行动。

另外，基于模块化创新架构的变革，海尔革新了产品设计、生产网络、组织结构，重新定义合作伙伴角色和贡献，创新主体模块的互动性质也随之变化，以实现内部协同。基于模块化产品架构，海尔使供应商转变为模块商，在海尔发布的接口标准下独立优化设计模块子系统，并以模块化松散网络组织代替原层级结构，畅通主导模块（枢纽企业）与成员模块之间的沟通和协调。基于组织模块化设计，海尔变革原供应网络的协作机制、管理系统和支持系统，以充分发挥模块架构的沟通协调功能。海尔从管控型组织转型为投资驱动平台，原事业部、职能部及其领导转变为平台及平台主，为小微企业提供投资与系统支持。2015 年，海尔将各层级（包括领域平台、产业平台）相关管理职能合并为一体，以多职能统合的“三自（驱动）平台”身份整体融入业务单位中，提供贴身的管理支持服务。

命题 4.4　海尔作为枢纽企业要预见并响应情境变化，随之调整创新架构，通过内部和外部的创新协同机制引导系统成员行动的一致性，提高创新生态系统产出。枢纽企业可通过信息传播、解释和说服畅通成员之间的联结与互动，以网络治理嵌入性中的认知嵌入性实现外部协同，基于模块化理论重新定义创新架构，依赖创新架构模块化实现内部协同。

3. 交互界面开放性、网络治理嵌入性与创新互利机制

海尔通过交互界面决策开放性与网络治理嵌入性中的结构嵌入性，建立开放、

公平的共赢共生生态圈。一方面，基于组织设计模块化，海尔转型为“网络化节点组织”，并构建透明的流程和权利体系，以开放性的交互界面减少成员对知识产权的潜在误解，有效管理成员之间的互利性。海尔主要提供支持服务，通过决策权下放，把“三权”（决策权、用人权和分配权）赋予基层小微企业，使小微企业独立运营，以“用户付薪”促进小微企业脱离母公司保护，独立参与市场竞争，激发小微企业的活力、创造力与提升创新活动的透明性，提高创新效率。同时，海尔打造无缝化、透明化、可视化的互联工厂，让用户全流程参与到产品设计、生产等环节中，构建与用户零距离的诚信体系，使全球范围内融入海尔创新生态系统的成员能够实时查看海尔制造场景，实现互联工厂对用户、利益攸关方资源的可视化。

另一方面，海尔通过结构嵌入性，建立“集团层—领域平台—产业平台—业务平台—小微企业”各个组织层级嵌套关系，打造全集团的共创共赢生态圈。虽有低阶子平台嵌入高阶平台，但非主导从属关系，虽有业务范围差异，但小微企业都是具有自主决策权的主体，海尔通过积极扶持小微企业发挥自身技术优势，吸引外部资本，并通过频繁、互动式的接触，激励小微企业形成用户驱动的创业构想，让小微企业发现用户“痛点”，进而创新产品与服务，根据用户反馈迅速迭代，使“用户价值”升级为“用户资源”，使利益攸关方共同面向“市场目标”，以此奠定合作伙伴信任的基础。例如，小微企业和用户之间的嵌入，即张瑞敏所说的“外去中间商”。

命题 4.5 海尔通过交互界面开放性使知识产权规则、政策制定和管理更加透明，通过网络治理嵌入性的结构嵌入性构建系统成员之间信任的基础，枢纽企业可以通过决策开放性与结构嵌入性，在创新生态系统内创设更加开放与公平的互利环境。

4.2.5 模块化下企业创新生态系统演化路径

1. 创新杠杆机制：从重用模块化技术向重用平台资源、超模块化场景资源演化

创新杠杆机制的核心是枢纽企业通过资源整合“1+N”来提升创新能力。在海尔创新生态系统演进中，管控重点在于基于网络效应提升系统对现有及潜在成员的吸引力，不断扩大、整合资源的规模，并立足企业长期知识积累（需求库、模块库、接口库、规则库），使成员共享其专有工具、技术和资产，以减少设计/开发冗余，降低开发成本和时间。海尔创新杠杆机制按重用“模块资源—平台资

源—场景资源”的路径演化，且演进中创新杠杆机制逐渐增强。

（1）开拓布网期，在海尔全球统一的模块化产品架构下，模块化构成价值链的基础单元直接影响价值创造过程，海尔将产品划分为通用和专用模块，以通用模块最大限度地继承与重复利用已有模块的开发成果，以专用模块体现不同消费者的偏好特性。基于模块互换性和通用性，海尔配置出满足用户个性化需求的系列产品，并开放给资源方和用户以交互定制迭代，且不同系列产品间的模块互相通用，实现模块化技术的重用，提高产品配置自由度并促进资源的调配与优化。

（2）扩展织网期，海尔基于组织设计模块化管理创新生态系统的利益共同体、模块化企业及每个经营体，每个模块独立且自负盈亏。组织模块化使系统内成员结合自身需求快速调配、整合与利用信息和资源，依托 HOPE、海创汇、海达源等功能平台，实现模块化平台资源的重用，在提高资源利用效率的同时，提高系统成员的资源整合能力。

（3）颠覆融网期，海尔依托 COSMOPlat 以智能制造实现大规模定制，以超模块化组织加强价值链各任务模块的可组合性与连接性，通过互联工厂实现用户需求驱动生产、用户体验驱动产品迭代，从而打破企业边界，调动企业上下游资源满足用户需求，通过整合场景生态合作方，实现超模块场景的无缝连接。在此阶段，“产品被场景替代，行业被生态颠覆”，海尔的新增长体现在场景品牌和生态品牌方面，如卖场景的 1 号体验店和衣联网。

2. 创新协同机制：从分解者向平台领导者、创新集成商演化

创新协同机制涉及创新活动及产出的内部与外部的协同性，既要管理企业成员、任务、组件、互动的内部一致性，也要预见外部技术、市场的变化，协调内外部成员采取匹配所处情境的一致性行动。基于模块化创新架构的市场机会，海尔吸引并协同利益攸关方的行动，在提供支持的同时管理成员的技术、商业模式、合作关系及创新能力等，为实现创新协同机制，海尔定位的角色按“分解者—领导者—集成商”的路径演化。

（1）开拓布网期，海尔以分解者角色开发模块化产品架构，分解者的核心任务是预见外部环境及价值链内部的变化，通过架构开发及接口规则的集中控制，确保系统成员内外部的一致性。为整合研发资源、用户及创新中介共同参与产品的研发与生产，海尔的核心研发任务由开发产品转为开发产品架构，通过设计模块接口标准、规格、数量及供应商权限，使供应商不再按图纸进行零部件制造，而是在其发布的接口标准下独立优化模块子系统设计。海尔通过全球统一的模块化产品架构驱动系统对全球资源的创新协同。

（2）扩展织网期，海尔以平台领导者角色开发平台架构，领导者的核心任务

是专注于平台架构、组织结构、管理制度的变革，通过定义、解释、提供共同的技术/工艺基础设施（创新架构），确保成员实时调整其模块，实现内部创新的一致性，并适时更新创新架构以保持与外部创新的一致性，发挥对创新生态系统的领导支配作用。基于模块化松散耦合的网络与过程结构模式，海尔用“企业平台化”颠覆科层制，“外去中间商，内去隔热墙”，打破原职能部门之间、企业与市场之间的壁垒，促进部门间、系统成员间的信息共享、知识交流、能力互补，以快速响应用户需求，强化内外部成员之间的协同。例如，依托 HOPE 平台，实现一流设计资源、模块商资源、设计人员与用户在虚拟环境中零距离交互创意和需求，快速设计、验证并回馈相关信息。搭建海达源平台，让供应商通过模块开放接口发挥各自的资源优势，打造价值创造的并联模式。

（3）颠覆融网期，海尔以集成商角色开发创新架构，集成商的核心任务是关注核心创新的设想并阐释创新架构，支持、促进和协调系统成员的互补创新活动，整合模块组件并将成品推向市场，并关注互补性创新对创新架构覆盖范围的拓展效应，以促成社群经济下自驱动、自组织、自演化的工业新生态。海尔重新定义创新系统为“工业互联网新引擎”和“每个企业都能够成为引领者”，以 COSMOPlat 云平台颠覆、重构组织和产业形态，以用户驱动“全流程、全周期、零距离”大规模定制解决方案，以场景生态圈重新定义接入点并协调成员的知识共享，通过“物联网+人工智能”双引擎支持成员创建互补产品/服务，并将成功模式进行跨地域、跨行业的复制。

3. 创新互利机制：从枢纽企业主导向市场开放机制演化

创新互利机制是创新生态系统成员从其创新贡献中获得适当报酬的机制，明确的价值分配机制激励成员的创新活动更加透明，实现产业链协同、提高创新效率。海尔从建立产品平台到行业平台、生态系统的演化中，作为枢纽企业能够协调共创价值的可分配性与互利性，注重成员互利的业务关系及相互增强的业务模式的建立，激励成员不断寻找创新机会、为系统创新目标做出贡献，其创新互利机制按“企业主导规则—市场开放机制”路径演化。

在开拓布网期由企业主导绩效衡量标准，海尔制定了内部员工及外部模块的考核规则，作为利润分配的基础。对内，内部业务模块以“人单合一”“人损合一”的考核标准为主，并引入外部竞争（替代性）的模块业绩考评方式，即以社会化交易方式使资源提供者与使用者关系具有可替代性。对外，让模块商通过开放性的模块接口发挥资源优势，以产品组件（模块）的性能测试作为考核标准，基于模块对业务全流程、整体系统性能贡献的大小，如“是否支持主流程、支持是否充分”，按择优原则选取最优模块。不仅考核单独模块的作用，还考核自主经营体整体绩效，若其未达到预期目标，所有模块共同承担责任，以激励上下游环节全力配合解决自主经营体运营中任一环节的问题，及时纠偏。

在扩展织网期和颠覆融网期，基于“人单合一”双赢模式的组织设计模块化管理，海尔制定业务模块全流程、用户付薪、创客所有制的创新考核规则，以有效的创新互利机制激活系统的创新产出。以“是否为顾客创造价值、价值大小、是否达到预期目标”作为对平台小微企业的考核标准，结合动态创新互利机制，即采用创客所有制、创业团队对赌跟投的合伙人制度设计与市场激励，并联股东资本与市场资本，以完全市场化、社会化的创新互利机制，通过现金流、利润表、资源、用户增值等分析，使创客与自己创造的价值相关联，在为用户创造价值的过程中获得自身利益。

命题 4.6　海尔基于模块化技术，实现从整合企业内部创新资源向企业与外部资源点对点的合作联结、异质性合作伙伴互利共生的转型升级，其创新杠杆机制按重用“技术资源—平台资源—场景资源”的路径演化，创新协同机制使枢纽企业在系统中的角色定位按“分解者—领导者—集成商”的路径演化，创新互利机制按“企业主导规则—市场开放机制”的路径演化。

模块化下海尔创新生态系统演化机制与路径如图 4.2 所示。

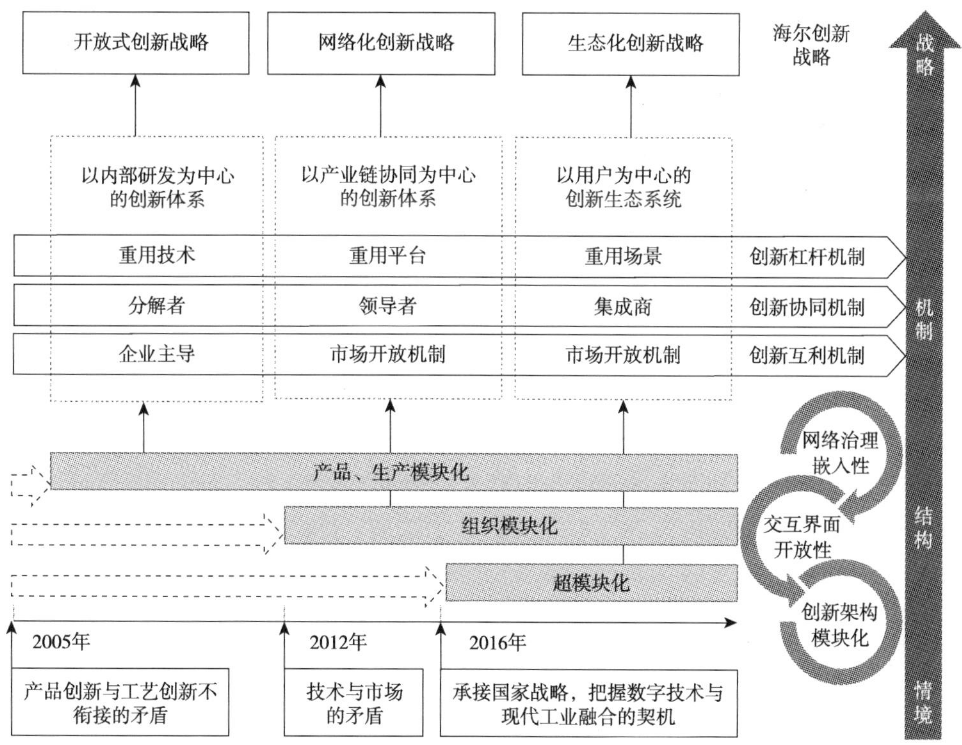

图 4.2　模块化下海尔创新生态系统演化机制与路径

4.3　针对创新供给侧的研究：组织模块化与研究型大学的技术转移绩效

4.3.1　研究假设与研究模型

1. 研究假设

1）组织模块化与技术转移财务绩效

组织模块化概念可以被解构为分工性、独立性、响应性三个特征（王建安和张钢，2008）。其中，分工性强调每个半自律模块是按照系统功能分解的，具有独立完成分工工作的自组织，是组织实现模块化的前提条件。组织内子系统的分工性越强，该组织的模块化程度越高。独立性强调的是每个模块被赋予了独立自主的业务流程、惯例与职权，是模块实现高度自治性和协作性的充分条件（齐羽，2013）。响应性强调的是设计模块化系统的集成技术规则和职能规则遵循标准化、明确化，这是模块间对接信息、灵活组合、协同工作、重组分解的关键依据，是提升组织绩效的重要因素。

当前，标杆研究型大学的技术转移体系建设中已显现组织模块化特征。这些大学将内部组织划分为教育教学、科技创新、技术转移服务三个核心模块。组织模块化的高度分工性体现了“专业人做专业事”的分工原则（王海军等，2019）。这种设计不仅解决了缺乏专业的技术经理人及科研团队难以应对技术的商业化等传统技术转移模式可能出现的问题，还能够提升企业的技术创新能力，控制技术转移管理成本，直接影响技术转移财务绩效（张宏伟，2016）。近年来，大学均以技术转移办公室、科学研究院、技术转移控股公司等方式设立独立运作部门，负责技术孵化后的技术评估、技术营销、许可谈判、产业联络等服务功能，以统筹大学内部资源，明确各模块间的功能目标，将日常教学任务、科研创新任务及成果转化服务安排给各自独立负责的模块。该类组织模块化有利于大学协同开展教学活动、科技创新及技术转移项目，实现提升技术创新能力及加快科研资产输出。研究型大学出台的各类技术转移工作办法及科技成果转化实行制度等指示性文件，本质就是指导大学各模块间的工作对接要实行标准化处理。有“法”可依、有“章”可循，是确保大学组织模块响应性特征的有力保障（万宁和李帅帅，2014）。通过人才培养、科研成果输出、资金回报等形成的模块间互通渠道，也是模块响应性的有力保障。据此可知，模块间响应性直接影响模块间工作绩效的提升。

因此，本章对于“组织模块化与技术转移财务绩效关系”的命题，做出如下假设。

假设 4.1 研究型大学组织模块化正向影响技术转移财务绩效。

假设 4.1a 研究型大学组织模块化分工性正向影响技术转移财务绩效。

假设 4.1b 研究型大学组织模块化独立性正向影响技术转移财务绩效。

假设 4.1c 研究型大学组织模块化响应性正向影响技术转移财务绩效。

2）组织模块化与技术转移成长绩效

技术转移成长绩效主要强调技术转移项目开展过程的及时性、灵活性及低成本性。研究型大学的组织模块分工性会降低技术转移系统内部的管理成本及复杂性，进一步促进技术转移成长绩效的提升。组织模块拥有独立的自主决策权，提升了组织单元对环境的自适应能力（常旭华等，2018）。在研究型大学的模块化技术转移体系下，各模块拥有的独立决策权是转变技术转移工作程序烦冗化的有利条件，可以保证技术转移项目开展的及时性、低成本性及进程的灵活性，从而直接影响技术转移成长绩效。组织模块响应性是模块间对接信息、灵活组合、协同工作、重组分解的关键依据（刘群彦和姚禹，2018）。首先，具有响应性的统一接口标准为模块间的协同合作确定了统一的实施规则，是模块间相互协作的主要规范惯例，有利于模块间协同关系的形成，为组织创新提供先决条件。其次，具有响应性特征的模块具有高速重组分解的能力，有利于组织整合多元化资源，提高组织应变性和开放性。最后，响应性特征可以有效地降低知识整合难度和信息搜索成本，提升组织协同效率，降低组织管理成本。

因此，本章对于“组织模块化与技术转移成长绩效关系”的命题，做出如下假设。

假设 4.2 研究型大学组织模块化正向影响技术转移成长绩效。

假设 4.2a 研究型大学的组织模块化分工性正向影响技术转移成长绩效。

假设 4.2b 研究型大学的组织模块化独立性正向影响技术转移成长绩效。

假设 4.2c 研究型大学的组织模块化响应性正向影响技术转移成长绩效。

3）技术创新能力的中介作用

技术创新理论揭示出技术创新困难的主要原因是产品市场中消费者对于产品的需求难以得到绝对满足，并且是随社会经济发展不断提升的。因此，产品创新生产成本会不断增加，造成创新困难的局面。组织模块化的生产模式恰如其分地解决了这一难题（Schumpeter，1912）。研究型大学的技术转移工作同样是一个复杂的系统问题，主要反映了大学创新技术被应用化、市场化甚至是商业化的过程。

模块化创新模式将大学视作技术产品的集成商，而将技术市场的需求方视作潜在消费者。在技术市场上，技术需求方各自的“消费者需求”多样而复杂，大学为了满足更多的潜在需求，实施组织模块化解构技术转移复杂系统，为大学技术创新提供保障。组织模块化分工性使得大学内部组织模块具有明确的功能目标，各模块内员工的职能范畴也同时得到明确。大学内部各组织模块仅需要专注于各自模块功能进行创新，进而拉动创造系统创新（Mansfield，1968）。组织模块化独立性使得模块内部高度自治，最大限度地提升了模块内的功能效率及资源整合能力，进一步控制了组织内部管理成本，为组织内部的技术创新提供基本保障。组织模块化响应性提升了各模块间的协同效率，并夯实了知识流动的基础，使得技术创新在模块间迅速发展，进而提升组织技术创新能力。

因此，做出如下假设。

假设 4.3　研究型大学组织模块化对技术创新能力具有正向影响。

假设 4.3a　研究型大学组织模块化分工性对技术创新能力具有正向影响。

假设 4.3b　研究型大学组织模块化独立性对技术创新能力具有正向影响。

假设 4.3c　研究型大学组织模块化响应性对技术创新能力具有正向影响。

技术创新为技术转移提供了技术供给能力，技术转移绩效又为技术创新孕育创新胚胎（魏江和寒午，1998）。研究型大学的技术创新能力不仅涵盖影响技术转移成功率的创新能力，也包括组织在技术转移工作中实现流程创新的能力。技术转移服务模块的功能特性就包含了组织工作的流程功能（梁海山等，2018）。技术的成功产业化是一项复杂的链式流程。技术创新能力是各个工作环节效率提升、去冗余化的具体表现。技术创新能力的提升，既降低了技术转移工作的管理成本，又提升了技术转移成长绩效和财务绩效。据此，提出如下假设。

假设 4.4　技术创新能力对研究型大学技术转移绩效具有正向影响作用。

假设 4.4a　技术创新能力对研究型大学技术转移财务绩效具有正向影响作用。

假设 4.4b　技术创新能力对研究型大学技术转移成长绩效具有正向影响作用。

综上所述，组织模块化对促进组织创新、提升组织绩效有积极影响。技术创新能力是技术生产的根本条件，而技术生产是技术转移的先决条件。因此，对技术创新能力作为组织模块化与技术转移绩效关系之间的中介进行研究。

假设 4.5　研究型大学组织模块化通过技术创新能力的中介机制对技术转移绩效产生间接正向影响。

4）知识共享的调节作用

在新经济发展时代，知识经济在全球经济体系建设中扮演着愈加重要的角色。知识作为关键的战略性资源，逐渐成为企业成长和产业发展的关键资源（Hansen，2002）。知识吸收是决定组织竞争力的核心要素。知识共享则是组织内部及各组织间知识流动的重要手段，使知识从个体层面流向群体层面。知识共享会促进组织形成复杂多向循环的知识回路（Cabrera A and Cabrera E F，2002）。知识共享构建的知识回路嵌构于研究型大学的技术转移组织模块之间，可以加强大学组织内部多部门的协作及与外部组织（企业、政府等）间的有效沟通。组织模块分工程度越高，模块间知识共享的交互协调性越强。冯博和刘佳（2007）认为，通过知识共享可以促进大学的科研团队构建科研合作、学习咨询等价值网络，整合创新资源。产学研联盟的三螺旋主体特性会促使组织内部与外部形成自循环的知识流动链条，对组织外部的新知识进行选择性吸收与整合，进而影响知识创造和技术创新（王艳，2004）。

假设 4.6　知识共享在组织模块化与技术创新能力的关系中具有正向调节作用。

假设 4.6a　知识共享在组织模块化分工性与技术创新能力的关系中具有正向调节作用。

假设 4.6b　知识共享在组织模块化独立性与技术创新能力的关系中具有正向调节作用。

假设 4.6c　知识共享在组织模块化响应性与技术创新能力的关系中具有正向调节作用。

2. 研究模型

结合以上分析提出以下研究模型，见图 4.3。

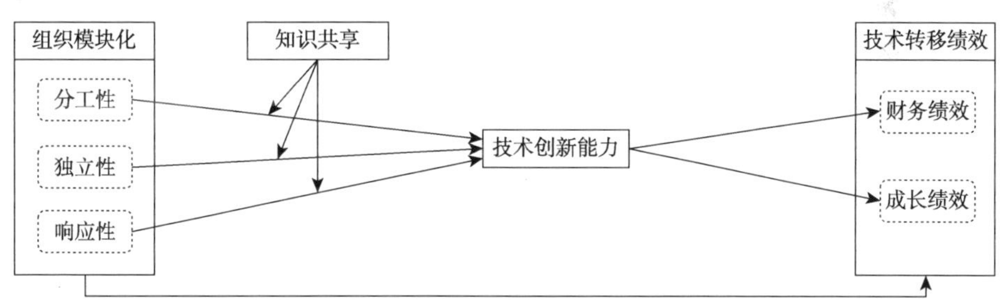

图 4.3　研究模型

4.3.2　研究设计

1. 变量测量

通过对现有国内外文献的研究，梳理出关于组织模块化、知识共享、技术创新能力和技术转移绩效等变量的成熟量表。进一步地，嵌入中国研究型大学管理情景，综合修正和借鉴已有成熟量表。该量表采用利克特 7 点评分法进行测量，1

为非常不符合，7 为非常符合。通过征询专家意见，借鉴权威成果等对各变量维度进行修正及题项修正完善。

因变量为技术转移绩效，即研究型大学在技术转移工作中的完成效度。对技术转移项目完成财务指标、过程成长指标的两个方面进行测量。自变量是组织模块化，包括组织模块的“分工性”、“独立性”及“响应性”三个维度。嵌入研究型大学技术转移工作情景，本书从技术转移体系组织建设的分工程度、独立程度及响应程度进行题项设计，收集组织模块化程度信息。中介变量为技术创新能力，即用来衡量研究型大学技术创新的能力指标。结合当前社会、政府对于大学技术创新评价的指标和维度，借鉴并修正相关量表，从研究型大学的学科建设、科研成果产出、产学研合作三个层面进行测量。知识共享是调节变量，即组织成员在组织中保障知识及时流通互享的变量。参照 Lee（2010）的相关量表，结合研究型大学技术转移体系的管理情景修正相关题项。通过对问卷量表的具体指标进行信度、效度检验以后，剔除解释力度不足的题项，最后整理出有效观测指标题项量表，见表 4.5。

表 4.5　变量维度和观测指标题项

变量维度	观测指标题项	编码	参考文献
组织模块化	贵校技术转移工作制度完善	B_1	Tiwana（2008），Schilling（2000），Mikkola（2003），Parnas（1972），Sanchez 和 Mahoney（1996）
	贵校具有服务于技术转移工作的专业机构或组织	B_2	
	贵校参与技术转移工作人员仅专门负责技术转移工作	B_3	
	贵校涉及技术转移工作的各部门职能清晰，负责工作明确	B_4	
	贵校具有服务于技术转移工作的独立机构或组织	B_5	
	贵校与技术转移项目相关的部门或组织对解决部门内的技术转移相关问题有很强的决策权	B_6	
	贵校涉及技术转移项目的部门之间有标准并且固定的工作流程	B_7	
	贵校技术转移项目涉及的部门之间有紧密的联系，单元或部门间相互依赖性很强	B_8	
	您所在组织在技术转移项目中往往需要与其他部门共同协作才能完成某项职能或功能	B_9	
知识共享	您经常与其他技术转移工作同事互相交流相关工作方法	C_1	Lee（2010）
	您经常与其他技术转移工作同事反馈技术转移工作成功或失败的经验	C_2	
	您经常与其他技术转移工作同事互相交流对技术转移工作的经验与看法	C_3	
	您经常与其他参与技术转移工作同事共享关于技术转移项目的关键信息	C_4	

续表

变量维度	观测指标题项	编码	参考文献
技术创新能力	贵校“双一流”建设学科情况	D_1	Hagedoorn 和 Cloodt（2003），《中国普通高校创新能力监测报告 2019》
	贵校高质量论文（专业排名前 25%的期刊）发表情况	D_2	
	贵校年获批科研项目等级情况	D_3	
	贵校年申请专利质量情况	D_4	
	贵校年开展产学研合作项目情况	D_5	
技术转移绩效	贵校对于技术转移项目的开展十分及时	E_1	Lin 和 Berg（2001），仲理峰和时勘（2003），张莉（2009）
	贵校在流程制度上可以非常顺畅地开展技术转移项目	E_2	
	贵校能够以较低的管理成本开展技术转移项目	E_3	
	贵校的技术转移成功项目占技术转移项目的比例很高	E_4	
	贵校技术转移成功项目具有可持续性开展特点	E_5	
	贵校技术转移合同金额情况	E_6	
	贵校技术转移项目数量情况	E_7	

2. 数据收集

综合两个原则进行研究型大学样本筛选：一是参考我国教育部确认的 42 所双一流建设高校名单，确保其研究水平、科研能力突出；二是考虑不同类型大学的技术转移成果不同，因此选择综合型、研究型大学进行调查。即调查对象大学必须是拥有理学、工学、医学、农学等 2 个以上大类学科博士点，以及不低于 10 个该类别一级学科博士点的大学，确保技术项目本身便于实施转移转化工作。综上，最后筛选出符合上述要求的 38 所“双一流”研究型大学（即在 42 所“双一流”大学名单中剔除中央民族大学、新疆大学、云南大学；国防电子科技大学由于技术特殊性不同于其他普通高校，不便收集样本而剔除）。将调查对象界定为深入了解本校技术转移工作的相关人员，如参与过技术转移项目实施的发明人团队成员（包括教授、博士、研究员及相关学生等），以及直接参与技术转移项目对接工作的行政人员（包括科技处、科学研究院、科技园、技术转移办公室等部门工作人员）。

为得到真实有效的数据信息，依托项目基金支持，委托研究型大学科技处等部门专家协助展开目标大学的问卷收集工作，尽可能保证样本随机分布、样本量充足。由于受到新冠疫情的影响，以及实地调查在后期实施中遇到不可抗力的影响，后期主要采取电话、邮件等调研形式。该次调研共发放问卷 600 份，收回问卷 577 份，剔除无效问卷 34 份，最终有效回收问卷 543 份，有效回收率为 90.5%，符合社会调查有效性。被调查者的特征如下：男性占比 53.22%，女性占比 46.78%；年龄在 41~50 岁的占比 30.94%；从最高学历分析来看，博士研究生占比 80.48%；从职务性质分析来看，科研人员占比最高为 47.33%，技术管理人员（科技处、科技园、科学研究院等直接工作人员）占比 29.83%，行政管理人员占比 9.39%，财务管理人员占比 3.50%，学生占比 7.37%，其他人员占比 2.58%。任职年限 6~10 年的占比 28.91%。全部样本的基本情况见表 4.6。

表 4.6　调查对象的描述性统计

变量	类别	人数	百分比
性别	男	289	53.22%
	女	254	46.78%
年龄	20~25 岁	80	14.73%
	26~30 岁	112	20.63%
	31~40 岁	133	24.49%
	41~50 岁	168	30.94%
	51 岁及以上	50	9.21%
最高学历	博士研究生	437	80.48%
	硕士研究生	82	15.10%
	大学本科	21	3.87%
	本科以下	3	0.55%
职务性质	科研人员	257	47.33%
	技术管理人员	162	29.83%
	行政管理人员	51	9.39%
	财务管理人员	19	3.50%
	学生	40	7.37%
	其他人员	14	2.58%
任职年限	未满 1 年	15	2.76%
	1~5 年	118	21.73%
	6~10 年	157	28.91%
	11~15 年	140	25.78%
	16~20 年	92	16.94%
	20 年以上	21	3.87%

注：由于舍入修约，合计可能不是 100%

3. 变量信度检验

信度分析采取常用的 Cronbach's α 系数、CITC（corrected item-total correlation，校正的项总体相关性）两个关键指标进行验证。将全部相关题项数据导入 SPSS 24.0

分析得到 Cronbach's α 系数为 0.875>0.8，量表满足内部一致性检验。各维度分别进行内部一致性检验并进行信度分析，结合 CITC 和删除信度不佳的观测变量后，CITC 值越高，对应的题项鉴别能力越高。通过数据检验，各题项 CITC 值均大于 0.4，表明各题项信度结构良好，可以进行下一步的相应分析。

效度分析是指检测问卷设计的有效性，问卷是否真实、准确、可靠。检验问卷中每一个测量题项是否都针对性地反映出研究变量的维度。通常效度分析可以分为内容效度检验及结构效度检验。借鉴国际学术界对相关变量的量表开发程度进行修正以确保问卷题项有效性。选择 KMO（Kaiser-Meyer-Olkin）检验和巴特利球形检验两种指标作为结构效度检验指标。数据检验结果表明，KMO 值为 0.894>0.7，巴特利球形检验的卡方统计量为 5 321.427，Sig（significance，显著性）值为 0<0.05，说明变量间存在相关关系，适宜进行因子分析。

4.3.3　实证分析

1. 整体结构方程模型的适配度分析

参考绝对适配度指数、增值适配度指数、简约适配度指数 3 个方面的 11 项常用重要拟合指标来检验构建的结构方程模型的拟合程度是否达标。通过比较数据拟合值得到输出结果与判断参考值，可以判断出模型与样本数据的拟合程度。运用 AMOS（analysis of moment structure，矩阵结构分析）软件构建结构方程模型对数据的路径分析，具体结构模型适配度分析结果如表 4.7 所示，修正后的研究模型路径如图 4.4 所示。

表 4.7　整体模型的适配度检测结果

拟合度指标分类		模型拟合值检验结果		判断值	拟合结果
		初始模型拟合值	改进后模型拟合值		
绝对适配度指数	GFI	0.832	0.941	>0.9	适配
	AGFI	0.840	0.922	>0.9	适配
	RMSEA	0.096	0.032	<0.08	适配
增值适配度指数	NFI	0.902	0.950	>0.9	适配
	RFI	0.742	0.874	>0.8	适配
	IFI	0.894	0.986	>0.9	适配
	TLI	0.869	0.983	>0.9	适配
	CFI	0.877	0.986	>0.9	适配

续表

拟合度指标分类		模型拟合值检验结果		判断值	拟合结果
		初始模型拟合值	改进后模型拟合值		
简约适配度指数	PGFI	0.510	0.540	>0.5	适配
	PNFI	0.506	0.553	>0.5	适配
	χ^2/df	4.394	1.381	<3	适配

注：GFI：goodness-of-fit index，适配度指数；AGFI：adjusted goodness-of-fit index，调整拟合优度指数；RMSEA：root mean square error of approximation，渐进残差均方和平方根；NFI：normed fit index，规准适配指数；RFI：relative fit index，相对拟合指数；IFI：incremental fit index，增值适配指数；TLI：Tucker-Lewis index，Tucker-Lewis 指数；CFI：comparative fit index，比较适配指数；PGFI：parsimonious goodness-of-fit index，简约拟合优度指数；PNFI：parsimonious normed fit index，简约规范拟合指数

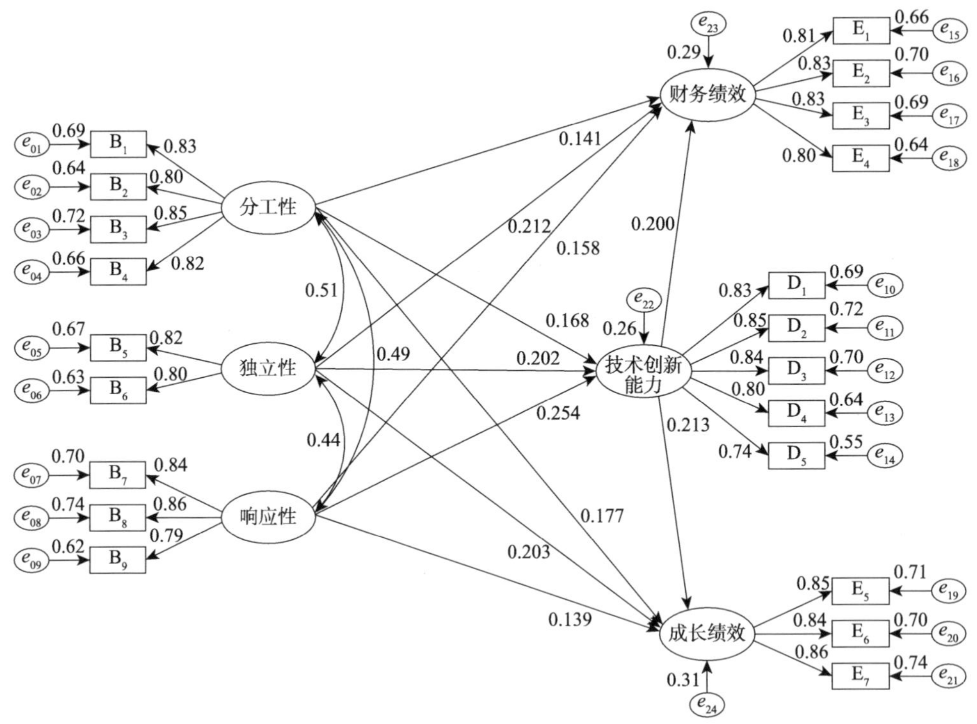

图 4.4　组织模块化对技术转移绩效的影响因素结构方程模型

该模型结果中卡方自由度比（χ^2/df）为 1.381<3，绝对适配度指数 GFI、AGFI 分别为 0.941、0.922，均大于 0.9；RMSEA 指数为 0.032，小于参考值；IFI、CFI 都为 0.986，均高于 0.9 达标，模型适配度达到标准；PNFI 为 0.553、PGFI 为 0.540，也达到参考范围。综上，由数据拟合指标显示该模型拟合程度较好，模型适配度较高，可以进行下一步的假设检验。

2. 研究假设检验

1）中介效应检验

（1）结构方程模型估计结果。通过 AMOS 24.0 软件数据运行分析后，得到结构方程模型图（图 4.4）和路径系数（表 4.8）。该结构模型检验技术创新能力在组织模块化与技术转移绩效关系中的中介作用。结果表明，技术创新能力对技术转移财务绩效、成长绩效的路径系数分别为 0.200、0.213，显著性检验均达到 1%水平显著。反映组织模块化变量的“分工性”、“独立性”及“响应性”的 3 个指标对技术创新能力的路径系数分别为 0.168、0.202 及 0.254，且 3 条路径均通过显著性检验；而组织模块化变量中“分工性”维度对技术转移财务绩效、成长绩效的路径系数分别为 0.141、0.177，显著性检验达到 5%水平和 1%水平。“独立性”维度对于技术转移财务绩效、成长绩效的路径系数为 0.212、0.203，显著性检验通过 1%水平检验。“响应性”维度对于技术转移财务绩效的路径系数为 0.158，对于成长绩效的路径系数为 0.139，均通过 5%水平的显著性检验。

表 4.8　路径、载荷系数估计结果

路径解释			非标准化路径系数	标准化路径系数	标准误	临界比	P	对应假设	路径显著性
财务绩效	←	分工性	0.139	0.141	0.067	2.068	**	假设 4.1a	显著
财务绩效	←	独立性	0.194	0.212	0.066	2.931	***	假设 4.1b	显著
财务绩效	←	响应性	0.148	0.158	0.062	2.382	**	假设 4.1c	显著
成长绩效	←	分工性	0.182	0.177	0.069	2.615	***	假设 4.2a	显著
成长绩效	←	独立性	0.194	0.203	0.068	2.836	***	假设 4.2b	显著
成长绩效	←	响应性	0.135	0.139	0.064	2.102	**	假设 4.2c	显著
技术创新能力	←	分工性	0.176	0.168	0.072	2.458	**	假设 4.3a	显著
技术创新能力	←	独立性	0.197	0.202	0.070	2.835	***	假设 4.3b	显著
技术创新能力	←	响应性	0.253	0.254	0.065	3.873	***	假设 4.3c	显著
成长绩效	←	技术创新能力	0.208	0.213	0.059	3.506	***	假设 4.4a	显著
财务绩效	←	技术创新能力	0.188	0.200	0.057	3.269	***	假设 4.4b	显著

***、**分别表示在 1%、5%的水平显著

综上，可见组织模块化、技术创新能力两个变量对于技术转移绩效变量呈现正相关影响。组织模块化程度越高，组织模块的分工性越强、独立性越强、响应性越强，越能激励系统技术转移绩效的上升；技术创新能力越强，越能促进技术

转移绩效的提升。这说明技术创新能力在组织模块化对技术转移绩效的影响之中起到一定的中介作用。各个路径系数均呈现显著性，因此得出“组织模块化→技术转移绩效”、“组织模块化→技术创新能力”及“技术创新能力→技术转移绩效”等路径检验显著（表 4.8）。

（2）直接效应和间接效应。基于 Bootstrap 检验方法，对该结构方程模型进行中介效应检验。该方法的优势在于不仅允许变量测量有误差，而且可以减少信息损失。Bootstrap 检验中介效用的基本原理是采用重复随机抽样的方法在原始数据（N=543）中抽取 1 000 个 Bootstrap 样本，然后根据这些样本拟合模型，生成并保存 1 000 个中介效应的估计值，形成一个近似抽样分布，同时计算出中介效应的平均路径值并排序。进一步估算 95%的中介效应置信区间（confidence interval，CI）。如果这些路径系数的 95%置信区间没有包括 0，表明中介效应显著。本书通过整体路径分析的间接效应、直接效应及总效应结果呈现分析（表 4.9）。

表 4.9　间接效应、直接效应及总效应

中介路径	间接效应				直接效应				总效应				中介类型
	效应值	标准误差	95%置信区间	P	效应值	标准误差	95%置信区间	P	效应值	标准误差	95%置信区间	P	
P_1：分工性→技术创新能力→成长绩效	0.036	0.021	[0.005, 0.083]	0.019	0.177	0.072	[0.027, 0.317]	0.018	0.213	0.073	[0.064, 0.349]	0.006	部分中介
P_2：独立性→技术创新能力→成长绩效	0.043	0.022	[0.008, 0.095]	0.013	0.203	0.08	[0.051, 0.362]	0.011	0.247	0.078	[0.094, 0.406]	0.002	部分中介
P_3：响应性→技术创新能力→成长绩效	0.054	0.024	[0.017, 0.112]	0.001	0.139	0.077	[−0.013, 0.288]	0.083	0.193	0.073	[0.045, 0.333]	0.006	完全中介
P_4：分工性→技术创新能力→财务绩效	0.034	0.019	[0.004, 0.076]	0.021	0.141	0.076	[−0.007, 0.284]	0.065	0.174	0.077	[0.022, 0.320]	0.027	完全中介
P_5：独立性→技术创新能力→财务绩效	0.040	0.020	[0.006, 0.086]	0.015	0.212	0.082	[0.058, 0.381]	0.009	0.252	0.079	[0.101, 0.410]	0.002	部分中介
P_6：响应性→技术创新能力→财务绩效	0.051	0.024	[0.012, 0.103]	0.003	0.158	0.076	[0.011, 0.309]	0.034	0.209	0.071	[0.068, 0.349]	0.002	部分中介

P_1 路径“分工性→技术创新能力→成长绩效”。标准化间接效应 95%的置信区间为非 0 区间，故中介效应显著。标准化直接效应的 95%置信区间为非 0 区间，故部分中介效应显著。间接效应值为 0.036，直接效应值为 0.177，总效应值为 0.213，中介效应比为 0.036/0.213=0.169，即分工性对成长绩效造成影响时，有 16.9%的

变异是中介变量技术创新能力导致的。进一步地，通过数据显示发现，P_2路径“独立性→技术创新能力→成长绩效”、P_5路径“独立性→技术创新能力→财务绩效”及P_6路径“响应性→技术创新能力→财务绩效”3 条路径同P_1路径相似，均为部分中介显著。

P_3路径“响应性→技术创新能力→成长绩效”。标准化间接效应的 95%置信区间为[0.017,0.112]，没有包含 0，故中介效应显著。标准化直接效应的 95%置信区间为[−0.013,0.288]，包含 0，故完全中介效应显著，即响应性对成长绩效造成影响时，完全是中介变量技术创新能力导致的。P_4路径“分工性→技术创新能力→财务绩效”数据结果类同，完全中介效应显著，即分工性对财务绩效造成影响时，完全是中介变量技术创新能力导致的。

综上分析，技术创新能力可以在组织模块化与技术转移绩效之间起到正向中介作用。

2）知识共享的调节效应检验

采取中心化处理方法得到组织模块化×知识共享调节效应项。通过分层回归分析分别构建组织模块化变量的三个维度对技术创新能力变量的调节检验模型（表 4.10），研究结果如下。

表 4.10　知识共享在组织模块化与技术创新能力间的调节效应

效应	分工性			独立性			响应性		
	模型 1	模型 2	模型 3	模型 4	模型 5	模型 6	模型 7	模型 8	模型 9
分工性	0.356***	0.356***	0.355***						
知识共享		−0.003	−0.003		0.016	0.010		0.021	0.015
分工性×知识共享			0.022						
独立性				0.339***	0.337***	0.343***			
独立性×知识共享						0.111**			
响应性							0.382***	0.381***	0.382***
响应性×知识共享									0.121**
R^2	0.127	0.127	0.127	0.115	0.115	0.127	0.146	0.146	0.161
ΔR^2	0.124	0.122	0.120	0.112	0.110	0.120	0.143	0.141	0.154
F	52.599***	26.229***	17.517***	46.993***	23.490***	17.515***	61.854***	30.947***	23.031***

***、**分别表示在 1%、5%的水平显著

（1）独立性调节检验中模型 6 是将独立性交乘项引入，说明知识共享与独立

性交互项在对技术创新能力的影响路径中起到显著的正向影响作用，β=0.111，p<5%。通过将知识共享的均值分别加（减）一个标准差，得到对应的高知识共享和低知识共享两组对比数据（图 4.5a）。对于高知识共享群体而言，其独立性对技术创新能力的影响作用要大于低知识共享群体，独立性对技术创新能力的正向影响随着知识共享的提高不断增加，即知识共享维度在独立性与技术创新能力之间产生正向调节效应。

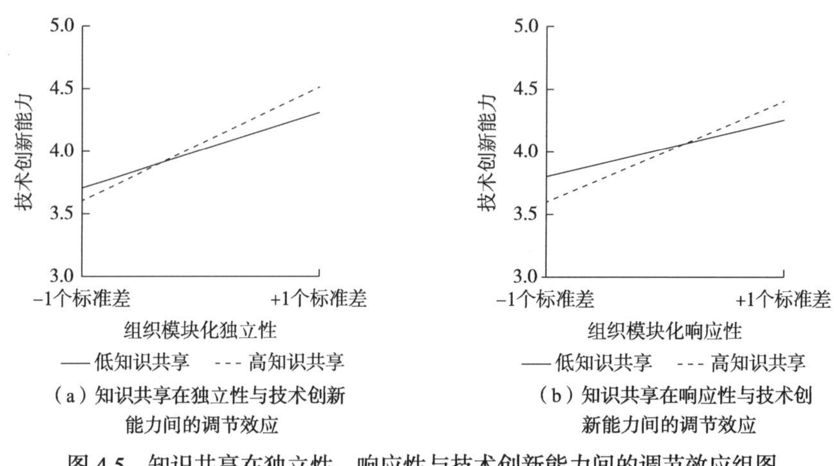

（a）知识共享在独立性与技术创新能力间的调节效应

（b）知识共享在响应性与技术创新能力间的调节效应

图 4.5 知识共享在独立性、响应性与技术创新能力间的调节效应组图

（2）响应性调节模型中知识共享对响应性与技术创新能力起显著正向的调节作用，β=0.121，p<5%。即如果知识共享高，响应性对技术创新能力的正向影响会加强。对于高知识共享群体而言（图 4.5b），其响应性对技术创新能力的影响作用要大于低知识共享群体，响应性对技术创新能力的正向影响随着知识共享的提高不断增加，即知识共享在响应性与技术创新能力之间产生正向调节效应。

4.4 本章小结

首先，本章依据“情境—结构—机制”的研究框架对海尔进行纵向案例研究，从模块化视角探索企业创新生态系统结构、演化机制与路径特征。研究表明：①情境主导了技术创新的可实现性，技术标准、用户需求和政策支持三个情境因素驱动企业创新生态系统的交互演进。②企业创新生态系统结构的三个重要特征是创新架构模块化、交互界面开放性、网络治理嵌入性。“产品、生产模块化—组织模块化—超模块化”的架构创新驱动了海尔创新生态系统的演化。③企业创新生态系统的治理关键在于创新杠杆机制、创新协同机制和创新互利机制上。

其次，本章建立了组织模块化对研究型大学技术转移绩效影响的理论模型。在此基础上，针对我国 38 所研究型大学样本开展调查研究，并收集有效问卷 543 份。进一步地，采用 SPSS 24.0 和 AMOS 软件进行结构方程路径分析，论证和检验组织模块化对于研究型大学技术转移绩效的影响机制。研究结果表明：组织模块化对研究型大学的技术转移绩效具有正向显著影响；技术创新能力在组织模块化与技术转移绩效之间起到显著中介作用。知识共享的调节作用主要体现在组织模块化的独立性、响应性与技术创新能力之间的关系；其对组织模块化分工性与技术创新能力之间的关系无显著影响。

第 5 章　组织模块化驱动的企业颠覆性创新生态系统：理论与实践

5.1　研究动机和问题提出

随着着力实现颠覆性创新被提升到国家顶层战略规划，新时代背景下我国优势企业被赋予牵引、整合颠覆性创新的使命（柳卸林等，2017）。在新一轮科技革命加速演进和我国经济结构转型升级等时代背景下，颠覆性创新不仅是我国企业获取和维持竞争优势的关键途径，也是重塑产业竞争格局的重要驱动力和实现建设世界科技强国伟大目标的基石（王海军等，2021b）。

进一步地，既往我国涌现出若干具备绝佳创新构思的成果（如我国的龙芯、红旗 Linux 等），由于缺乏全球价值链协同和有竞争力的创新体系支持，未能实质性地实现技术升级及其商品化。尽管世界知识产权组织、DARPA 等机构给予了高度重视，但时至今日我们仍未真正成功掌握开发和管理颠覆性创新的密码。

企业创新生态系统这一范式为解决以上困境提供了解决思路。已有大量研究讨论了企业创新生态系统的概念与特征（Adner，2006）、对创新绩效的作用（Ethiraj and Posen，2013）、动态演化（Iansiti and Levien，2004）等，但在与全球价值链、颠覆性创新的融合研究及实践上仍存在明显的缺口，且在企业微观层面缺乏系统和深入的剖析与验证，致使学术研究成果无法更为有效地指导企业的管理实践。有鉴于此，本章桥接颠覆性创新理论、创新生态系统理论和全球价值链理论，试图通过研究三者之间的融合和互动来探索推动企业颠覆性创新及其商品化的新模式与新机制。

5.2　基于组织模块化的企业颠覆性创新生态系统模型

从源头上看，颠覆性创新与延续性创新具有完全不同的价值主张，前者以满足低端或新兴市场的用户需求为导向，后发企业再吸收、转化这些需求并进行技术变轨，进而逐渐侵占主流市场。从特征上看，颠覆性创新具有高风险性、不可预知性和收益滞后性，仅靠一家企业难以推动技术创新成果的创造、验证及其产业化，势必涉及价值链的分工和协同，而组织模块化对其开发和商业化具有缓冲作用，并催生了价值链上价值的重新分布（王海军等，2021b）。此外，颠覆性创新不是封闭的而是开放的，颠覆性创新的发展与异质性组织之间的协作息息相关，这些组织通过构建以后发企业为核心的创新生态系统而相互联系，并以多层次密切互动和协同为基础。

基于以上分析和论述，再结合全球价值链理论（Gereffi and Memodovic，2003），本章构建了组织模块化下的企业颠覆性创新生态系统基本模型（图 5.1）。

该创新生态系统由枢纽企业牵引、嵌入支配型核心企业①和其他参与者（如供应商、大学、研究中心等），各个核心企业围绕解构的颠覆性创新价值链建构相应的资源组织模块，并形成颠覆性创新供应端、整合端和应用端，继而形成外部协作、内部联动的有机整体。这三个模块化节点的主要功能如下。

（1）颠覆性创新供应端：推动上游关键材料/核心零部件的技术变轨；加工制造设备的颠覆性工艺创新；响应枢纽企业需求，开展价值链协同。

（2）颠覆性创新整合端：吸纳、转化来自细分市场的用户需求，侦测主流企业的行情，确立颠覆性创新的价值主张，进而构建颠覆性创新生态系统；整合全球化价值链，集结、匹配创新要素，促进颠覆性创新生态系统的核心互动。

① 援引 Pierce（2009）、倪渊（2019）的观点，核心企业在资本、技术或规模等方面具有明显优势，在价值链节点的技术创新、知识扩散过程中扮演着重要角色。再基于 Iansiti 和 Levien（2004）提出的枢纽型成员和支配型成员概念，本书进一步延伸提出，枢纽企业负责发起和推动整个价值链及创新生态系统的发展，是创新生态系统中的主导者；而支配型核心企业则在价值链上下游的关键环节控制力较强，是创新生态系统的战略性参与者。如图 5.1 所示，枢纽企业定位颠覆性创新生态系统的发起、组织、参与和协调等多重角色，它与价值链节点的其他支配型核心企业共同组成颠覆性创新生态系统的“战略轴心”。

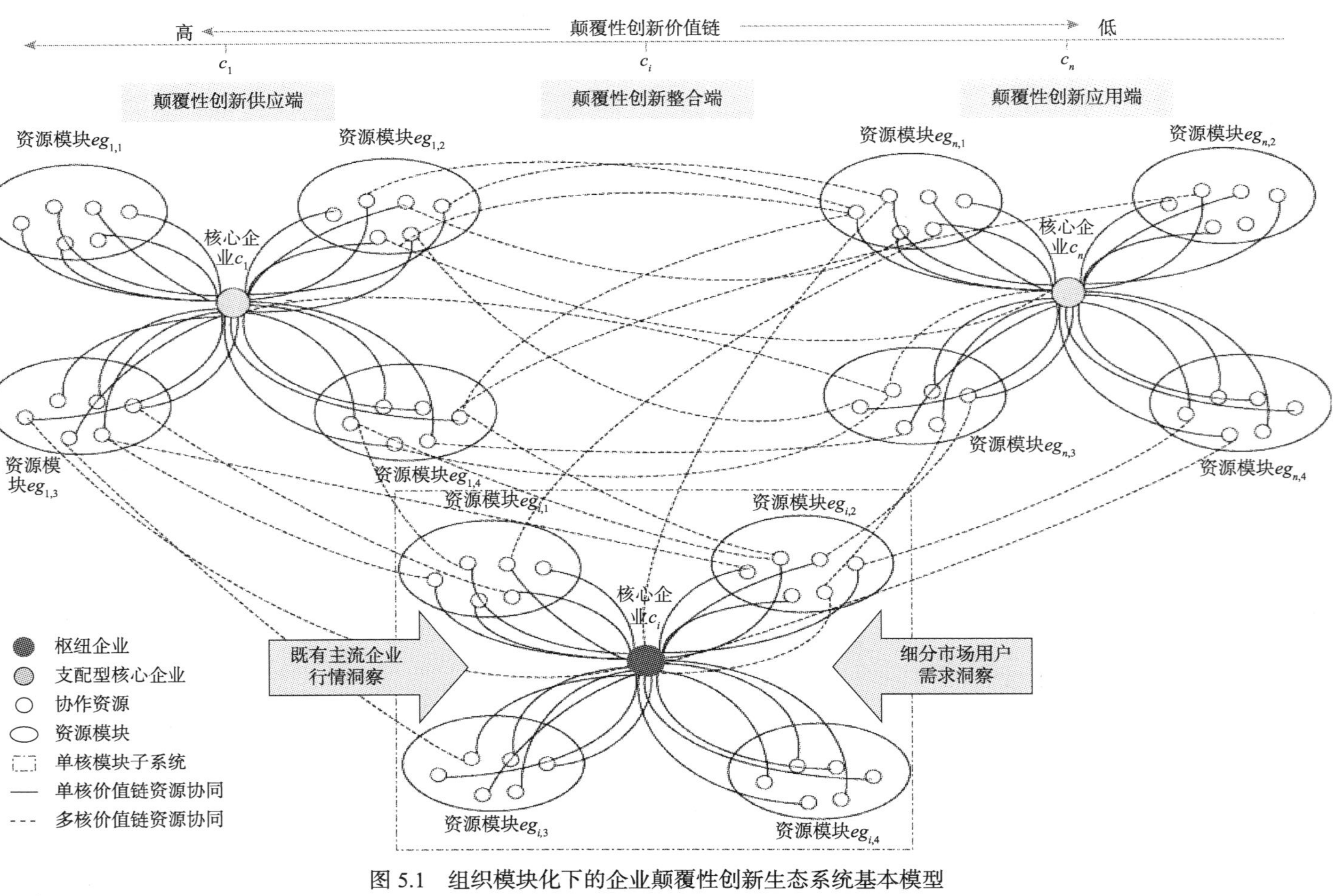

图 5.1　组织模块化下的企业颠覆性创新生态系统基本模型

（3）颠覆性创新应用端：颠覆性创新的应用扩散、商品化；建立颠覆性创新的终端消费者反馈回路；连接枢纽企业，共建创新生态系统。

从图 5.1 可以看出，该创新生态系统还突出表现如下：①来自低端或新兴市场的用户需求成为企业开展颠覆性创新的重要输入；②基于单核心企业价值链和基于多核心企业价值链的嵌套与协同，形成外部协作、内部联动的有机整体；③枢纽企业以其核心技术平台为载体，用以撬动颠覆性创新和连接不同价值链的资源组织模块；④上述资源组织模块之间呈现松散耦合的弱连接关系，模块化嵌入的协调机制有利于促进它们的交互创新。更进一步，为了推动企业颠覆性创新生态系统的动态循环和良序运转，枢纽企业有必要设计创新生态系统管理机制，增强系统内更多有价值的核心互动，同时激发主体的创新动力、保障系统成员权益。

5.3　三星显示的企业颠覆性创新生态系统建构与管理

5.3.1　案例选择与样本背景

该案例的数据来源包括文献（如分析报告、期刊文献、媒体报道、企业官网等）、专利数据库、访谈与内部观察等。研究团队成员之一自 2013 年以来一直担任调研机构 Isaiah Research 的高级顾问，主要负责 LCD/OLED 显示产业链及技术趋势的研究和咨询，为理解和分析数据创造了便利。为保证案例研究的效度和信度（Yin，2014），我们主要采用三种以上的证据来源确保决策依据的正当性，并以此建立稳定的证据三角形，实现研究资料的相互补充和交叉验证，避免单一来源数据收集可能产生的局限性。此外，我们还建立了案例研究数据库，以提高资料的完整性，从而形成完整的证据链。

案例研究对象选择了来自全球显示领域的领导企业三星显示，该企业建立于 1991 年，是见证全球 OLED 产业从无到有、从小到大的企业。2021 年，三星显示在韩国、中国、越南等地拥有多个制造基地，子公司分布于 19 个国家和地区，符合高科技国际化企业嵌入全球价值链的特征。

统计表明，人类 80%以上信息来源于显示技术，显示技术已经渗透到生活、生产、国防等各个方面。在过去的百年里，全球显示行业先后经历了以 CRT、PDP （plasma display panel，等离子显示板）、LCD 为代表的传统平板显示技术，再进入 OLED 显示技术时代。与上述显示技术相比，OLED 显示原理和结构完全不同①，具有自发光、清晰亮丽、轻薄、响应速度快、低功耗等特点，柔性 OLED 还具有可弯曲、折叠的功能优势，成为颠覆显示形态和业态的最重要技术之一。全球著名咨询公司 IHS Markit 发布的相关报告显示，OLED 在全球智能手机的渗透率逐年提升（图 5.2）②。OLED 涉及半导体、微电子、光电子、材料加工制造、装备制造等多个领域，是典型的技术与资本密集型产业。OLED 产业链关联范围广，符合全球化产业分工的基本特征。在 OLED 显示器被广泛应用到智能手机领域前，智能手机显示器的主流市场由 LTPS（low temperature poly-silicon，低温多晶硅）和 a-Si（非晶矽）显示器构成，其中 LTPS 由 JDI（Japan Display Lnc.，日本显示器公司）、夏普、友达光电股份有限公司（简称友达）等主导，而 a-Si 则由奇美电子、京东方科技集团股份有限公司（简称京东方）、天马微电子股份有限公司（简称天马）等中国企业占据领先位置。随着消费者需求日益个性化，显示行业需要新的发展动力和技术革新，这种高性能 OLED 显示器应运而生。

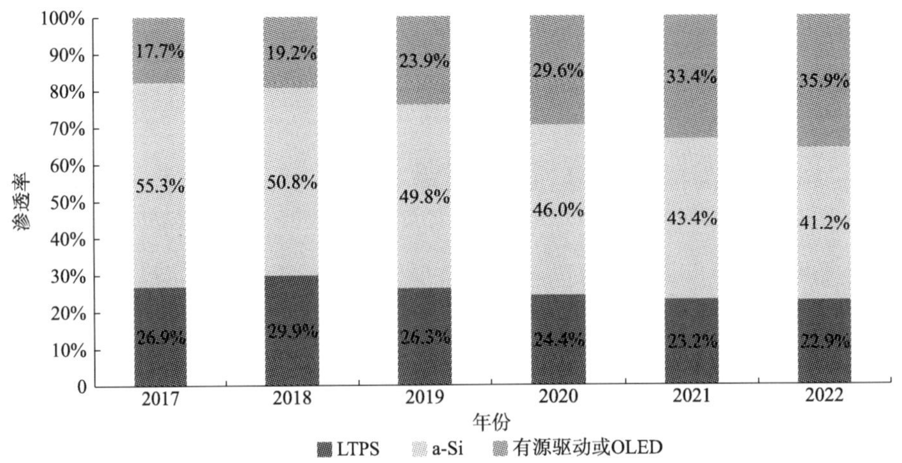

图 5.2　2017~2022 年全球智能手机显示面板的细分产品渗透率

由于舍入修约，合计可能不是 100%

资料来源：IHS Markit

① 比较起来，TFT-LCD（thin film transistor-liquid crystal display，薄膜晶体管液晶显示器）屏幕是在两层玻璃中间填充液晶材料，需要背光模组才能激发液晶发光，由此带来屏幕厚度和能耗等问题，玻璃基板的使用还制约屏幕的弯曲性能，而 OLED 使用有机聚合材料作为 LED 中的显示介质，既可以使用玻璃基板也可以使用柔性基板，因而可以形成硬屏 OLED、柔性 OLED 等，但该类面板对有机发光材料的蒸镀及封装工艺要求较高。

② OLED 显示技术按照驱动方式分为无源驱动式和有源驱动式两大类，前者主要应用在照明、穿戴式设备领域，后者目前应用于智能手机、电视机等终端产品上，本书聚焦对后者的分析。

作为拥有三星显示 100%控股权的母公司，成立于 1969 年的三星电子依靠为索尼、三洋等企业“贴牌生产”这一低端价值链嵌入模式起家，故掌握核心技术的外国企业只同意向三星电子提供简单的组装技术。基于在内存和处理器等半导体领域积聚的产业基础，20 世纪 80 年代，三星电子的领导者提出了“二次创业”和“新经营”战略，策略性地决定要向高端产业进军，并把切入点放在电子产业的上游供应链，三星显示因此于 1991 年成立。在将 LCD 作为公司主打业务后的十多年里，三星显示并没有从夏普、日立、东芝等日本高科技企业主导的 LCD 产业中分得一杯羹，濒临倒闭之际不得已选择走 OLED 道路。然而，当时 OLED 技术成熟度和市场接受度并不如意，先前涉足 OLED 领域的美国柯达公司和日本先锋公司的产业化局面始终未能打开。另外，受制于 OLED 上游原材料（如有机发光材料、封装薄膜等）和制程（如封装和蒸镀）“卡脖子”影响，三星显示意识到，仅仅依靠自身力量无法覆盖 OLED 整条产业链，更不能复制市场的所有创新能力，必须整合全球高度专业化的外部资源以建构新的 OLED 价值链，继而依托创新生态系统来实现 OLED 的价值共创和价值分配，这对于推动 OLED 的颠覆性创新及其商品化至关重要。

5.3.2　三星显示的 OLED 颠覆性创新生态系统

1. 三星显示的 OLED 创新生态系统建构

选择三星显示最具颠覆性的柔性 OLED 为研究对象，分析其在全球价值链情景下构建创新生态系统的实践。与硬屏 OLED 不同的是，该类型产品中增加了树脂薄膜材料，因而具有可弯曲甚至可折叠的特性，被誉为平板显示的最佳形态，有望引领未来屏幕的发展趋势。从实践角度看，柔性 OLED 先后在三星 Galaxy S10、苹果 iPhone X、OPPO Reno 等众多一线智能手机品牌的旗舰机型中被采用，在行业内引起强烈反响。图 5.3 提出的理论模型，解析了全球价值链下三星显示主导的柔性 OLED 创新生态系统，主要由多核心企业牵引、集结周围众多的互补方构成。其中，颠覆性创新供应端的核心企业主要包括柔性 OLED 核心原材料（含器件）与关键制造设备供应商，着重开展上游价值链的材料和工艺突破；整合端以枢纽企业——三星显示为轴心，着重打造颠覆性的柔性 OLED 核心技术平台及整合创新要素等；应用端的核心企业则分布着智能手机品牌厂商，推动柔性 OLED 颠覆性创新成果的应用扩散和商品化。

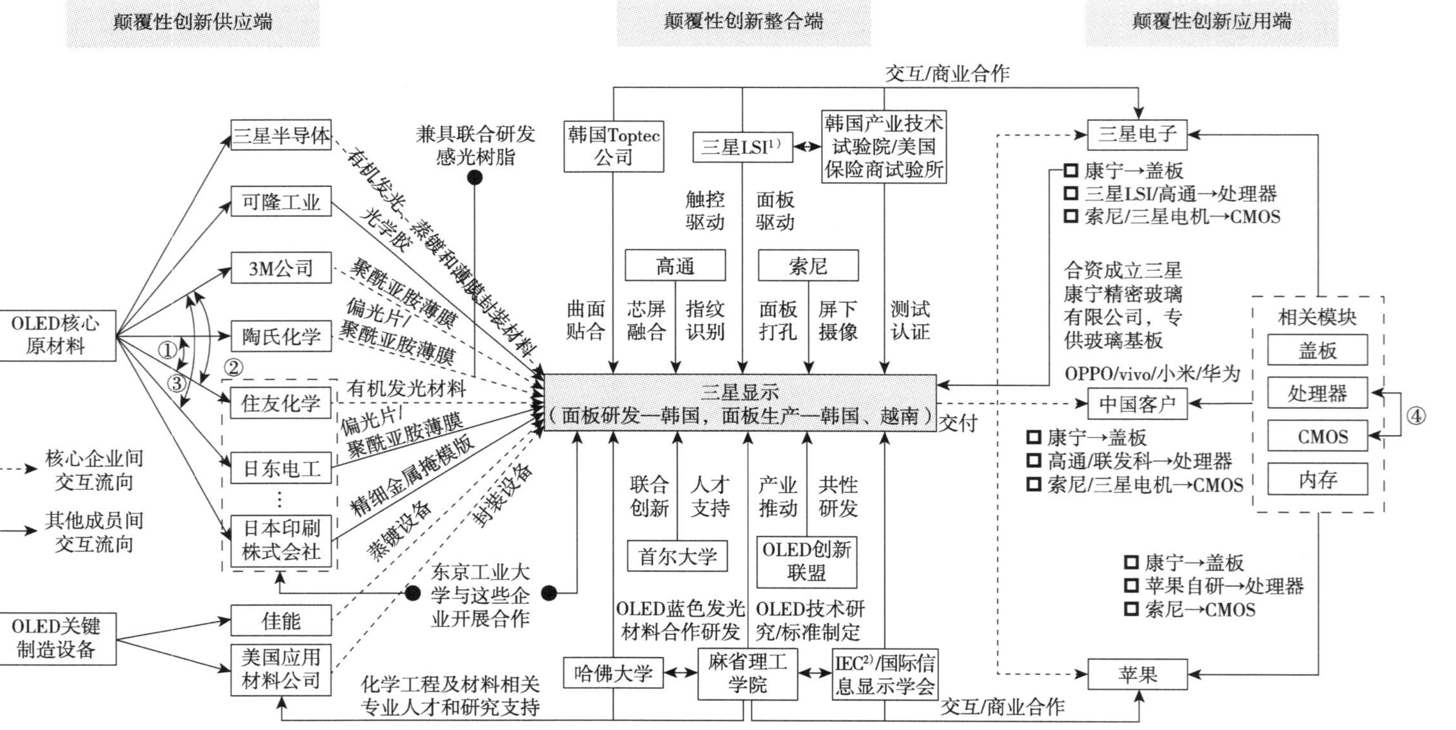

图 5.3　三星显示主导的柔性 OLED 创新生态系统框架

1）三星 LSI：三星大规模集成电路；2）IEC：International Electrotechnical Commission，国际电工委员会

注：①住友化学并购陶氏化学发光聚合物业务；②3M 公司与住友化学成立合资公司；③日东电工与 3M 公司合作开发高性能偏光片；④高通与索尼合作开展基于人工智能的 CMOS（complementary metal oxide semiconductor，互补金属氧化物半导体）传感器研发

以上系统的关键内在特征分析如下。

1）以核心技术平台为基础

与 LCD 的光源层和显示层分离本质不同，柔性 OLED 显示层和光源层合二为一，这贡献了柔性 OLED 在色准、亮度、屏厚和能耗等指标上的优势。作为平板显示领域的后发企业，三星显示建构了柔性 OLED 核心技术平台，即由产品架构+核心技术构成（图 5.4），并选择高端智能手机市场切入，有力地冲击了 LCD 显示占据的主流市场。其次，柔性 OLED 核心技术平台还具备柔性特征，其他合作伙伴可以在该平台进行贴合、开槽、打孔（用作屏下摄像功能）等延伸开发，诸如面板边框宽度、曲率等指标也可以结合用户需求进行定制。相应地，该平台还能起到吸引外部互补方、建构创新生态系统的纽带作用，三星显示借此可以通过调节核心技术平台来实施其创新策略，如降低模块成本、提升产品性能品质、创造设计风格等。再次，柔性 OLED 预留 PCI（peripheral component interconnect，外设部件互连标准）/MIPI（mobile industry processor interface，移动行业处理器接口）等模块接口，这些兼容性设计便于用户进行扩展、集成。引人关注的是，在三星显示的柔性 OLED 核心技术平台中，还集成了化学气相沉积（chemical vapor deposition，CVD）的薄膜封装技术及投资入股的佳能 Tokki 真空蒸镀技术，这些突破性技术的应用使三星显示在柔性 OLED 的制造良率和品质上全球领先。同时，三星显示还积极推动核心技术平台的升级，努力维持和发展自身在柔性 OLED 领域的主导地位。

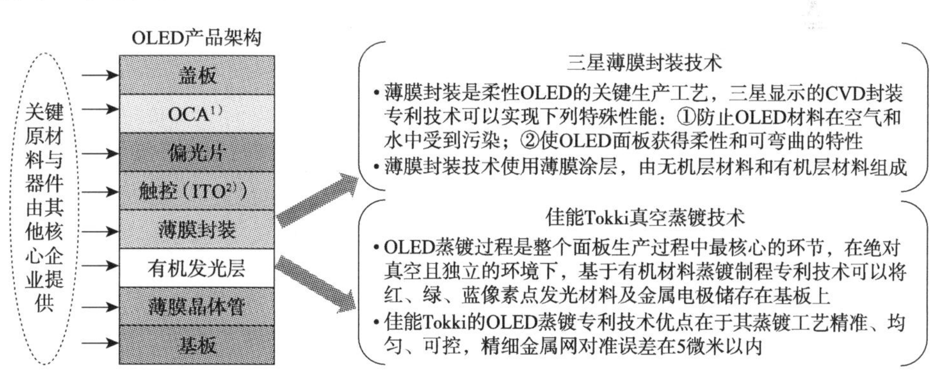

图 5.4　三星显示的柔性 OLED 核心技术平台

1）OCA：optically clear adhesive，固态透明光学胶；2）ITO：indium tin oxides，氧化铟锡

2）嵌入模块化创新策略

模块化对核心技术平台创新带来了重要影响。一方面，创新可以发生在技术模块上，而不会影响或威胁到平台的完整性；另一方面，三星显示还能以 OLED 核心技术平台为基础，开发出易于互换且以模块为单元的产品组合，从

而减少产品结构复杂度，吸引更多的互补方在平台上创新。通过嵌入模块化创新策略，三星显示针对柔性 OLED 核心技术平台设计了模块化产品架构和模块接口，并以此为纽带建构创新生态系统。基于颠覆性创新的基本特性（柳卸林等，2017），再嵌入组织模块化创新策略（Baldwin and Clark，1997），三星显示的柔性 OLED 创新流程可以被解构为关键材料/制造设备、显示研发/生产、应用扩散/商品化等价值链核心环节与相应承接组织模块。在此体系中，组织模块之间不是相互排斥的，而是相互促进、可配置的。组织模块下平台拥有者（即三星显示）能够根据每个参与者的优势来分配创新任务，利于发挥各自特长、增强知识共享，继而激发 OLED 的技术变轨和颠覆性创新。进一步地，基于模块化的"透明设计规则"，价值链节点模块之间的关系由原来的线性职能机制转变成平等的网络化服务关系、交互关系和契约关系，通过这些关系把创新生态系统成员凝聚成优势互补、协同创新的整体，即形成以需求为导向、相互耦合的模块化创新网络。随着网络参与者的互补性越来越强，创新生态系统的网络效应越来越高（Gawer，2014）。

3）单/多核心企业价值链协同

与传统的创新生态系统特征不同（Adner，2006；Rieple and Kapetaniou，2017；闫瑞华和杨梅英，2019），全球价值链显著重构了柔性 OLED 创新生态系统：它是由分布于不同价值链节点的多核心企业牵引、集结若干模块子系统及资源模块构成的外部协作、内部联动的价值网络。如图 5.3 所示，该创新生态系统还突出表现为基于单核心企业价值链和基于多核心企业价值链的嵌套与协同，该情景下的颠覆性创新要素得以有效配置和运用，促使企业洞察全球细分市场的用户需求、创造新的用户价值主张成为可能。例如，在柔性 OLED 的应用端由三星电子、苹果及中国的一线手机品牌企业拉动，而在关键材料/制造设备供应端则分布着美国 3M 公司、陶氏化学和住友化学等世界 500 强企业的成员节点，它们不但与三星显示开展协同创新，彼此之间还存在着耦合与互动，有力地加强了柔性 OLED 创新生态系统中的核心互动。通过实施高层互访、技术路标交流、标准制定、供需链全面对接等措施，三星显示及其核心企业伙伴逐步建立起战略性互信机制，形成了柔性 OLED 创新生态系统中的支柱力量。

除了以上关键内在特征外，三星显示与其他伙伴还采取多种模式推动开展多层次的合作，主要包括：①联合研发，如三星显示分别与陶氏化学、佳能 Tokki 联合研发感光树脂材料及蒸镀设备；②产学研合作，如三星显示与首尔大学合作成立 C-Lab（创造实验室），共同研发封装膜、透明导电膜材料；与由三星集团注资成立半导体专业的韩国成均馆大学合作研究有机发光制备技术，同时开展人才联合培养；③共建实体，如三星显示与康宁合资成立三星康宁精密玻璃有限公司，为柔性 OLED 直接供应玻璃基板；④创新联盟，在韩国政府推动下，三星显示与可隆工业、LG 化学等共同组建了 OLED 创新联盟，共同推动柔性 OLED 的共性技术研发和产业化。

2. 三星显示 OLED 创新生态系统的典型管理机制

尽管构建了 OLED 创新生态系统，但如何促进其顺利运转和动态循环是三星显示面临的又一“大考”，如果治理措施不当或实施不畅依然不能真正推动 OLED 颠覆性创新进程及其商品化，这也是该企业连续亏损多年仍无法扭转其 LCD 显示业务的症结所在。如表 5.1 所示，三星显示主要从以下四个层面切入，着力开展对 OLED 创新生态系统的治理。通过运用这些管理机制，三星显示得以将产业链创新要素和异质性主体嵌入柔性 OLED 价值链，避免使企业陷入可怕的“价值链孤岛”和“价值链”陷阱。

表 5.1 三星显示 OLED 创新生态系统的典型管理机制

机制细项	机制描述	典型应用
动态优化机制	1. 枢纽企业应整合外部的优秀合作伙伴（如供应商、终端集成商、大学和研究机构）进入 OLED 创新生态系统，同时积极塑造共同的愿景目标，促进创新生态系统参与方的动态优化，形成优胜劣汰、适者生存的生态圈 2. 枢纽企业应允许在松散耦合的全球价值链体系中存在非唯一性和非排他性的合作对象及合作方式，价值链中的其他核心合作伙伴有权自主选择价值链内部乃至跨价值链的合作对象，反过来这也有利于激发创新生态系统的成长和演进	1. 三星显示扬弃了将核心技术及零部件都掌握在自己手中的垂直整合文化，将包括氢氟酸、光刻胶在内的资源整合视角瞄准全球。同时，该企业每年都要对合作伙伴进行审核评估，辅以即时性的检视，保障有竞争力的合作伙伴进入、不合格资源及时退出 2. 三星显示不排斥客户在与三星显示合作的同时，还可以使用其他显示技术产品。例如，住友化学既能与三星显示合作，也可以同 LGD（LG Display，乐金显示）签订供货合同；OPPO 的智能手机阵容中除了使用 OLED 外，还采用了 LTPS 和 a-Si 显示方案
核心互动机制	1. 核心技术平台是吸引互补方、促进成员间有效性互动的载体，企业通过打造专有、独特的核心技术平台，且与互补方合作推动其升级，有利于减轻、规避惧怕颠覆性技术创新的“大企业病” 2. 核心技术平台还是保障创新生态系统生命力的关键。创新生态系统内参与方可以基于枢纽企业提供的可拓展性产品平台，投入力量进行二次合作开发，进而推动创新迭代 3. 枢纽企业应设计相应的合作伙伴遴选和导入手段，尤其注重吸纳互补性强的顶级资源进入创新生态系统。在参与者间良性互动的前提下，保障 OLED 的研发、采购、生产和交付顺畅	1. 围绕灵敏触控、边框宽度、面板厚度、屏内打孔、屏下摄像等行业关切，三星显示积极地推动其核心技术平台持续优化。2010~2019 年，三星显示的柔性 OLED 核心技术平台先后经历了六次重大革新 2. 三星显示平台既拥有 PCI/MIPI 等接口，还为用户提供延续性创新空间，苹果、OPPO 和华为等主流客户基于柔性 OLED 核心技术平台，推出搭载压力触控、瀑布设计、屏下摄像等亮点功能的终端产品 3. 三星显示采取与三星电子相似的供应商行为准则，在 OLED 的关键物料供应源上，一般会选择不低于两家优秀供应商，如偏光片由日东电工、住友化学和三星半导体供应，避免影响物料的及时交付

续表

机制细项	机制描述	典型应用
耦合协同机制	1. 从企业内部视角来看，各个专业化的组织模块之间应呈现出既相互依存又关系独立的弱连接合作关系（既良性依赖），实现“各美其美，美美与共”的模块化组织管理效果 2. 枢纽企业应能实施兼具颠覆性创新和维持性创新的二元性创新管理策略，并在企业业务系统中设置专业化组织模块来承接相应的创新活动，进而有机协调企业创新策略的探索与实施 3.基于模块接口具有的标准化和透明性特征，可以将其模块接口视为枢纽企业与其他合作伙伴间共同遵守的技术逻辑和信息交互“软治理”手段，成为对传统的契约“硬治理”的重要补充	1. 三星显示虽隶属于三星电子（100%控股），但坚持实体化运作，且与三星其他子公司也是相互独立关系。三星显示目前已经成为三星电子的竞争对手——苹果和中国客户的有源驱动式 OLED 的关键供应商 2. 三星显示既有负责短期市场需求的维持性 OLED 产品企划和开发部门，也设立了四所聚焦前瞻性市场需求分析和突破性/颠覆性/前沿性科技研究中心，分别位于韩国（京畿道和忠清南道）、美国硅谷和日本横滨 3. 作为典型的 ICT[1] 产品，有源驱动式 OLED 产品架构清晰、模块接口规范，在行业内被广泛接受，直接推动了三星显示与其合作伙伴从以往被动式合作转变为“默契式”“互信式”合作
价值共创机制	1. 枢纽企业在与全球价值链伙伴开展交互合作时，合作各方均能在推进价值链分工、信息交流和资源整合过程中，享受到价值共同创造所带来的惠益，进而促进价值链的可持续性发展 2. 枢纽企业应采取个性化的激励措施，以提升价值链节点伙伴的黏性（如“大资源换大资源”“超利分成”等）和创新动力，实现双方互利共赢	1. 三星显示与 OLED 真空蒸镀设备商佳能 Tokki 持续了十多年的紧密合作，联合改进了工艺并签订了长期供货合同，在保障三星显示 OLED 良品率的同时，佳能 Tokki 也从濒临倒闭到驰名世界 2. 针对苹果、OPPO 等 OLED 需求量较大的战略性客户，三星显示不仅给予价格优惠和交付保障，还提供定制化的面板设计和及时性的面板技术支援

1）ICT：information and communications technology，信息通信技术

其一，动态优化机制。拥有互补性资源的战略角色是创造新价值、把握新机遇的基础条件。对于枢纽企业来说，参与方的动态优化有利于创新生态系统的新陈代谢，可以保障有竞争力的合作伙伴进入、不合格资源及时退出，这样的创新生态系统运行特征也符合达尔文提出的自然选择、适者生存法则。此外，图 5.3 所示的颠覆性创新生态系统并不是恒定的，会结合用户需求和全球价值链的变迁而重构。通过实施该机制，三星显示得以整合来自全球价值链的优秀合作伙伴，从而推动 OLED 创新生态系统的演化。

其二，核心互动机制。核心互动机制是维持颠覆性创新生态系统竞争力的关键因素。经过十多年反复试错之后，三星显示才找到并确定了 OLED 技术路线，并以其为基础打造极具竞争力的柔性 OLED 核心技术平台。进一步地，该平台起到了连接全球价值链节点、增强创新生态系统成员间核心互动的作用，实现了提高协同创新效率、降低沟通协调成本的效果，其他系统成员还能利用三星显示所搭建的核心技术平台进行二次开发，甚至能拓展商业新机会点、催生新产业，继而实现更广意义上的价值创造。

其三，耦合协同机制。耦合协同机制是驱动颠覆性创新生态系统高效运转的核心动力。一方面，来自三星电子总部的先进技术研究院、三星显示的 OLED 研发中心及其产品开发部形成了“三位一体”的技术创新系统，前两者聚焦电子类产品的共性技术和 OLED 中长期先进技术研究，产品开发部则专注于短期上市产品的开发和商业化。另一方面，模块化嵌入的耦合协同协调机制在 OLED 创新生态系统应用显著，不但降低了三星显示与其价值链合作伙伴的摩擦，也提高了合作各方互相选择的自由度和适配性。

其四，价值共创机制。价值共创机制是促进颠覆性创新生态系统可持续发展的必要保障。事实表明，企业靠“单干”和“独食”无法成功实现颠覆性创新，基于此三星显示运用多重手段与来自 OLED 全球价值链的利益相关者开展价值共创共赢。例如，该企业与其战略性合作伙伴采取共建实体、合资入股等形式，深化双方长期稳定合作。此外，激励和约束机制是三星显示规范合作伙伴行为、激发创新动力的重要措施，在 2020 年的新冠疫情期间，三星显示向其上游许多供应商提供低息贷款，帮助供应商渡过难关。

5.3.3　三星显示的 OLED 颠覆性创新绩效分析

本部分从市场和技术两个维度衡量三星显示的颠覆性创新绩效。在市场维度上，自 2000 年三星显示战略性地关注 OLED 技术，并于 2007 年在三星电子的智能手机上广泛应用开始，OLED 显示在全球中小尺寸显示领域的市场份额不断提升。之后，vivo、OPPO、华为、苹果等众多智能手机品牌也先后扬弃了对 LCD 显示的依赖，在其产品线上广泛采用 OLED 显示。2000~2019 年，三星显示在这场颠覆传统显示技术及其产业链的浪潮中起到了关键作用，通过不断地研发试错并扛住了初期长达十年的经营亏损，实现了从显示领域的后发企业到头部企业的转变，OLED 业务也成长为三星显示的支柱产业。市场研究机构 CINNO 的报告显示，2019 年全球有源驱动式 OLED 智能机面板出货约 4.6 亿片，韩系有源驱动式 OLED 显示屏出货量约 4 亿片，其中三星显示以 3.9 亿片的出货量（85.2%的市场份额占比）领跑，京东方（4.0%）、维信诺（3.5%）、LGD（2.7%）等面板企业位列其后。根据群智咨询公司的分析报告，在最尖端的柔性 OLED 显示领域，三星显示的市场份额同样居于领先地位，获得了全球 OLED 显示市场大部分的收入和利润（图 5.5）。

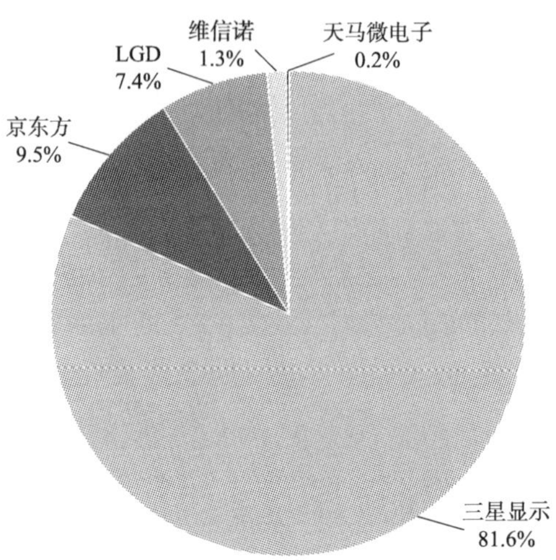

图 5.5　2019 年全球柔性 OLED 市场份额分布

在技术维度上，选择美国专利商标局（United States Patent and Trademark Office，USPTO）数据库作为数据来源，对其所收录的三星显示申请并获得公开的发明专利进行检索分析。其中，检索公式定义为：ANC:(SAMSUNG DISPLAY) AND ABST: (organic light-emitting diode OR organic electroluminescence display OR organic light-emitting devices OR oled OR oleds OR pleds OR pled OR organic light emitting diode OR organic light emitting devices OR organic light-emitting display OR organic light emitting display)，时间区间为 2001~2019 年。检索显示，经过将近 20 年的 OLED 专利布局，三星显示在 USPTO 数据库中的 OLED 公开发明专利总数为 8 613 项，总体上 OLED 发明专利申请公开数量呈现波动增长趋势（图 5.6）。检索还显示，除在 OLED 显示制造和模组组装等既有专利技术领域稳中求进外，三星显示近年来还积极向上游的核心材料和关键设备领域寻求专利技术突破，在此领域内的有效专利数量增长明显。

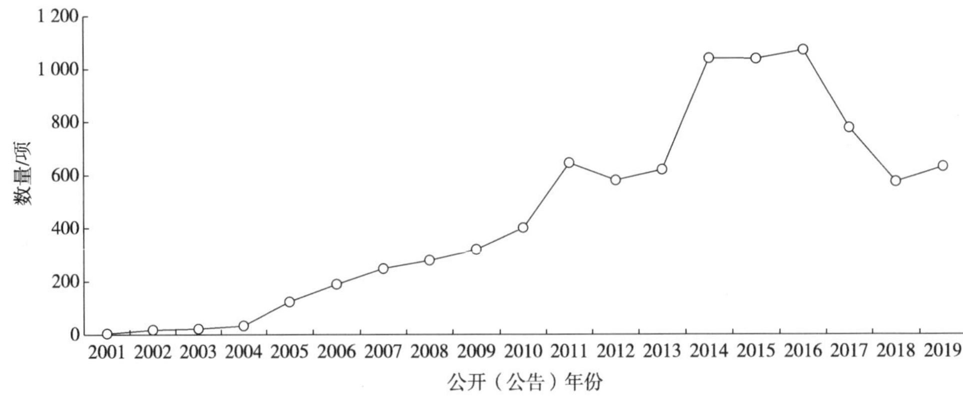

图 5.6　三星显示在 USPTO 数据库中的 OLED 发明专利申请公开趋势

关于颠覆性技术的识别和判断，一方面，学者提出专利被引次数是衡量专利价值的重要指标，反映了技术的影响力大小（Trajtenberg，1990），而更具颠覆性技术的衡量依据是最高被引次数（Singh and Fleming，2010）。另一方面，苏敬勤等（2016）引入了专利影响因子概念，并着重利用专利公开后的“三年内被引用量”指标来界定颠覆性技术轨道。为了更严苛地评价专利技术的质量及影响力，滤除颇受引用者青睐的外围专利，从而尽可能趋近技术创新“颠覆性”的水准，解决思路如下：第一，首先检索 USPTO 数据库中 OLED 显示行业被引用量居前 1‰的发明专利；第二，进一步收敛上述检索范围，以“五年内被引用量”①这一指标为筛选标准，检索相关申请人的 OLED 发明专利在公开后五年内的被引用情况（表 5.2）；第三，加权得出以上申请人的 OLED 发明专利平均被引用情况，用以衡量该申请人在 OLED 显示领域的颠覆性创新综合竞争力。

表 5.2　前 1‰的 OLED 发明专利五年内专利被引用情况检索（Top 3 申请人示例）

专利申请人	专利名称	申请日	IPC[1)]分类号	同族成员数量	五年内被引用次数
3M 公司	Methods and displays utilizing integrated zinc oxide row and column drivers in conjunction with organic light emitting diodes	2004 年 11 月 2 日	H01L	11	796
	Methods of making displays	2005 年 3 月 31 日	H01J	10	870
ITRI[2)]	Pixel structure of active matrix organic light-emitting diode and method for fabricating the same	2006 年 3 月 3 日	H01L	5	1 209
	Method for fabricating pixel structure of active matrix organic light-emitting diode	2008 年 10 月 20 日	H01L	5	1 716
三星显示	Organic light emitting display（OLED）and its method of fabrication	2006 年 7 月 27 日	H01J	6	1 020
	Environmental barrier material for organic light emitting device and method of making	1998 年 12 月 16 日	H01L|H01M|H05B|B32B|H01J	111	433
	Thin film transistor and organic light-emitting display device having the thin film transistor	2008 年 3 月 14 日	H01L	2	1 567

1）IPC：international patent classification，国际专利分类；2）ITRI：The Industrial Technology Research Institute，工业技术研究院

从 OLED 发明专利技术的具体维度上看，在 USPTO 数据库被引用前 1‰且 5 年内被引用次数领先的专利技术中（表 5.2），三星显示拥有 3 项涉及 OLED 结构及薄膜封装核心专利，中国台湾的 ITRI 拥有 2 项 OLED 像素结构核心专利，3M

① 尽管苏敬勤等（2016）利用“三年内被引用量”指标计算得出专利影响因子，并以此为基础识别出智能手机行业的颠覆性技术及其出现规律，然而，专利技术自公开之日的三年后仍然会出现被引用的情况，这些专利技术真正对行业产生颠覆性影响或冲击也并不一定在公开后的三年内。基于此，本书采用“五年内被引用量”这一指标，以实现对颠覆性技术进行更加准确的监测。

公司则拥有 2 项 OLED 材料和制作方法核心专利，表明这 3 家企业的技术创新能力领先。事实上，ITRI、3M 公司也是三星显示 OLED 创新生态系统中的重要伙伴，并分别在专利授权和 OLED 原材料上开展战略合作，反映出创新生态系统所倡导的“各美其美，美美与共”的共益状态。

结合图 5.7 中的加权计算结果可以看出，三星显示的 OLED 发明专利五年内平均被引用量达到 1 007 次，仅次于 ITRI 的 1 463 次，领先于包括 3M 公司（833 次）在内的其他 29 家高科技企业。与之形成鲜明对比的是，中国大陆没有一家企业专利技术位列 USPTO 数据库中 OLED 发明专利 5 年内被引用量的前 1‰，说明中国大陆企业在 OLED 颠覆性创新领域缺少核心技术话语权。

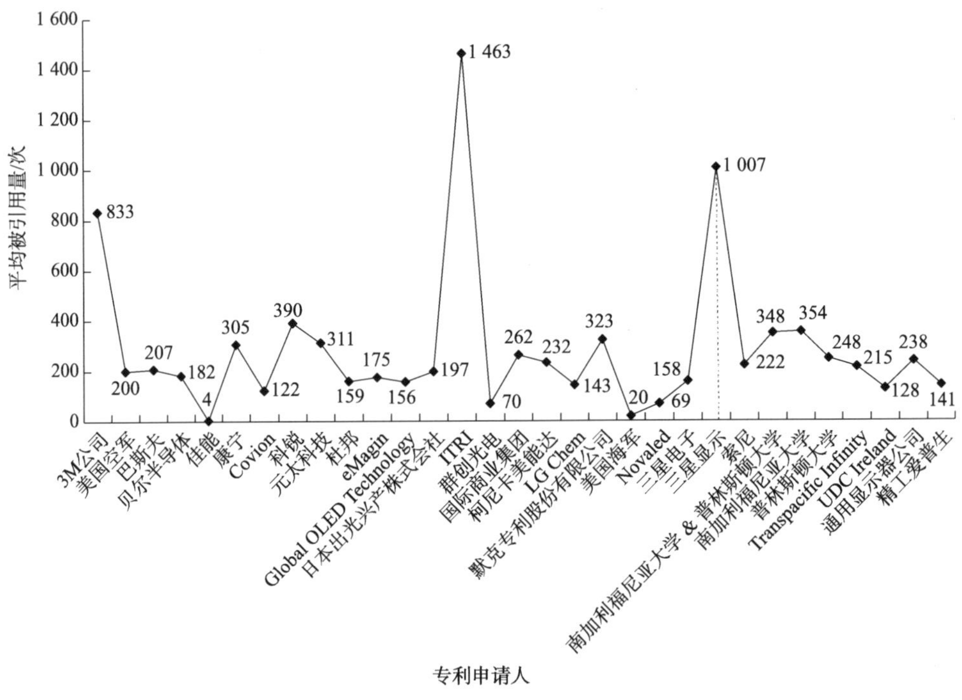

图 5.7　前 1‰的 OLED 发明专利五年内平均被引用情况对比——基于 USPTO 数据库

5.3.4　三星显示的 OLED 全球价值链转型升级

OLED 产业的精细化分工和全球价值链演变趋势彻底改变了三星显示的地缘技术创新格局，使得三星显示将价值链资源整合视角转向全球。尽管 OLED 显示技术难度大、工艺制程复杂，三星显示仍在细分市场领域里探索，并成为贯穿 OLED 显示设计、研发、制造和营销等方面的垂直整合企业。为了推动在

OLED 价值链的地位跃迁，三星显示还着力从上游的原材料、关键器件及制造设备端下功夫，采用借力联盟企业、联合研发、技术许可或者合资共建等方式提升企业在 OLED 源头供给的自主权，进而抢占那些技术壁垒高的领域的市场机遇。例如，作为同属于三星电子的下属企业，三星半导体在三星电子的统一部署下已经进入有机发光、蒸镀和薄膜封装材料领域，并成为三星显示的柔性 OLED 供应商。此外，三星显示还与韩国首尔大学、韩国成均馆大学、韩国科学技术院等机构联合研发上游的材料、器件和制备核心技术，并在全球范围内联合申报、布局专利。

从刚性 OLED、柔性 OLED 到可绕式 OLED（折叠屏幕），三星显示一直引领着 OLED 显示行业的走势。作为 OLED 显示领域的在位领先企业，三星显示并没有陷入柯达那样虽手里拥有数字相机技术但一直抑制该技术的发展，最终陷入被市场淘汰的境地，反而以市场需求为导向推动 OLED 技术的迭代创新。国际研究机构 IHS 的报告显示，在 OLED 的良率指标上，三星显示通过与佳能 Tokki、奥科特等顶级蒸镀、封装品牌的战略合作，2019 年末的刚性 OLED 的良率已经超过 95%，柔性 OLED 的良率也已经超过 70%。与此对应的是，中国显示面板龙头企业——京东方在上述两项指标上分别为 65%和 30%，正处于良率爬坡关键期。更进一步，三星显示早已将价值定位扩展到国际标准舞台上，即通过制定国际标准方式将三星显示的技术方案在行业内推广，进而抢占行业游戏规则的主导权。在 IEC 的平板显示技术委员会中，来自三星显示的专家就担任了 OLED 测量标准、柔性显示、AR/VR[①]等七项国际标准工作组的召集人角色。

5.3.5　三星显示的 OLED 颠覆性创新相关启示

随着 OLED 显示技术的发展和生产良率的提升，OLED 显示面板价格迅速降低。在需求端的刺激下，我国已经成长为目前全球最大的 OLED 应用市场，因此我国 OLED 产业的发展潜力是巨大的。严格说起来，目前我国绝大部分的 OLED 显示面板生产企业尚处于描述型战略和诊断型战略发展阶段[②]，为了在激烈的市场竞争中求得生存，它们不得不从价值链的低端获取有限的利润，如原料生产、面板贴合和代工等业务。随着 2018 年底、2019 年上半年京东方、TCL 华星光电技术有限公司（简称华星光电）、维信诺等企业生产柔性 OLED 产品，高端 OLED

① AR：augmented reality，增强现实；VR：virtual reality，虚拟现实。

② 本书定义如下：描述型战略，企业根据客户明确需求提供相应的产品或服务；诊断型战略，企业通过调研客户潜在需求而开展技术和产品的研发创新；前瞻型战略，企业通过开展颠覆性技术和产品创新实现客户最佳体验。

产品的产业链日臻完善，我国自 2021 年逐步进入前瞻型战略发展阶段（图 5.8），即依靠创新驱动来赢得行业竞争优势，且具备 OLED 上游材料和制程设备的自主供给渠道，专利池和标准体系成为支撑企业核心竞争力的关键手段，我国 OLED 显示面板生产企业能更加聚焦于未来有新增长点的业务和市场开发（王海军和陈劲，2018）。

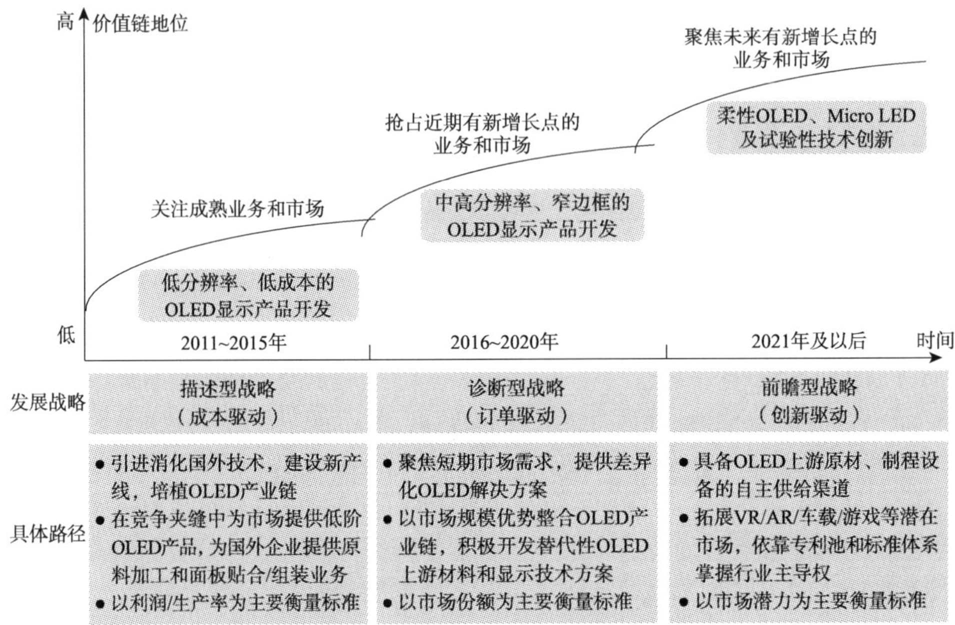

图 5.8　我国 OLED 产业的价值链跃迁路线图

对比来说，对于处于激烈市场竞争环境下的我国 OLED 显示面板生产企业来说，其技术颠覆性创新能力、价值链整合能力和创新网络运营能力尤为缺乏，目前仍较多地在 OLED 显示面板的组装和应用方面存在规模优势（图 5.9），在全球价值链中的独特定位依旧模糊。据统计，2020 年我国建成、在建和计划建设的柔性 OLED 生产线就有 11 条，覆盖的企业包括京东方、华星光电、天马、维信诺、深圳市柔宇科技有限公司（简称柔宇）等，投资规模高达 4 000 亿元，远远大于三星显示的生产线规模。能否完成从模仿到创新、从中国制造到中国创造，关键在于能否应对全球价值链的挑战与机遇，在不断增强渐进性创新能力的基础上，打造动态、灵活的创新生态系统，努力提升颠覆性创新能力，实现我国企业在 OLED 全球价值链的位势进阶。

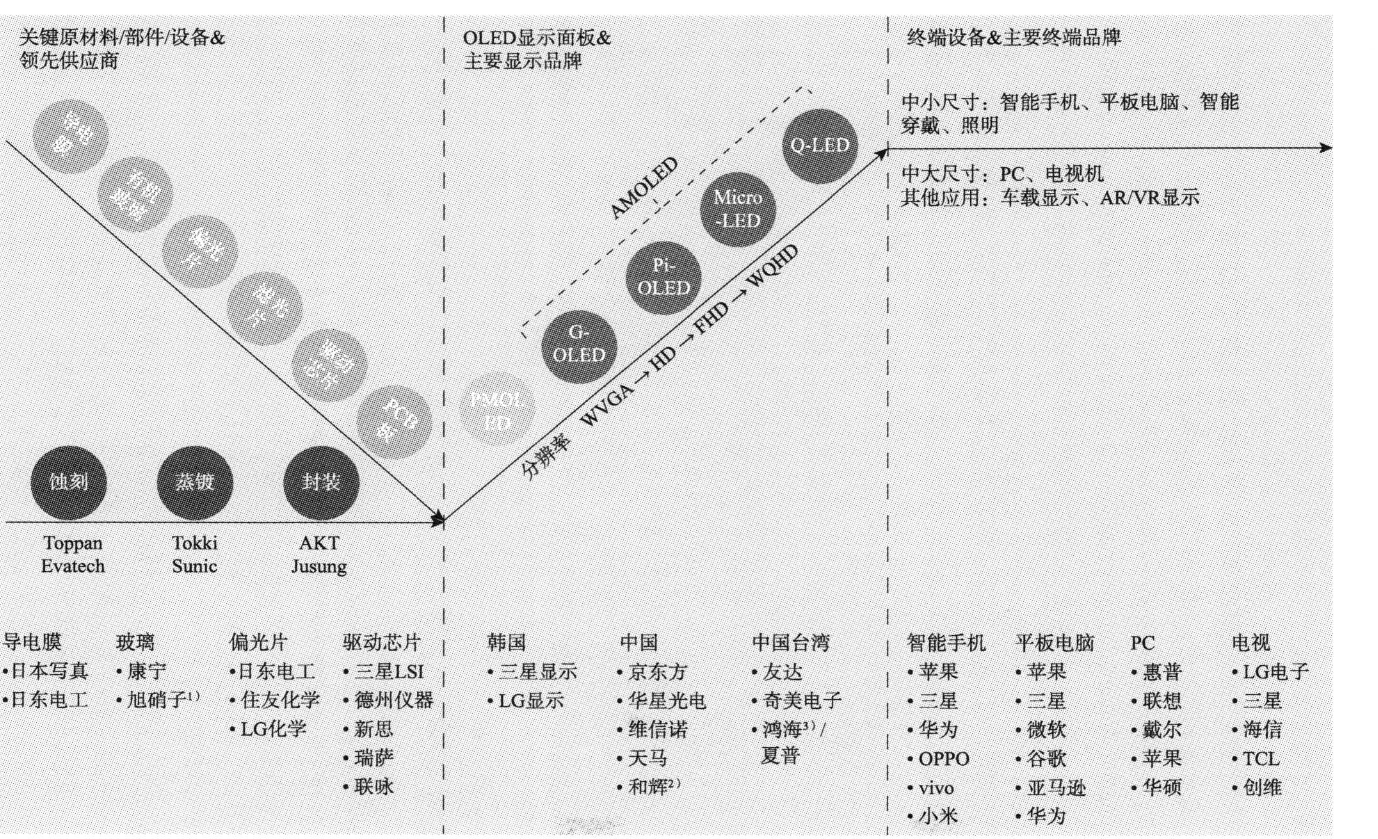

图 5.9　OLED 显示产品的全球价值链分布

1）旭硝子：旭硝子玻璃股份有限公司；2）和辉：上海和辉光电股份有限公司；3）鸿海：鸿海科技集团

具体来说，一要提高对颠覆性创新的思想认知和重视程度。我国企业要勇于摆脱强调短期回报、惧怕失败的战略惯性，要多在“无人区”里开展探索和创新，强化对细分市场的洞察能力，逐渐从被动满足市场需求过渡到主动创造全新的市场。二要完善以企业为主体的技术创新体系。企业要在创新企划、研发投入、产学研合作、技术转移等方面发挥主导作用，要善于运用技术创新管理策略（如技术模块化）打造具有较强竞争力的新型 OLED 核心技术平台。由此，企业可以立足于该平台集聚来自全球价值链端的互补方，协同攻克 OLED 显示产品的重点和难点问题，努力摆脱技术创新能力不足的掣肘，实现更多“从 0 到 1”的颠覆性创新。三要促进产业上下游联动和颠覆性创新要素集成。我国 OLED 显示产品生产企业要保持开放和合作的态度，充分整合各种价值链资源，把握颠覆性创新的机会点，扭转当前投资分散的局面。同时，要积极衔接全球价值链规则，不断探索运用价值链创新管理策略，努力突破全球价值链中的“低端锁定”。四要科学治理颠覆性创新生态系统。作为颠覆性创新生态系统的舵手，核心企业既要发挥创新主力军作用，还要设计并推行创新生态系统运行机制，推动系统成员间开展持续的组织学习，为更广泛的价值共创和价值分配提供正能量的环境氛围，促进企业颠覆性创新生态系统的成长和壮大。

5.4 本章小结

置身于经济全球化的发展环境中，企业面临着如何协同价值链条、推动颠覆性创新及其商品化等深刻命题。本章着重研究构建了基于组织模块化的企业颠覆性创新生态系统模型，并结合 OLED 产业的领导型企业——三星显示的具体实践进行分析和提炼，系统阐释了该企业构建与塑造 OLED 全球价值链以整合全球创新要素、构建创新生态系统并推动 OLED 颠覆性创新及其商品化的有益实践，其中还分析了三星显示的颠覆性创新生态系统管理机制。

特别地，本章桥接了颠覆性创新理论、创新生态系统理论和全球价值链理论，并从模块化视角出发构建了企业颠覆性创新生态系统模型，进而将主流颠覆性创新理论扩展到创新生态系统的范畴。基于图 5.1 所构建的企业颠覆性创新生态系统理论模型，再结合三星显示的具体案例分析，得出了组织模块化驱动的企业颠覆性创新生态系统的基础性逻辑框架，如图 5.10 所示。价值链协同是企业创新生态系统影响颠覆性创新的关键调节机制，是其推动了单核心企业价值链和多核心企业价值链的嵌套与协同；而组织模块化则在这一特殊的模块化创新网络中发挥了关键赋能作用，其既能改良企业创新生态系统，又能促进价值链协同，还可以优化核心技术平台的架构设计和组织模式。那么，除了这些作用机制外，在从企业创新生态系统到企业颠覆性创新生态系统的演变过程中，还存在哪些赋能因素和隐形机制？这将在后续章节予以分析。

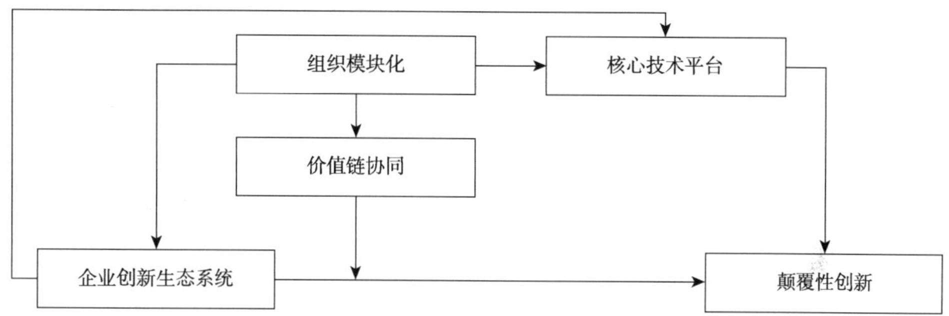

图 5.10　组织模块化驱动的企业颠覆性创新生态系统的基础性逻辑框架

第 6 章　“御风而行，乘势趋新”：数字化及数字平台的作用机制探讨

6.1　研究背景与问题提出

近年来，数字经济的风暴席卷全球，引起世界各国政府的高度重视。数字经济日益成为国家竞争、产业竞争和企业竞争的新的角力场。数字化转型是企业对数字经济和数字技术潮流的战略响应，目前已成为提升高管领导力的一项战略要务。进一步地，数字化技术从根本上变革了企业的产品与服务、组织架构、商业模式等（Sebastian et al.，2017），重塑了互补方的依赖关系，从根本上挑战了企业长期渐进式创新中积累的制度化实践。埃森哲发布的《2021 埃森哲中国企业数字转型指数》研究报告显示，仅有 16%的中国企业数字化转型成效显著，企业间差距加速扩大。国家信息中心指出，中国企业因数字化转型能力障碍出现“不会转”、“不愿转”及“不敢转”等困境，驱动企业颠覆性创新的数字化要素并未得到有效利用。

从实践中看，归因于企业的管理能力与数字化技术和设施的不匹配，以及数字化转型本身的动态性和不确定性，只有部分企业愿意从数字化转型中提升绩效（Hajli et al.，2015），如何实现新旧创新模式之间的相互促进与继承发展是企业进行数字化转型面临的巨大挑战。伴随研究的演进，学者指出采用数字技术能否提升企业效率的关键取决于组织变革（Yoo et al.，2012），数字化赋能的组织业务活动重构了传统经济与商业活动的结构，推动人员间、组织间、组织与用户间、产业与生态间交互关系的深度变革。因此，研究数字化如何影响企业架构设计逻辑与创新绩效有助于打开数字化变革“黑箱”。

进一步地，当前中国的数字创新还面临着独特情景：从内部看，数字经济成为促进中国经济高质量发展的新引擎，为了畅通国内外经济循环、促进消费升级和产业变革，势必要用好数字经济的关键载体——数字平台的赋能作用，继而激

发创新活力。从外部看，在全球化和数字化的交织下，中国优势企业肩负着嵌入全球价值链和逐渐实现奋进超越、颠覆性创新的历史命题，如何整合数字平台以突破欧美等发达国家设立的行业和技术规则门槛？显然，依靠“移花接木”等简单处理方式，无法有效解决当前情景下数字平台所承载的现实问题。由此，本章还将研究数字化情景下模块化数字平台如何赋能企业颠覆性创新，继而挖掘出隐藏在数字平台发挥积极创新赋能作用背后的那把钥匙。

6.2　数字化如何提升企业创新绩效？模块化架构的链式中介效应

6.2.1　基础理论与研究假设

1. 数字化转型与枢纽企业创新绩效

创新生态系统指具有互动需求的多边、异质参与者连接构成的松散网络（Iansiti and Levien，2004），其围绕着枢纽企业或平台构建，以创新实现价值创造与共享（Hein et al.，2020）。有学者着重从互补性和依附性方面解释企业战略选择和实施（Adner，2017），认为创新生态系统是由多重利益相关者驱动的组织。当前，在我国企业创新生态系统的建构与发展中，枢纽企业与其他主体耦合过程中存在的创新“盲点”导致参与者合作积极性不高且参与程度严重不足（黎璞和宋娟，2019）。其中，枢纽企业是创新生态系统的中心，主导着系统的建构、治理与发展（Thomas et al.，2014），根据其角色和责任，枢纽企业的创新绩效很大程度上影响着互补方的战略和绩效，进而反映出整个创新生态系统的创新绩效。因此，在既有的企业层面创新生态系统的研究中，枢纽企业创新绩效的形成与影响因素受到广泛的关注（Adner and Kapoor，2010；Thomas et al.，2014；Gawer and Cusumano，2014）。

数字化情境下，国内学者针对技术在创新生态系统中的作用展开研究。数字化转型被看作促进组织实施创新与变革，提高企业绩效的一种行为（严子淳等，2021）。技术标准的竞争越来越扩展为企业所处创新生态系统间的竞争（王道平等，2013），戴亦舒等（2018）指出，在创新生态系统中可利用多种互联网技术推动主体间的资源整合。数字基础设施及其使能的数字平台及生态系统是数字创新的重要支撑（刘洋等，2020）。一是数字技术降低主体间交互成本，提升创新生态系统的协同效率。

一方面，数字技术改变了企业与供应商/客户的联结方式，降低了参与方搜索、匹配与集成成本（Lyytinen et al.，2016）。另一方面，将信息技术有效嵌入创新生态系统，可以支撑系统成员间更快捷地共享资源（Oh et al.，2016）。二是数字技术降低创新资源门槛，提升创新生态系统的开放性与自生长性（即产生由大型的、不同的、不协调的受众所驱动的自发变化的总体能力）。数字技术提升产品服务边界的流动性（Yoo et al.，2012），赋能用户全方位参与价值创造过程，其自生长性意味着时间累积会催生新的创新，并通过数字化过程及数字化组织创新驱动动态能力，进而提升企业新产品的数量及绩效（Karimi and Walter，2015），正向影响组织的长远绩效。综上，在枢纽企业数字化转型过程中，数字技术分别从降低协同成本和拓宽创新合作两个方面促进创新生态系统的协同性、开放性与自生长性，有助于枢纽企业更好地管理成员之间的耦合关系进而提升创新绩效。因此，提出如下假设。

假设 6.1 数字化转型对枢纽企业创新绩效具有正向影响。

2. 模块化架构的中介作用

模块化架构是以模块来分割任务和组织，使边缘子系统在模块界面松散耦合，实现产品、服务及组织层面动态整合关系及其映射的结构设计（Ethiraj and Levinthal，2004），以应对和管理系统的复杂性（Albert，2018）。模块化通过影响系统的结构元素与集成方式，成为解释创新生态系统建构与进化的理论基础之一（郑帅和王海军，2021）。Jacobides 等（2018）认为模块化是生态系统出现的关键促进因素，依托模块化架构促进创新生态系统协同具有高度自主权的关联组织（Baldwin and Clark，2000），能够有效规范系统内主体行为，平衡系统矛盾（Tiwana，2015）。然而，传统的模块化创新方式的界面标准和显性规则不能随环境变化适时调整，往往导致组织不能较快地适应变化的环境（孙国强和朱艳玲，2011），而在系统设计初期，企业通常对自生长性的数字模块进行系统性设计，进而可以适应环境的动态变化，同时能够满足用户不断增加的需求（余江等，2017）。于是，数字技术催生了一种新的产品架构，即将物理产品的模块化架构与数字技术分层架构融合形成的分层模块化架构，其通过整合松散耦合的设备、网络、服务和数字技术创造的内容层四层架构，延伸了物质产品的模块化架构（Yoo et al.，2012）。因此，本章重点讨论模块化架构（模块化产品架构与模块化组织架构）在数字化转型和枢纽企业创新绩效中的中介作用。

1）模块化产品架构的中介作用

模块化产品架构是以用户需求分析为起点，通过最小化模块之间的相互依赖性、最大化模块内部的关联性来设计“近似可分解性”结构（王海军和金姝彤，2020），并形成接口标准化、功能独立、可互换的模块，可以通过混合、匹配以获得新的配置而不损失系统功能或性能的产品架构（Ulrich，1994）。既有研究指出，市场环境、技术变革是产品模块化架构的主要驱动因素（王海军等，2020b）。Worren 等（2002）认为来自竞争对手和买家的变化、边际效益和资讯来源多元化驱动了产品的模块化设计。Magnusson 和 Pasche（2014）指出用户需求特征和环境变迁影响了产品模块化的适用性。胡晓鹏（2004）指出技术变革和需求变化是生产系统模块化的外因。综上，数字技术这一重要的技术变革，以及其对客户在价值创造中因地位重塑而带来的需求变化，驱动枢纽企业模块化产品架构的变革。由此，提出如下假设。

假设 6.2 数字化转型对模块化产品架构具有正向影响。

既有研究证实了产品设计模块化对新产品推出时间（Danese and Filippini，2013；Vickery et al.，2015a）、新产品开发效率（Vickery et al.，2015b）及新产品绩效（Lau et al.，2011；Danese and Filippini，2013）的显著正向影响。Lau 等（2011）验证了产品设计模块化、产品创新，以及新产品绩效间的关系。Danese 和 Filippini（2013）基于 201 家制造厂的数据，验证了产品设计模块化对新产品开发时间绩效及产品绩效的显著影响。从技术管理视角来看，模块化使企业进一步规范分工，加快技术创新且显著增强产品适应客户的调整能力（Langlois，2002）。一方面，模块化产品架构使系统在价值共创过程中既确保了模块内部高度统一协调，又通过专业化分工使每个成员专注于所擅长的模块而驱动创新，促进模块本身的局部创新；另一方面，枢纽企业以产品模块标准化的交互界面，有效整合松散、灵活的模块，通过模块重组可创造更多满足个性化需求的新产品，总体上提升创新绩效。由此，提出如下假设。

假设 6.3 模块化产品架构对枢纽企业创新绩效具有正向影响。

数字技术促进创新生态系统的开放性与自生长性，新情境下枢纽企业如何在有效刺激系统成员互补创新的同时捍卫领导者的地位与优势是亟待解决的问题。Gawer（2014）指出可以通过架构控制与依赖关系管理来实现。一方面，数字化制造使企业可以突破时空约束，从实体空间向“零时间、零距离、零成本、无边界”的虚拟空间转移，随时随地进行生产，于是企业一体化集中式生产方式被网络化整合式生产方式取代（李海舰和李燕，2019）。这种生产方式促进创新生态系统成员通过模块化产品架构实现功能组件的整合，具体而言，不仅产品被划分为不同技术模块，创新生态系统内成员还能够以并联、高效协同的方式加速价值创造过程。另一方面，数字技术的自生长性导致创新环境迭代变化而难以预测，枢纽企业在数字化转型过程中通过对产品架构与核心技术模块的控制掌握技术创新主动权，进而通过创新杠杆机制，利用（重用或重新部署）系统中其他成员企业的技术、流程和互补性创新资产，提升自身创新的能力（Iansiti and Levien，2004），并根据环境扰动适当调整价值模块的类型和数量实时处于动态最优，进而提升创新绩效。由此，提出如下假设。

假设 6.4 模块化产品架构在数字化转型与枢纽企业创新绩效之间起到中介作用。

2）模块化组织架构的中介作用

模块化组织架构是基于产品或功能模块化进行企业内部价值链分解而形成的一体化的模块化组织模式，并基于互补效应、替代效应和跨边网络效应（Jacobides et al., 2018），以外包、代工、联盟等形式整合产业链上外部模块而形成的核心型或分散型企业网络组织模式（苟昂和廖飞，2005）。分工是模块化组织出现的主要原因，模块化分工的实质是知识（信息）的分工，在产品内部分工的条件下，模块化将信息“包裹”在模块内部，内隐模块信息可降低系统复杂程度，简化模块间的协调过程以实现系统整体功能。其中，技术变革的速度、竞争强度及模块化界面规则的标准化，是模块化分工的主要催化力量（余东华和芮明杰，2008）。数字技术的发展打破了网络效应发挥作用的时空限制，使实施数字化转型战略的企业可以在全球范围内进行创新分工，且数字技术的嵌入降低了系统成员的交互成本与创新门槛，驱动了枢纽企业的模块化组织架构变革。由此，提出如下假设。

假设 6.5 数字化转型对模块化组织架构具有正向影响。

既有研究证实了组织设计模块化对技术创新（曹虹剑等，2015）、价值创新（郝斌和 Guerin，2011）具有显著的正向影响。针对当前创新生态系统实践中存在的创新盲点，即创新环境、政府部门、枢纽企业、配套互补商和用户/购买者创新合作的非耦合性（黎璞和宋娟，2019），张运生和邹思明（2010）指出创新生态系统的有效运行取决于治理机制能否确保合作各方高效协作，Jacobides 等（2018）指出生态系统的核心是互补性的异质主体，并由此基于各种类型的互补性解释多边依赖（超模块或独特的、单向的或双向的）如何塑造生态系统并决定生态系统的附加值。因此，模块化组织架构可以通过约定规则、标准和编码接口对创新系统内的多方主体进行协调与治理，一方面，通过定义清晰的关系架构，易于管理模块与接口，同时提升模块间知识的交互效率，实现对于复杂性的收敛管理，促进模块内自主创新，以及通过界面实现混合和匹配创新。另一方面，结构基础因为被解构到多个独立的模块内从而显著减少了复杂性。由此，提出如下假设。

假设 6.6 模块化组织架构对枢纽企业创新绩效具有正向影响。

数字技术的嵌入加剧了枢纽企业应对经营环境、战略要求、新旧业务融合、协同异质性互补方的挑战，突出表现在数字技术的自生长性使创新迭代难以预测，使组织结构和功能延迟绑定。另外，数字技术对创新生态系统开放性的提升，吸引了归属于不同设计层级中的大量异质的、不可预期的组件互补方，也增加了创新的不确定性，亟须枢纽企业建立有效的协同治理机制，通过在系统中协调交互方的基本规则（Tiwana，2015），成员之间在位置和流程方面可达成一致的系统结构（Adner，2017）。因此，模块化组织架构作为管理复杂性的“协调结构”，其协同机制以标准化接口形式提供边界资源，集成和支持创新生态系统的多方共同创建互补的产品或服务（Ghazawneh and Henfridsson，2013），且以“柔性约束”取代传统科层制的“刚性约束”，赋予模块主体更多的自治权，进而激发合作伙伴间互补性合作的积极性。综上，嵌入数字技术后，创新生态系统在模块化组织架构下的治理有效地规范了系统内各主体的行为，以协同机制平衡了系统中的各种矛盾（Tiwana，2015），模块之间耦合共轭，实现互补共创，提升创新绩效。由此，提出如下假设。

假设 6.7 模块化组织架构在数字化转型与枢纽企业创新绩效之间起到中介作用。

3. 模块化产品架构与模块化组织架构的链式中介作用

当前，学术界对模块化产品架构与模块化组织架构之间的关系尚未达成一致，但作为创新劳动分工的主流解释“镜像假说”认为创新通常以同构的方式发生在组织之间，或成为这些企业制造的产品结构的“镜像”（Baldwin，2008）。尤其大型工业制造商及其供应商为使复杂的产品实现更少的集成和更多的模块化，利用产品设计模块化促使企业通过外包实现跨组织的劳动分工（Langlois，2002），强化组件供应商能够在组件创新中发挥巨大作用，而枢纽企业则专注于架构创新，更加关注组件之间的相互作用（Baldwin，2008）。既有研究指出产品设计模块化能够导致组织设计模块化（Ulrich，1994），或者遵循从产品设计模块化到产业模块化，再到组织设计模块化的发展路径（郝斌和 Guerin，2011）。由此，提出如下假设。

假设 6.8 模块化产品架构对模块化组织架构具有正向影响。

数字技术的嵌入打破了传统产品线之间的界限，重构了传统经济与商业活动的结构，推动人员间、组织间、组织与用户间、产业与生态间交互关系的深度变革。Tiwana（2015）指出数字技术嵌入的创新生态系统建构在模块化架构上，包括稳定的核心和灵活的外围。模块化产品架构从技术层面依据功能解构出具有松散耦合特性的产品组件，并通过规范界面形成相互连接的体系（Ulrich，1994；Baldwin and Clark，2000），依靠即插即用功能来丰富不同资产之间的连接（陈冬梅等，2020）。模块化组织架构作为管理复杂性的“协调结构”，以“柔性约束”取代传统科层制的“刚性约束”，激发合作伙伴间互补性合作积极性的同时，通过标准化的交互界面对系统各方实施协同治理，确保在数字化转型实施过程中，系统各方的任务、组件、互动的内部一致性，并动态适应数字技术变革及其引发的市场变化。其中，模块化的产品架构通过技术上对劳动专业分工的积极作用，奠定了模块化组织架构的基础。综上，枢纽企业在实施数字化转型时，考虑到数字技术的嵌入打破了组织、产品与服务的边界及其自生成性可能引发创新迭代的不可确定性风险，通过技术上的模块化产品架构对核心模块的掌控，发挥网络创新杠杆机制，形成了以标准化界面协调异质性互补方的模块化组织架构，以模块化组织架构整合多方，通过异质性创新资源组合与合作创新的协同机制提升枢纽企业创新绩效。由此，提出如下假设。

假设 6.9 模块化产品架构和模块化组织架构在数字化转型与枢纽企业创新绩效之间存在链式中介作用。

综上，形成本章的概念模型，如图 6.1 所示。

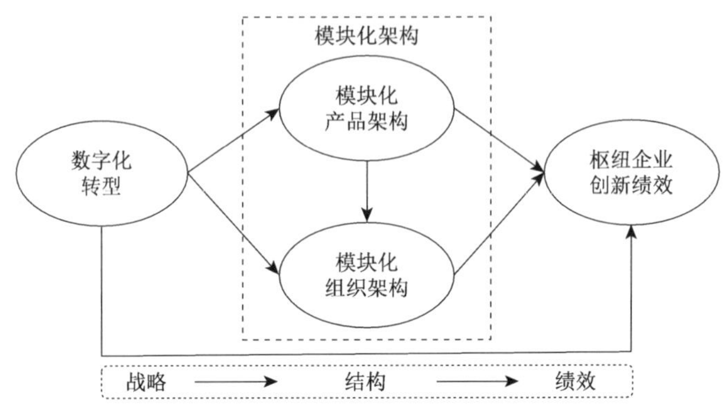

图 6.1 理论框架

6.2.2 研究设计

1. 样本与数据

近年来，我国政府在支持数字技术发展上所采取的有力措施，以及在数字化转型发展上所取得的良好成效，为检验企业数字化转型战略提供了非常适合的情境。首先，数字化技术不但成为拉动我国经济高质量发展的重要引擎，现今更已渗入企业从产品到服务、从流程到监管、从员工到客户及从开发到市场等各个环节。其次，数字化转型成为当前企业成长发展的热议焦点，利用数字技术促进企业转变商业模式、重构核心竞争力、优化客户体验及推动企业转型升级等，已成为管理实践界的共识。然而，根据埃森哲的《有效利用平台的数字化服务：中小企业加速成长的利器》报告，尽管亚太地区中小企业客户对数字化技术青睐有加，但由于收益的不确定性和投资费用过高等，68%的企业不打算增加数字化投入。因此，当前非常有必要开展数字化转型对企业创新绩效影响效应的实证研究，以增强企业战略决策者、IT 和业务部门管理者对数字化重要性的认识，以期为企业实施数字化转型战略提供更有力的证据。

运用大样本统计分析方法来检验上文所提出的假设，选择的样本企业必须具有创新战略规划和组织实施上的决策自主权，而非隶属总公司下面的分支公司。本书所涉及的问卷调查对象必须满足三个条件之一：①企业高管（如董事长、总裁、CEO、总经理等）；②企业中层（如分管企业数字化转型的副总、总监、部门经理或总工程师等）；③企业专业技术岗位员工（如对数字化转型战略实施较为熟悉的项目经理、高级工程师等）。本章采用标准化的问卷收集数据，具体问卷设计与发放分为三步：第一，借鉴国内外已成熟的量表构建本章的初始问卷，并邀请该领域的企业高管进行研讨与修订，以确保问卷题项能够被准确理解；第二，针对 30 位与研究团队长期合作的企业管理者进行预调研，检验量表题项的表述是否符合本书的管理情景，最终确定问卷内容，所有题项均采用利克特 5 级量表进行测度；第三，采用到访、直接邮寄纸质问卷和电子邮寄问卷等方式，对广东、江苏、浙江、北京及青岛等省市的电子、电器制造业，机械设备制造业，电信通信业中具有代表性的创新生态系统枢纽企业的中高层主管进行问卷调查，共发放问卷 212 份，收回 212 份，剔除 21 份不完整的问卷，总体有效样本数为 191 份，有效回收率 90%。在有效样本中，大部分受访者（74.8%）是中高层管理者。调查对象的主营行业分布为机械设备制造业（36.13%），电子、电器制造业（31.41%），电信通信业（12.04%），汽车制造业（10.47%），其他（9.95%）。

2. 变量测量

（1）数字化转型。当前关于数字化转型的测量量表尚未明确，本书借鉴新兴的系统集成视角的理论（Prencipe et al.，2003），在 Lee 和 Berente（2012）、Maiga 等（2015）、Huang 等（2017）、戚聿东和蔡呈伟（2020）等相关研究的基础上，从数字控制系统及数字化使能运营管理的视角构建出数字化转型战略的 4 个指标。

（2）模块化创新架构。本书主要借鉴 Lau 等（2011）、Parente 等（2011）的实证研究测量量表，确定产品模块化的 4 个测量题项。因组织模块化的测量量表尚不成熟，本书借鉴 Sanchez 和 Collins（2001）及 Baldwin 等（2014）的组织独立性观点，参考 Vickery 等（2015a，2015b）实证研究的测量量表，确定组织模块化的 4 个测量题项。

（3）枢纽企业创新绩效。既有研究中学者采用不同的方法来测度枢纽企业创新绩效，本书基于对创新生态系统在枢纽企业创新活动中的作用的考虑，主要借鉴 Wei 等（2012）、Hagedoorn 和 Cloodt（2003）、陈劲和陈钰芬（2006）的研究成果，确定枢纽企业创新绩效的 4 个测量题项。

6.2.3 实证检验结果

1. 信度、效度与共同方法偏差检验

首先，探索性因子分析的结果显示，KMO 统计量为 0.854，共析出数字化转型、模块化产品架构、模块化组织架构、枢纽企业创新绩效 4 个特征根大于 1 的因子，解释了 74.44%的方差，旋转后的因子载荷值在 0.58~0.94，每个变量的 Cronbach's α 系数均高于 0.78，说明测量模型具有较好的信度和内部一致性。其次，研究通过验证性因子分析（confirmatory factor analysis，CFA）来判别变量间的效度情况，CFA 的因子载荷在 0.587~0.938，所有潜变量的组合信度（composite reliability，CR）均大于 0.83，AVE（average variance extracted，平均提取方差）值均大于 0.56，体现了较好的聚合效度，且各变量间相关系数小于 AVE 值的平方根，表明变量间具有较好的判别效度，详见表 6.1 和表 6.2。

表 6.1　变量的信度和效度检验

<table>
<tr><th>变量</th><th>题项描述</th><th>因子载荷</th><th>Cronbach' s α</th><th>AVE 值</th><th>CR</th></tr>
<tr><td rowspan="4">数字化转型</td><td>通过加强数字能力提高经营效率</td><td>0.907</td><td rowspan="4">0.928</td><td rowspan="4">0.766 0</td><td rowspan="4">0.929 0</td></tr>
<tr><td>越来越多地依赖于数据分析进行经营决策</td><td>0.938</td></tr>
<tr><td>能够及时分析实时数据</td><td>0.851</td></tr>
<tr><td>构建了数字化管控系统</td><td>0.799</td></tr>
<tr><td rowspan="4">模块化产品架构</td><td>产品组件的接口是预先设定好的</td><td>0.806</td><td rowspan="4">0.847</td><td rowspan="4">0.590 4</td><td rowspan="4">0.850 7</td></tr>
<tr><td>产品组件之间具有标准化的接口</td><td>0.879</td></tr>
<tr><td>通过重新组合组件可以设计出多样化的产品</td><td>0.708</td></tr>
<tr><td>最新产品延续使用了上一代产品的组件</td><td>0.662</td></tr>
<tr><td rowspan="4">模块化组织架构</td><td>某流程内部的变动不会影响其他相关流程的运作</td><td>0.658</td><td rowspan="4">0.784</td><td rowspan="4">0.563 8</td><td rowspan="4">0.834 3</td></tr>
<tr><td>内部某部门业务较少受到其他部门（或伙伴组织）的实质性干扰</td><td>0.587</td></tr>
<tr><td>局部协作关系的调整不会造成其他部门（或伙伴组织）的重大变动</td><td>0.853</td></tr>
<tr><td>内部组织结构的调整不会对伙伴组织经营活动造成实质性干扰</td><td>0.866</td></tr>
<tr><td rowspan="4">枢纽企业创新绩效</td><td>近 3 年，新产品开发速度明显提高</td><td>0.834</td><td rowspan="4">0.906</td><td rowspan="4">0.707 3</td><td rowspan="4">0.906 3</td></tr>
<tr><td>近 3 年，每年专利授予数量明显提高</td><td>0.848</td></tr>
<tr><td>近 3 年，新产品市场占有率显著增长</td><td>0.849</td></tr>
<tr><td>近 3 年，新产品销售额占主营业务收入比明显增大</td><td>0.833</td></tr>
</table>

表 6.2　潜变量描述性统计及相关系数矩阵

变量	均值	标准差	1	2	3	4
数字化转型	3.895	0.807	**0.875**	0.443	0.414	0.559
模块化产品架构	3.781	0.919	0.305***	**0.768**	0.380	0.463
模块化组织架构	3.464	0.824	0.214***	0.221***	**0.751**	0.497
枢纽企业创新绩效	3.690	0.893	0.355***	0.330***	0.267***	**0.841**

***表示在 1%的水平显著

注：对角线黑体表示对应变量的 AVE 平方根

问卷题项均为受访者独立完成，尽管在数据采集过程中，尽可能地对填写者强调数据收集的保密性、匿名性与仅用于学术研究，但仍可能产生同源性偏差问题。由此，采用双因子模型进行检验，即在原有因子基础上加入方法因子作为全局因子（顾红磊等，2014）。如果加入方法因子之后，模型拟合指数优化程度很高（如 CFI 和 TLI 提高幅度超过 0.1，RMSEA 和 SRMR①降低幅度超过 0.05），说明存在严重的共同方法偏差。经检验，原四因子模型数据拟合指标为 $\chi^2/df=1.902$，CFI=0.955，TLI=0.945，RMSEA=0.069，加入方法因子之后，模型拟合指标并未明显提高（$\chi^2/df=1.813$，CFI=0.966，TLI=0.95，RMSEA=0.065）。因此，本书的数据不存在显著的共同方法偏差。

2. 假设检验

本书运用 AMOS 22.0 软件分析得到全模型分析结果(图 6.2)，模型拟合尚可：RMSEA=0.069，$\chi^2=186.375$（$p<5\%$），df=98，$\chi^2/df=1.902$，NFI=0.911，TLI=0.945，CFI=0.955，SRMR=0.048 5。本书在结构方程全模型中结合 Bootstrap 方法对中介效应进行检验，理论模型运行结果及 Bootstrap（N=5 000）检验结果如图 6.2 和表 6.3 所示，结果显示如下。

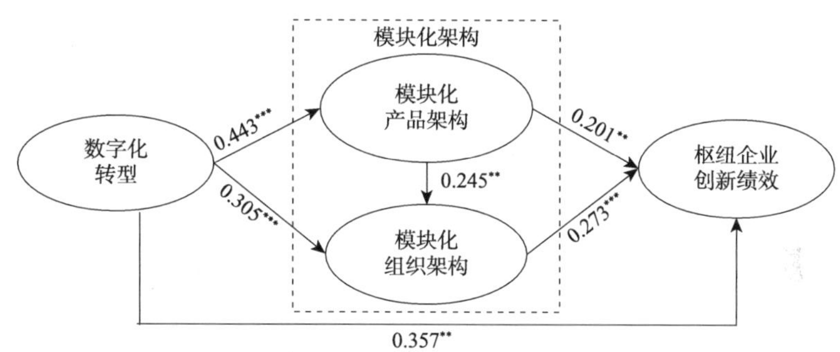

图 6.2 链式中介模型估计

显著性水平标注，双尾 t 检验；***、**分别表示在 1%、5%的水平显著

表 6.3 Bootstrap 方法估计的链式中介作用的效应值

路径	效应值（标准化）	标准误	偏差校正 95%置信区间			百分位 95%置信区间		
			下限	上限	p	下限	上限	p
数字化转型→模块化产品架构→模块化组织架构→枢纽企业创新绩效	0.030	0.021	0.006	0.098	0.004	0.004	0.084	0.010
数字化转型→模块化产品架构→枢纽企业创新绩效	0.089	0.049	0.013	0.208	0.018	0.008	0.197	0.029
数字化转型→模块化组织架构→枢纽企业创新绩效	0.083	0.042	0.022	0.202	0.004	0.010	0.174	0.015

（1）数字化转型→枢纽企业创新绩效路径系数为 0.357，$p<5\%$，表明数字化转型显著正向影响企业创新绩效，假设 6.1 得以验证。

① SRMR：standardized root mean square residual，标准化均方根残差。

（2）数字化转型→模块化产品架构路径系数为 0.443，$p<1\%$，表明数字化转型显著正向影响枢纽企业的模块化产品架构水平；模块化产品架构→枢纽企业创新绩效路径系数为 0.201，$p<5\%$，表明枢纽企业的模块化产品架构显著正向影响创新绩效，并且，偏差校正 95%置信区间与百分位 95%置信区间均不包括 0，分别是[0.013,0.208]、[0.008,0.197]，表明模块化产品架构在数字化转型与枢纽企业创新绩效之间的部分中介效应显著，假设 6.2~假设 6.4 得以验证。

（3）数字化转型→模块化组织架构路径系数为 0.305，$p<1\%$，表明数字化转型显著正向影响枢纽企业的模块化组织架构水平；模块化组织架构→枢纽企业创新绩效路径系数为 0.273，$p<1\%$，表明枢纽企业的模块化组织架构显著正向影响枢纽企业创新绩效，并且偏差校正 95%置信区间与百分位 95%置信区间标准化的置信区间均不包括 0，分别是[0.022,0.202]、[0.010,0.174]，表明模块化组织架构在数字化转型与枢纽企业创新绩效之间的部分中介效应显著，假设 6.5~假设 6.7 得以验证。

（4）模块化产品架构→模块化组织架构的路径系数为 0.245，$p<5\%$，表明模块化产品架构能够显著正向影响模块化组织架构，并且偏差校正 95%置信区间与百分位 95%置信区间标准化的置信区间均不包括 0，分别是[0.006,0.098]、[0.004, 0.084]，表明模块化产品架构与模块化组织架构在数字化转型与枢纽企业创新绩效之间的链式中介效应显著，假设 6.8 和假设 6.9 得以验证。

6.2.4 跨层次的模块化架构协同演进的讨论

实证研究结果表明，数字化转型中的枢纽企业应在模块化架构基础上构建，由一个稳定的核心模块、接口及扩展核心功能的互补模块构成创新生态系统。模块化架构提供了治理协调互补方的一个关键方式。然而，枢纽企业立足模块化架构施以治理的关键挑战在于保持创新生态系统稳定性与生成性之间的平衡，枢纽企业的技术架构与治理机制之间配置的动态性尤为值得关注（Saadatmand et al., 2019），如枢纽企业关于架构开放程度及决策权的分配等决策不仅影响系统的吸引力与可及性，也可能导致对系统感知的不确定性而阻碍互补方的参与意愿（Nambisan et al.，2019）。因此，有必要进一步探讨随着数字技术的嵌入，枢纽企业的技术架构与治理机制如何动态演进，以实现企业新旧创新模式之间的相互促进与继承发展。本书从产品和组织两个维度，探讨企业内部及跨企业边界的模块化设计及其背后的依赖关系，以探究枢纽企业为从结构优化上有效应对数字化转型挑战，如何通过模块化接口的嵌入式治理，实施跨层次模块化架构与治理机制的协同演进路径，图 6.3 直观地呈现了此演进动态。

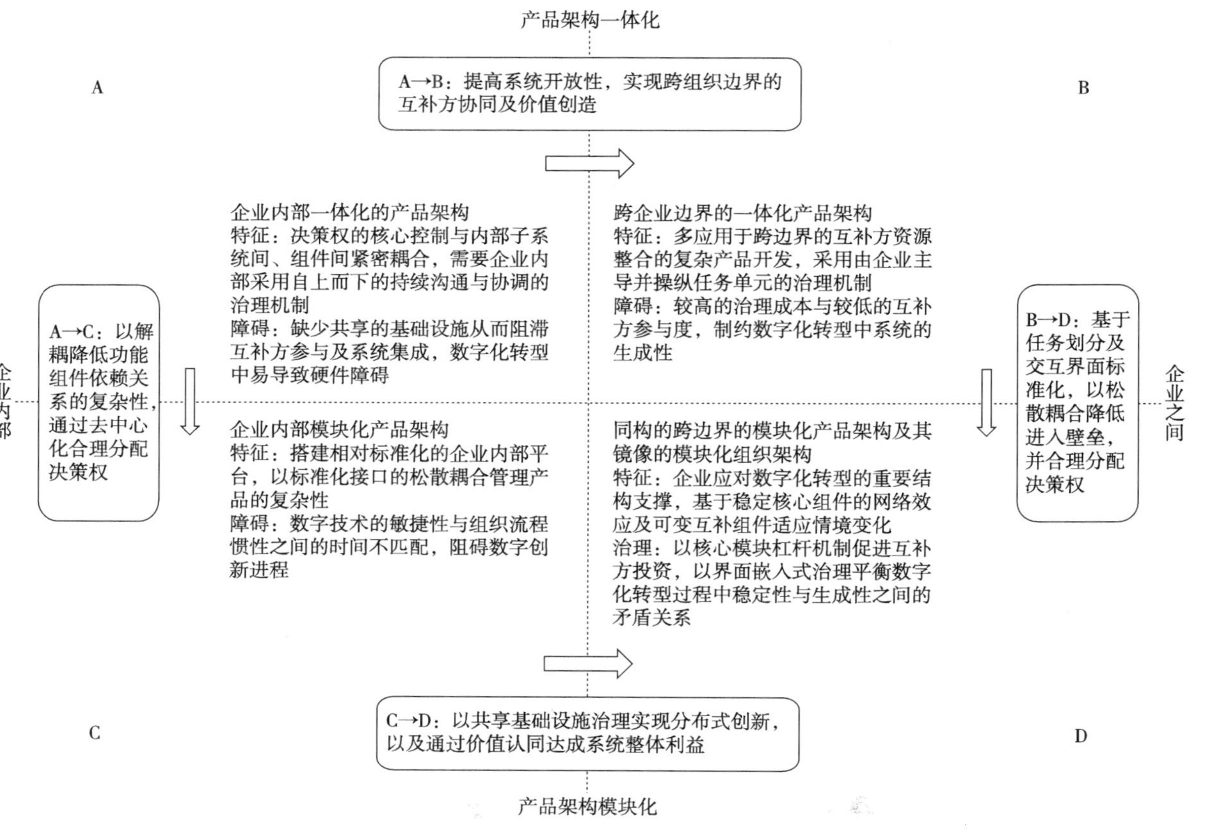

图 6.3 跨层次模块化架构与治理机制的协同演进路径

在象限 A 中，采用企业内部一体化的产品架构，以自上而下的垂直治理机制，呈现出企业决策权的核心控制与内部子系统间、组件间紧密耦合的特征，较低的模块化程度需要企业内部采用自上而下的持续沟通与协调的治理机制实现产品创新。此时，创新障碍突出表现在缺少共享的基础设施从而阻滞互补方参与及系统集成，数字化转型中易导致硬件障碍，即数字技术嵌入实现的软件实时更新与硬件容量等固有设计不兼容，或硬件供应商响应迟滞等限制数字创新的灵活性与敏捷性。可以通过两条路径进行突破：一是提高系统开放性，围绕枢纽企业平台的核心功能模块施以控制，治理机制通过规定、商定和预定义以协同互补方的交互方式及规则，实现跨组织边界的互补方协同及价值创造，呈现出由象限 A 至象限 B 的演化路径。二是通过去中心化使互补方享受平等机会而促进合作，通过模块化产品架构的分解与任务划分来治理，通过降低不同功能组件相互依赖的认知复杂性（Ulrich，1994），互补方可专注于自己的专业领域创建客户本地化、定制化的解决方案，呈现出由象限 A 至象限 C 的演化路径。

在象限 B 中，采用跨企业边界的一体化产品架构，多应用于一家企业难以具备独立开发复杂产品的能力时，由企业主导并操纵组织任务单元的依赖关系，采用持续沟通与协调的治理机制，进行跨边界的互补方资源整合。此时，创新障碍表现为较高的治理成本与较低的互补方参与度，为避免主导地位受威胁，枢纽企业对互补方数量、利基市场分布等仍采用紧密耦合的集中控制，降低互补方的自主性与异质性，进而制约数字化转型中系统的生成性。因此，枢纽企业应采用模块化组织架构，采用具有设计参数隐藏的模块确保核心技术模块的封装，并以促进模块间交互的可见设计规则打造模块界面以实现嵌入式治理，基于任务划分及交互界面标准化，以松散耦合降低进入壁垒，允许新的互补方以易于适应变化和在其他平台上重用的方式生成和获取价值，并合理分配决策权为互补方提供相对平等的价值获取机会，呈现出由象限 B 至象限 D 的演化路径。

在象限 C 中，采用企业内部模块化产品架构，搭建相对标准化的企业内部平台，以标准化接口的松散耦合降低子系统之间的相互依赖性进而管理产品的复杂性。此时，创新障碍表现在数字技术的敏捷性与组织流程惯性之间的时间不匹配，鉴于通过物理组件创新的悠久传统，大多企业仍采用行业惯例管理生产流程中诸多利益相关者（或互补方），进而阻碍数字创新进程。因此，必须培养互补方的价值认同，依托模块化组织架构的枢纽企业这一治理基础设施实现分布式创新，协同互补方在数字创新上达成共识，在跨越利基的努力、更大的整体利益、最佳实践的典范和可重用知识组合之间保持凝聚力和一致性，为生态系统的集体利益和发展做出各自的贡献（Boudreau，2012），呈现出由象限 C 至象限 D 的演化路径。

在象限 D 中，采用同构的跨边界的模块化产品架构及其镜像的模块化组织架构，创新生态系统结构由技术架构与管理自主互补方的治理机制组成。在技术层面，模块化产品架构包括三个组成部分，即核心、接口和扩展核心功能的补充模块，核心模块被证实是积极网络效应的重要决定因素，通过保持核心组件的稳定，促进生态系统的标准化流程和产出，以规模经济产生正外部性，某些组件具有可变性使系统适应未来的技术发展及不确定的环境变化，并确保组件之间的互操作性来最大化互补方的独立性和创造性。在治理层面，模块化组织架构使权利和规则被嵌入技术本身并由技术本身强制执行（Jacobides et al.，2018；Nambisan et al.，2019），确保互补方的参与并致力于互补性增值及其对平台规则和流程的遵守（Jacobides et al.，2018），核心模块通过杠杆效应赋能枢纽企业，使互补方在标准组件上共同投资，并以界面协同可变性与异质性，以满足数字技术催生下不断变化的市场需求。该模式已在游戏机、社交媒体平台及工业领域得到广泛应用，围绕软件、制造业或科学机械领域的核心产品构建出一个扩展的服务组织，这些服务组织以半自主增值转销商的身份运作。因此，模块化产品架构及其镜像的模块化组织架构，通过模块化接口的嵌入式治理，在保证创新生态系统互补方独立性的同时协同互补资源，为枢纽企业提升动态能力提供了产品设计与组织设计方面的方法论，有助于枢纽企业在数字化转型过程中平衡稳定性与生成性之间的矛盾关系，是现阶段企业应对数字化转型的重要结构支撑。

6.3　如何驱动企业颠覆性创新？——海尔 COSMOPlat 数字平台案例研究

6.3.1　基础理论

数字平台是一种充分利用物理模型、人工智能、互联网等科技方法，由传感器、储存器、虚拟机等硬件设施构建的基于数据资源优势开展生产活动的操作载体（Cenamor et al.，2017）。数字平台可依据使用主体划分为内部数字平台［如 ERP（enterprise resource planning，企业资源计划）管理平台］和外部数字平台（如 Microsoft Windows 操作系统平台）（Gawer and Cusumano，2014），也可以依据开放程度、连接性质、功能和盈利来源等特性进行分类（Ciborra，1996）。

归纳起来，数字平台研究多从以下方面开展：在数字平台组织结构方面，互联网赋予了数字平台碎片化、零散化的结构特点，也使其拥有能够依据管理需求进行资源整合及调节组织结构形态特征的能力，因而建设数字平台逐步成为企业重要的发展战略（Peteraf and Bergen，2003）。在数字平台技术架构方面，数字平台通常具备可扩展代码库等能够将用户群体进行联结的接口，并以此构建具备网络效应的多边交易市场形态（Tiwana，2015）。例如，谷歌凭借自身的搜索引擎平台形成联结供需双方用户的广告投放市场（黄鲁成等，2015）。在数字平台的运行机制方面，数字平台作为一种复杂组织，在运行过程中不仅存在用户与用户、用户与平台拥有者之间的竞争机制，还具备资源编排、价值共创等市场机制，此外还涉及决策、激励和协调等企业运行机制（Weyl，2010）。进一步地，Yoo 等（2010）提出，数字化技术催生了层次性模块式架构，其中包含了由数字技术所创造的设备、网络、服务、内容四个层面，这些层面彼此间存在松散的关联。

基于现有学者的研究铺垫，本章将模块化数字平台概念化为：基于模块化逻辑构建的数字信息系统，其核心要素包括分层平台架构、核心功能模块和明确的模块接口，且能为用户提供可扩展的创新服务。对比而言，整体式架构的传统集成平台（包括水平集成平台与垂直集成平台）庞大且冗杂，各功能要素和实体成分间的对应关系复杂、彼此交叠，虽紧密关联但难以对接与协同。模块化数字平台不仅能维持核心功能的稳定，独立的功能模块利用高内聚的特性混合、匹配并拓展，以获得新的配置而不损失系统的功能或性能。同时，模块间又能依托网络效应、利用标准化接口形成松散耦合，以敏捷、灵活的应变能力塑造资源异质性优势，从生产柔性、成本等方面提升创新效率，并将价值创造方式逐步由单点、封闭方式转向多边、开放的共创方式，进而实现颠覆性创新。

6.3.2 研究设计

1. 研究方法

在利用扎根理论方法分析数据资料的基础上，本章基于模块化视角对数字平台进行解构，科学地提炼出模块化数字平台实现颠覆性创新的运行规律，深层次剖析模块化、数字平台与颠覆性创新三者之间的关系，在满足饱和度检验的基础上形成理论框架，描绘颠覆性创新实现路径（图 6.4）。

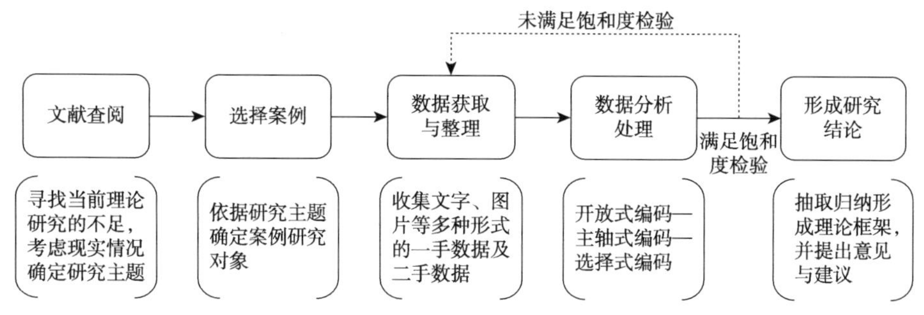

图 6.4 扎根理论研究过程

2. 案例选择

本章选取海尔 COSMOPlat 为研究对象的主要原因如下：①COSMOPlat 本质是模块化数字平台。在海尔长期践行模块化的影响下，形成了包含众多子平台模块和分层架构的 COSMOPlat。②COSMOPlat 具备案例选取所需的典型性。COSMOPlat 在成立以后与加入平台的参与企业均取得了丰厚的颠覆性创新成果（图 6.5），包括超低温冷柜等技术成果、天铂空调等产品成果及互联工厂等商业模式成果。

图 6.5 COSMOPlat 发展历程及关键事件

此外，本书的作者之一曾经在海尔工作多年，熟稔 COSMOPlat 的模块化架构、平台创新机制及孵化出的创新成果，且目前仍与海尔保持合作；另一位作者曾参与海尔国家重点实验室运行机制设计、海尔中央研究院自主经营体构建等项目，保证了一手数据的真实有效。综上，本章选取 COSMOPlat 为样本，试图精准、系统地阐释中国情景下模块化数字平台与颠覆性创新的密切联系和创新机制，如表 6.4 所示。

表 6.4　案例选择指标与评价

选择测度	案例情况简述	理论贡献意义
数字平台较完备	涵盖 15 个行业、11 大区域，能够有效连接人、机、物，使不同类型的企业快速匹配智能制造解决方案	率先进行数字化转型实践，利于挖掘数字平台与创新机制间的关系，同时为中小制造企业借助的平台进行转型升级提供经验
模块化设计较成熟	在技术架构、业务流程、运维组织等多方面体现模块化设计，有效解决了平台系统内部的复杂性问题	丰富模块化理论在平台场景中的一般性规律，并进一步验证了模块化对颠覆性创新的促进作用
孵化众多小微创新主体	青岛海尔生物医疗股份有限公司、日日顺供应链科技股份有限公司等企业依托平台解决了用户痛点，实现了颠覆性创新	利用组织柔性解决“大企业病”，为颠覆性创新提供了实现路径
多类型创新成果	包含技术、产品、商业模式等多种类型的颠覆性创新成果	为探究模块化数字平台的颠覆性创新机制提供了事实依据
平台存续时间较长	2012 年施行网络化战略以来，海尔逐步构建了模块化数字平台	能够为理论框架构建提供系统、全面的纵向资料

3. 资料获取与数据收集

通过半结构化访谈、非正式访谈和现场调查等方式获取 COSMOPlat 的一手资料和二手材料，其中原始音频转录字数共计约 5.2 万字。同时，利用企业内部文件，企业官网，公开演讲，中国知网、万方、Web of Science，智慧芽专利数据库和网页信息资料等搜集相关资料（表 6.5、表 6.6），多方式、多渠道地获取研究数据，尽可能实现无偏差的“理论抽样”，同时利用研究者、研究方法和研究理论多元结合的优势交叉比较，实现数据资料的信度与效度。

表 6.5　资料获取与数据收集概况

数据类型	获取方式	数据概述	编码
一手资料	半结构化访谈	集团战略部调研访谈，共计时长 129 分钟，原始音频转录字数约 2.9 万字	Ⅰ1
	非正式访谈	海尔智能研究院访谈，共计时长 80 分钟，原始音频转录字数约 1.1 万字	Ⅰ2
	现场调查	海尔智能研究院和海尔创新生活馆参观，共计时长 95 分钟，原始音频转录字数约 1.2 万字	Ⅰ3
二手资料	企业内部文件	海尔模块化论坛资料、WGG[1)]供应商大会资料、海尔《工业大规模定制白皮书》等文件及图片资料	Ⅱ1
	企业官网	集团/企业/平台的简介、资讯及财务报告等相关信息	Ⅱ2
	公开演讲	集团总裁、副总裁 2020 年工业互联网专题报告会演讲稿，智能制造总经理 2017 年报告演讲稿和海尔标准化办公室模块化研讨会汇报稿等	Ⅱ3
	中国知网、万方、Web of Science	关于海尔的相关学术文献	Ⅱ4
	智慧芽专利数据库	检索海尔及其所属小微企业的专利情况	Ⅱ5
	网页信息	百度、谷歌等引擎搜索的相关信息	Ⅱ6

1）WGG：White Goods Group，白电集团

表 6.6　COSMOPlat 一手资料信息

部门职务	姓名	获取方式	访谈时间	访谈原因	数据搜集内容	转录字数/字	时长/分
海尔卡奥斯物联生态科技有限公司总经理	谢××	半结构化访谈	2020 年 8 月 29 日	海尔卡奥斯物联生态科技有限公司主要负责海尔 COSMOPlat 运营及管理，并且其技术经理熟悉平台的架构设计及运营战略	COSMOPlat 架构设计；平台数据资源运用	13 561	57
海尔卡奥斯物联生态科技有限公司高级项目经理	贾××	半结构化访谈	2020 年 9 月 2 日	该高级项目经理主要负责平台用户需求与海尔全球范围内高校、科研院所及合作方等智力资源，同时熟悉 COSMOPlat 对海尔创新成果起到的重要作用	COSMOPlat 运营模式与业务流程；平台运营模式与创新成果	10 712	46
海尔超前技术研发中心技术经理	王××	半结构化访谈	2020 年 9 月 2 日	超前技术研发中心是海尔技术创新的助推器，相较于其他研发部门，对创造前瞻性的颠覆性技术和商业模式创新更为重要	海尔战略发展历程；平台建设历程与创新成果	4 529	26
海尔战略部员工	吴××	非正式访谈	2020 年 9 月 2 日	战略部作为牵引各部门运营与发展的纽带，能从全局视角俯瞰海尔建设模块化数字平台的初衷，了解颠覆性创新的战略布局	平台组织结构与创新关系；用户交互及价值共创机制	4 976	33
海尔工业智能研究院讲解员	王××	现场调查	2020 年 9 月 2 日	海尔工业智能研究院以“智能+5G”大规模定制验证平台为核心，聚合生态资源科技创新能力，为 COSMOPlat 用户提供端到端的解决方案，对其调研更能从源头探索平台的作用机制	COSMOPlat 建设历程、运营模式、技术架构等	11 914	95
海尔工业智能研究院咨询顾问	陈××	非正式访谈	2020 年 12 月 11 日	该咨询顾问为海尔工业智能研究院长期提供咨询指导，不仅能够恰当反映 COSMOPlat 的管理目标，也能够从理论视角出发进行平台运行机制的探讨	平台赋能颠覆性创新的作用机制及实例	5 806	47

4. 资料编译

1）开放式编码

围绕“颠覆性创新”这一主题，在整理有关海尔 COSMOPlat 数据资料的基础上，遵循开放式编码“贴标签—概念化—范畴化”的一般步骤，利用 Nvivo 软件对数据资料进行相对客观的编码处理，试图挖掘原始资料语句中的概念与内涵。开放式编码阶段在满足饱和度检验的基础上，从数据资料中共计形成 453 个标签，进一步提炼出 78 个概念，最终归纳出 28 个初步范畴，开放式编码结果（部分）见表 6.7。

表 6.7　开放式编码结果（部分）

范畴化	概念化	标签/个	原始语句示例
快速响应	及时洞察市场需求变化（1a）；迅速匹配需求与资源/解决方案（1b）；交互提高需求与解决方案的适配性（1c）	11	海尔有自己的几千个门店和网点，它们都可以在用户进行体验或者在用户进行购买的时候了解用户的购买意向（Ⅰ2/1a/3[1]）……
柔性应变	组织适配性（2a）；资源协调性（2b）；生产柔性（2c）	9	这个七大能力[2]他们通过适配性组织性如何，肯定会面临这个问题，然后要结合具体的场景，结合客制化的这样一个服务（Ⅰ1/2a/3）……
构建共同价值网络	创造用户价值（3a）；风险共担（3b）；考核机制（3c）；收益共享（3d）；协同合作（3e）；员工参股（3f）	22	通过人单合一模式，用户付薪，增值分享，如果小微公司创造了更多的价值，然后整个小微公司获得的增值分享更多（Ⅰ2/3a/7）……
降低企业组织冗杂度	业务部门平台化（4a）；职能部门隶属于集团（4b）	21	海尔其实很多部门都是鼓励独立成立小微公司的，但是成立小微公司就要独立运营，公司要有收入，通常公司给的预算要有产出，承担的责任会更大（Ⅰ2/4a/1）……
规范化的资源	通用的资源增强知识流动（5a）；平台提供规范化的基础服务（5b）	6	遇到一些企业带着产品研发一些痛点的时候，只要是需要专家马上过来，他平时可以不用在青岛办公，通过单项目这种形式，相当于辐射到其他的企业的其他的一个需求点（Ⅰ2/5a/1）……
构建资源网络	进行全球资源网络布局（6a）；设立资源储备库（6b）；与行业头部企业共建平台（6c）	14	比如说有美国的研发中心、日本的研发中心，还有欧洲的、意大利的等，会把一些资源链接到我们这个全球的网络上面（Ⅱ3/6a/2）……
资源编排方式	平台主导的资源编排方式（7a）；社群驱动的资源编排方式（7b）	22	社区专家参与海尔的交互非常多，需求通过合伙人程序发布出去之后，很多问题的解决变得非常的迅速（Ⅱ3/7b/6）……
资源编排内容	编排生产、技术、人才、研发等资源（8a）；编排小微组织运营情况（8b）；编排生态、服务、资源等附加价值（8c）	49	HOPE 平台目前在超前研发中心里面，主要是做技术资源、人才资源等各个研发资源的对接和需求的整合（Ⅱ2/8a/5）……
功能模块	资源归集模块（9a）；业务分工模块（9b）；产品生态模块（9c）	51	模块化应该是偏生产上的，把海尔的一些生产要素，通过模块化的方式进行归集，然后进行整合提高效率这样的方式（Ⅱ3/9a/12）……
标准化	服务标准化（10a）；技术标准化（10b）；生产线标准化（10c）	5	平台上在跑的业务并发量非常的大，所以我们现在把各个服务做成一些标准化、规范化的产品（Ⅰ1/10a/1）……
⋮	⋮	⋮	⋮
颠覆性商业模式创新	销售产品生态组合的模式（28a）；以平台为载体的工业互联网模式（28b）；培育独角兽企业与瞪羚企业的小微创新组织（28c）	34	有一些小家电海尔是不做的，其他的这些生态品牌的产品都会融入在这个生态里面，一块儿推销，顾客可能就会一块儿来购买，就增加生态的收入（Ⅰ2/28a/8）……
共计 28 个	共计 78 个	共计 453 个	

1）Ⅰ2 表示一手材料中的第二个文件，1a 表示该原始语句隶属于“即使洞察市场需求变化”这一概念，3 表示该原始语句为第三个 1a 概念下的第三条标签。

2）表中该列为访谈转录文字的原始语句示例，即受访者对问题的口语化叙述，文字具体内容涉及的上下文文字篇幅较长，因此未能完整展示，余同

2）主轴式编码

主轴式编码是深层探寻初步范畴因果逻辑与内在联系的资料梳理过程，根据 COSMOPlat 的管理范式和运行机制等实际情况，按照“条件—现象—脉络—中介条件—行动/互动策略—结果”的流程进行抽取，筛选合并部分初步范畴，最终形成“连接与匹配”“消解复杂度”“资源编排”“功能模块”“标准化接口”“架构”“兼容性机制”“扩展性机制”“通用性机制”“颠覆性技术创新”“颠覆性产品创新”“颠覆性商业模式创新”12 个主范畴，从而提供理论构建的基础。

3）选择式编码

依托 28 个初步范畴及 12 个主范畴，进一步考究概念化的范畴内涵，形成可用模块化理论、平台理论及颠覆性创新理论解释的完善核心范畴，进而高度概括抽象出“模块化数字平台的重要功能”“模块化数字平台的关键要素”“作用机制”“价值创造”四个核心范畴（图 6.6）。

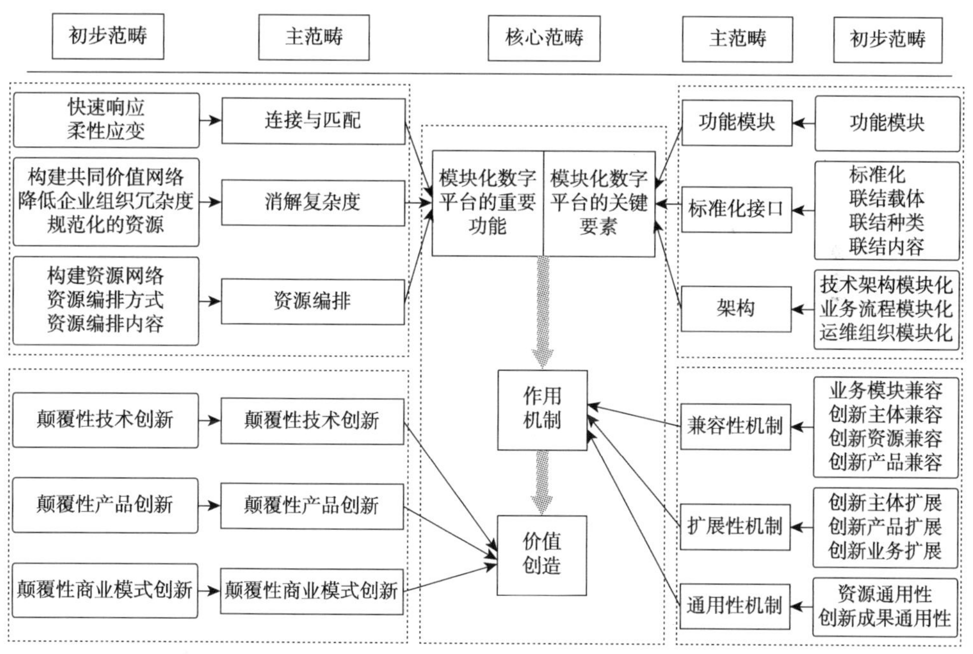

图 6.6 COSMOPlat 对颠覆性创新作用机制的译码过程逻辑关系图

梳理模块化数字平台与企业颠覆性创新的逻辑关系（图 6.6 和图 6.7），并且通过二手资料交叉验证四个核心范畴构建的理论框架未形成新的理论范畴，据此判断理论模型达到饱和。

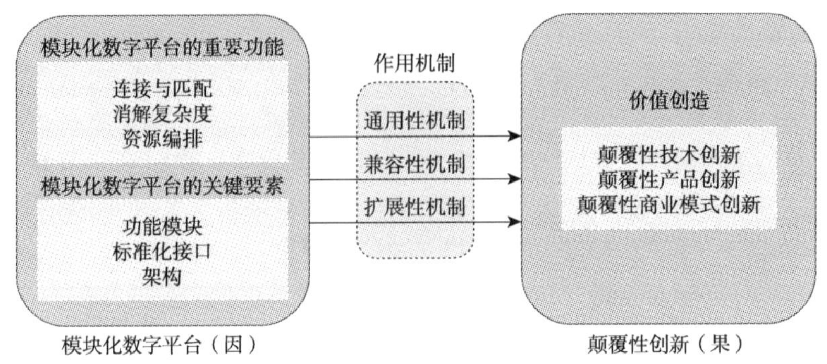

图 6.7 基于模块化数字平台的企业颠覆性创新理论模型

本书核心范畴呈现出的故事线如下所示。

（1）模块化数字平台具备连接与匹配、消解复杂度和资源编排三个重要功能。利益相关者能够利用平台及时洞察市场变化、迅速匹配供需双方、快速响应用户需求，同时数字平台拥有者通过组织适配性、资源协调性及生产柔性做到柔性应变；构建共同价值网络、降低企业组织冗杂度并提供规范化的资源能够消解平台系统的复杂度；平台以平台主导和社群驱动的方式编排生产、技术、人才、研发等资源，编排小微组织运营情况和生态、服务、资源等附加价值，并以此为基础构建资源网络进行资源编排。

（2）模块化数字平台具备架构、标准化接口和功能模块三个关键要素。模块化数字平台包括技术架构、业务流程及运维组织三个维度。标准化接口作为模块化设计的重要条件，起到连接模块及增效的作用，数字平台的接口涉及标准化、联结载体、联结种类与联结内容四方面。此外，平台模块按照功能属性可划分为资源归集模块、业务分工模块及产品生态模块等。

（3）模块化数字平台通过通用性、兼容性和扩展性来促进颠覆性创新。数字平台的通用性体现在基于标准化模块接口，创新主体可以共享数据、智力、硬件及组织等创新资源，并且产品及技术解决方案也可以在不同情境下与多种需求适配。以 IT 设施及网器为基础的平台兼容生产及行业领域等业务模块、多元化创新主体、不同类型创新资源及个性化的创新产品，并基于数字平台的网络外部性不断扩展形成催生颠覆性创新的要素。

（4）颠覆性创新的价值创造体现在技术、产品及商业模式三个方面。颠覆性技术创新主要包括不用压缩机的制冷技术、网络化家电互联技术、离子洗涤技术、双动力洗涤技术等。颠覆性产品创新包含不用洗衣粉的洗衣机、超低温冰箱、伽马刀、卡萨帝冰箱、卡萨帝固态制冷酒柜和雷神笔记本等对在位企业产生冲击的产品。此外，海尔以平台为载体的工业互联网模式通过“人单合一”的方式不仅能够实现大规模定制、销售产品生态组合，进而主导制定 ISO（International Organization for

Standardization，国际标准化组织）大规模定制国际标准，也培育出海尔旗下的盈康生命科技股份有限公司等独角兽企业与瞪羚企业，打破原有制造业的商业模式。

6.3.3 基于模块化的 COSMOPlat 构建

1. 平台的模块化设计

参考 COSMOPlat 从构建迭代到如今形成基于用户需求、能够实现大规模定制的工业互联网平台，其模块化架构主要体现在三个层次。

1）平台技术架构模块化

平台的技术架构包括适用于由区块链、云储存、物联网等多个技术模块组成的系统，同时需配备标准标识体系、安全防护体系等保障机制维护平台的运行，如 SaaS（software as a service，软件即服务）、BaaS（blockchain as a service，区块链即服务）、PaaS（platform as a service，平台即服务）、IaaS（infrastructure as a service，基础设施即服务）及物联网接入层等模块（图 6.8）。模块化的技术架构能将分散化、碎片化的用户需求匹配到各层级模块，更敏捷地适应需求变化；创新过程中涉及的各层级技术架构能够相互对接、共同协作，达到资源最大限度的共享，便于平台互补方在第一时间发现并持续捕捉潜在的“颠覆”机会并快速孵化新产品、新组织甚至新产业。海尔依靠 COSMOPlat 打造智家 App（application，应用程序）、001 号体验店、衣联网体验中心，嵌入 AR、VR 新技术模块，构建智慧场景解决方案的现实样本，促进场景销售代替单品销售，推动智慧家庭场景的终端落地。

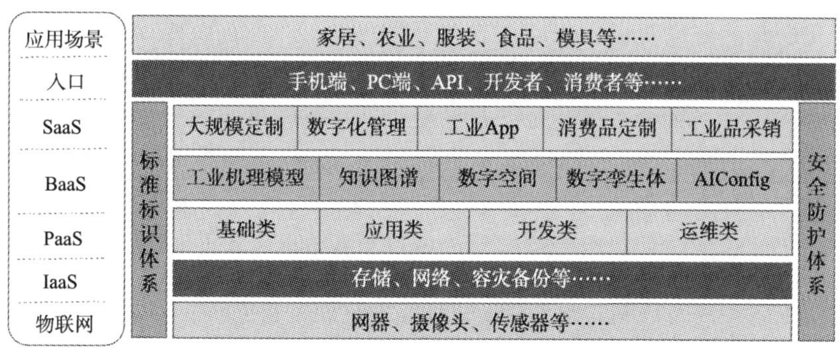

图 6.8 COSMOPlat 技术模块架构

资料来源：案例企业提供

2）平台业务流程模块化

制造模块化基于全流程、全生命周期、全价值链体系，通过价值网络重构、用户体验迭代升级、多边交互分享赋能的方式塑造竞争优势（Prencipe et al., 2003）。COSMOPlat 以用户体验为核心设计采购、生产、物流、服务、交互、研发、营销等全流程模块，实现向大规模定制转变的柔性生产方式；产品的全生命周期管理模块（如 COSMOPlat 基于 PaaS 层设计的“概念与定义—调研与计划—开发与设计—验证与测试—交付—成熟营运—产品退市”的产品生命周期管理模块）能够提高业务模块的协同性，加强平台的系统知识整合、数据处理等方面的集成性，进而塑造高效、敏捷的开发能力；平台在实现自身业务模块化的基础上带动产业链上下游企业转型，在整合供应商层级的基础上形成全价值链模块，并由此建设互联工厂、丰富价值链体系、塑造行业生态。

3）平台运维组织模块化

数字化使长期存在的行业和市场边界逐渐模糊并向组织模块化方向聚拢，企业能以更快的速度、更低的成本来交易和交换资讯，由此数字化为企业提供追求经济性、便捷性和高效性的机会成为催生行业颠覆性变革的重要情景和创新要素。COSMOPlat 依据细分市场及行业特点拆解的半自律行业子平台（家居、农业、服装、食品、模具等）能够享受母平台的服务，并打通包括产业链、价值链等各个链条的创新资源，减轻、规避惧怕颠覆性技术创新的“大企业病”。此外，附着在 COSMOPlat 体系下的具备组织柔性的小微企业具备专业化分工和松散耦合的特性，平台能够在监督、布控小微组织运营情况的同时，依据细分行业动态需求及战略方向迅速调整组织架构与创新活动，既维持集团主营业务收入的稳定性又不至于使颠覆性创新“被扼杀在摇篮中”（Lee and Berente，2012）。

此外，模块化设计需要具备基于标准化规则设计的模块接口（包括以互联网接口为载体的实体接口和以可编辑性数据为载体的虚拟接口）。由虚拟机等网器组成的互联网接口能够及时传递由产品终端抓取、捕捉的用户需求，为创新提供超越时间和空间的信息互通、自由交互的便捷。同时，通用的模块化接口还可最大限度地降低各模块之间的相互依赖性并降低模块之间的技术、组织、人员等差异造成的翻译成本，桥接资源归集、业务分工、产品生态等各独立模块，利于颠覆性创新成果的涌现。例如，研发团队通过 COSMOPlat 获悉用户利用 App 反馈的有关冰箱干湿分离储存食材的需求后，以低温触媒杀菌模块配合 HCS 生态植物保湿膜技术“原味系统”和湿度精控阀门创造了独特的干湿分储技术。

2. 数字平台的孵化创新能力

20 世纪 90 年代以来，越来越多的工业企业青睐数字平台（即数据密集和轻资本商业模式）。谷歌、优步（Uber）和 Airbnb 等传统行业的“颠覆者”，构建了难以取代的数字平台，自身用户和合作伙伴在切换到其他平台时往往面临着更高的成本和门槛。海尔的网络化、生态化战略也推动了 COSMOPlat 的演进，并在 2015

年获批工业和信息化部首批智能制造试点示范项目，也正是 COSMOPlat 的连接与匹配、消解复杂度和资源编排三个重要功能使其具备孵化创新的能力。

1）模块化数字平台在应对需求与组织灵活性层面起到了连接与匹配的重要功能

COSMOPlat 的互补方能够利用“微洞察”和社群交互方式及时洞察市场需求变化，迅速匹配需求与资源储备库中的解决方案，并通过交互提高解决方案的适配性，利用柔性应变提升创新产出的速度与效率。数字平台的柔性应变体现在以下方面。

（1）促进了企业的组织适配性。已成体系、成规模的部门能够从集团主体脱离，依靠平台的公共资源来实现独立运营，进而形成集团下设若干小微企业的组织模式，不仅能够保证集团核心主体运营的稳定性，也下放了业务自主权，使得小微企业能够随时针对细分市场及时进行战略调整。模块化数字平台在这一过程中，作为集团内部与外部衔接的角色，不仅起到了“精简整合”集团组织架构的作用，使组织架构能够与战略导向高度契合，也成为小微企业在成立初期赖以存活和长远发展的重要支撑。例如，在 COSMOPlat 内医疗板块的服务复杂化后，在健康咨询、远程健康管理、养老和护理机构服务已经有望独立运营后，平台就此孵化了盈康一生（重庆）科技有限公司。

（2）提升了企业的资源协调性。平台网络效应提高了对资源的吸引力，更多丰富、多元的优质资源聚合到平台内，为此 COSMOPlat 将自身打造成为一个能够快速链接、利用并匹配现存资源的模块化数字平台，以期实现更为科学的工作计划和最大化的收入与效益。首先，COSMOPlat 对洞察出的用户需求进行分类与整合，将其匹配到不同业务领域的需求解决方手中；其次，需求解决方可以通过平台建立的资源池搜索、抽取并调用现有的技术解决方案；最后，形成新的技术解决方案，并反哺于平台的资源池中，试图在未来为其他需求解决方案提供支撑。这不仅极大地提高了创新的效率与效果，同时基于此形成的良性循环也成为颠覆性创新前期所需的技术要素。

（3）强化了企业的生产敏捷性。大规模定制逐步取代了大规模制造模式，要求企业具备生产小批量而品种多的产品的能力，因此亟须通过良好的计划对生产过程进行高质量把控，而 COSMOPlat 则可以通过传感器反馈生产进度，通过数据算法对生产计划进行安排与部署，并以互联网的边界优势提升生产线和供应链的反应速度，具体可以体现在两方面：一方面是生产能力的柔性反应能力，即小微企业针对用户需求迅速定制的个性化产品能否在短时间内低成本、高质量地生产出来，使小微企业迅速在市场中谋取竞争优势；另一方面则是供应链的敏捷性和精准的反应能力，即供应链系统对生产需求及计划做出配送响应的效率，如冰箱与超低温冷柜的生产线可根据市场需求进行柔性变更。

2）模块化数字平台的分层次模块化架构能有效降低平台型创新网络的复杂性

基于模块化思维所构建的分层次模块化架构，将原本庞杂、混沌的组织体系划分为规整的功能模块，有效降低了组织体系的冗杂度。例如，COSMOPlat 将充分发展的农业业务划分成独立的跨界半自律子平台模块——海优禾，不仅能够保证制造行业等核心模块的运营，也能吸引更多诸如金正大集团等农业合作伙伴/互补商共用平台，在增加平台价值的基础上既能达到领域广度的拓宽又能实现专业化的深耕。进一步地，COSMOPlat 迅速普及海尔“人单合一”模式的成功经验，构建共同价值网络，这也成为平台内所有合作伙伴共同竞争、进化的文化价值基础。从这个角度来看，模块化数字平台能够降低网络结构的复杂性。

3）模块化数字平台独特的资源编排管理方式影响企业的颠覆性创新能力

COSMOPlat 的四类合作伙伴分别为渠道销售伙伴、服务提供伙伴、技术合作伙伴、集成创新伙伴。这些资源以 COSMOPlat 为纽带开展协同、交互的创新活动，来自全球的优质合作伙伴在生产、技术、人才、研发等资源上互补，并以不同流程和形式在 COSMOPlat 上不断聚拢、整合形成了开放式创新生态圈（图 6.9）。COSMOPlat 不仅为创新者搭建以“数据资源池”为核心的创新生态环境和配套服务，还不断进行资源部署、强化管理优势，与行业头部企业共建垂直子平台实现横向和纵向扩展，如横向孕育出建陶、房车、农业等 15 个行业生态，垂直整合形成细分领域的独角兽企业或者垄断企业。

图 6.9　基于 COSMOPlat 的开放式创新生态圈

资料来源：案例企业提供

6.3.4 COSMOPlat 对颠覆性创新的作用机制

1. 模块化数字平台的通用性与企业颠覆性创新

通用性以可通用并可互换的通用模块为基础，通过配置产生多样化产品及解决方案促进颠覆性创新（王海军和金姝彤，2020）。在资源通用性上，COSMOPlat 的可扩展代码库等数据资源能够通过应用程序赋能实体产品，并推行技术信息透明化（包括技术说明、使用场景和知识产权情况等）以便二次创新；平台互补方自行筛选和数据算法匹配两种知识共享机制也成为创新的数据资源优势；COSMOPlat 与清华大学、中国科学院和华为等高校、科研院所和企业等机构形成的常态化协同合作也促成平台智力资源通用；COSMOPlat 在全球 15 家互联工厂通用的创新硬件支撑平台快速开发新产品/服务等成果。COSMOPlat 的组织模块有助于企业应对动态的需求变化，如青岛海尔特种电器有限公司瞄准潜在需求体量较大的医用低温产品市场，凭借冰箱制造模块迅速、低成本地完成符合颠覆性创新本质的超低温冷柜。此外，通用化的产品设计与需求解决方案也能通过变更组合的方式满足潜在需求形成颠覆，如海尔聚焦场景解决方案，在降低复杂性的同时实现产品、服务多样化以满足个性化定制，并延伸家庭生态品牌为平台模块的改进及扩展、附加组件的创建和升级提供基础。

2. 模块化数字平台的兼容性与企业颠覆性创新

标准开发语言、创新主体等流通资源的兼容使平台互补方配合、协同进而催生裂变、激发创新。工业互联网时代，模块化数字平台的兼容性体现在复杂市场环境下平台联结的组织能否正常运营运转。COSMOPlat 与国际知名的产品生命周期管理产品（Teamcenter）、ERP 产品（SAP[①]）、数据库产品（Oracle[②]）无缝连接、有效协同，支撑平台各模块间的数据流通与共享，以多元技术的兼容性影响颠覆性创新。同时，COSMOPlat 的技术、流程及组织模块化设计决定了平台兼容模块的多样化，不同模块也是架构平台的要件。此外，COSMOPlat 兼容不同类型的创新主体，使创新由单一途径向万众创新发展，同时全流程交互能够充分发挥创新过程需要的各主体耦合与内聚作用，进而形成开放式的创新生态系统。截至 2021 年 6 月，COSMOPlat 已经汇聚了 3.3 亿用户、4.3 万家企业和 390 多万家生态资源。创新资源的兼容是构建资源储备库的重要前提，包括信息、知识、脑力等分布式异质知识构成的智力资源，多型号产品及其模块、柔性生产线等制造资源，以及 IT 基础设施、跨界专利、需求解决方案等技术资源，进而平台才能发挥连接、

① SAP 为 System Applications and Products 的简称，是 SAP 公司的产品——企业管理解决方案的软件名称。
② Oracle Database 又名 Oracle RDBMS，或简称 Oracle，是甲骨文公司的一款关系数据库管理系统。

匹配和协调储备库资源，催生技术方案裂变、激发颠覆性创新。

3. 模块化数字平台的扩展性与企业颠覆性创新

扩展性功能以模块/组织架构的迭代升级为颠覆性创新构建强大的资源基础。在模块化架构下，弱化的企业边界与通用接口允许平台不断扩展自身的创新主体、创新产品及创新业务，如全球开发者可基于 COSMOPlat 提供的 DevOps 模块进行弹性的二次开发，实现“平台 + 场景”的商业模式颠覆。COSMOPlat 的垂直行业子平台与水平跨领域集成平台不仅能够在深度及广度方向吸纳外部创新主体，同时共同的价值网络也能够有效激励员工将其转化为创新主体。依托互联网的便利数字平台能够扩展产品功能及服务，如能提供食材购置提醒、信息搜索等服务的海尔智能冰箱；数字资源的特性及互联网的连接作用也能够迅速将创新成果进行扩散、传播并形成产业化，缩短创新成果“颠覆”所用的时间，基于“人单合一”理念的模式将海尔的不入库率提高至 75%、高端产品占比 34%。关于 COSMOPlat 的迭代规划，对内，深化模式创新（研发、采购、生产和服务）、标准创新和开放生态，同时打造 15 个全球引领的样板互联工厂并向海尔全球的 122 家[①]工厂推广；对外，通过跨行业、跨区域服务与推广，构建智能制造生态服务新产业（图 6.10）。相应地，具有扩展性特征的平台在构建“创新生态”的基础上扩展原有业务范围、积极跨界创新拓展业务类型，形成平台内部的具有一定容错、试错特点的竞争机制，进而促进数字平台迭代升级（Parente et al.，2011）。

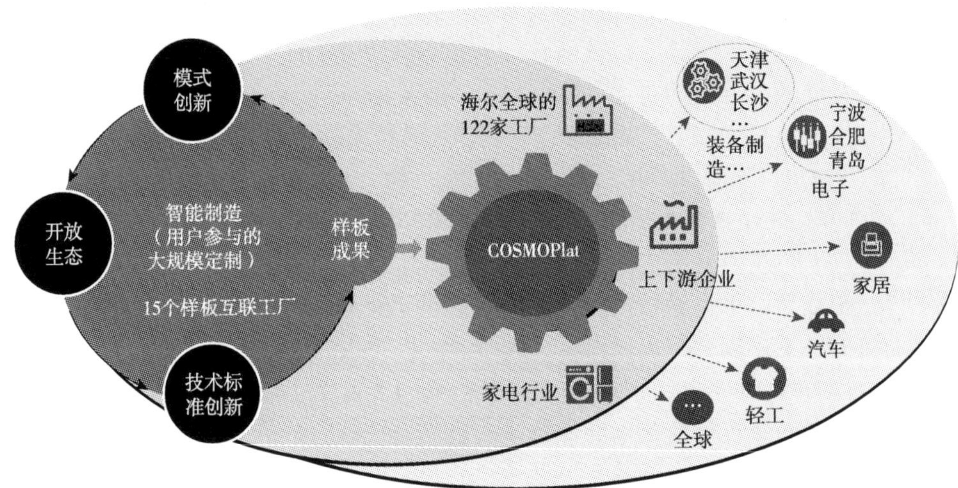

图 6.10　海尔 COSMOPlat 触发的内外部迭代规划

资料来源：案例企业提供

① 截至 2021 年 6 月数据。

6.3.5 海尔 COSMOPlat 典型管理机制

COSMOPlat 催生出技术创新、产品创新及商业模式创新三类颠覆性创新成果。模块化思维为平台进行颠覆性技术创新提供了机会窗口：COSMOPlat 所在的海尔卡奥斯物联生态科技有限公司自 2017 年成立以来，截至 2021 年 6 月申请“一种模具智能终端”、“一种大规模定制系统”及“工业互联网应用实训系统”等共计 38 项专利。此外，凭借 COSMOPlat，海尔共计申请专利 12 778 项，其中不乏不用压缩机的制冷技术、网络化家电互联技术及离子洗涤技术等颠覆性技术，同时海尔借由 COSMOPlat 的赋能作用，持续稳居 2017~2020 年国家认定企业技术中心评价的榜首。颠覆性创新产品也是模块化数字平台的重要创新成果。海尔通过 COSMOPlat 实现“卡萨帝”“GE Appliances”“Fisher&Paykel”等世界级品牌布局与全球化运营。世界权威调研机构欧睿国际的数据显示，海尔 2009~2021 年连续 13 年蝉联全球大型家用电器品牌零售量第一。COSMOPlat 同时引领海尔原创技术和高端成套产品实现行业发展与消费升级，如雷神笔记本团队打造的中高端游戏笔记本生态圈。模块化数字平台也带来商业模式的变革：ISO 标准下的工业互联网模式颠覆了大规模制造模式；基于场景解决方案的产品生态组合销售模式覆盖了传统销售模式；被写进哈佛大学和斯坦福大学案例的“人单合一”模式颠覆了经典科层制组织模式，“零距离”“去中心化”“去中介化”的特质也使 COSMOPlat 向开放式商业生态平台转变。

尽管 COSMOPlat 取得了上述成果，但若治理措施不当或实施不畅依然不能真正促进颠覆性创新及其成果商品化，对于同行或者异业竞争者而言 COSMOPlat 仍面临亟待改良与升级的困境：①如何增强 COSMOPlat 对平台互补方的吸引力；②如何促进平台互补方，特别是枢纽企业开展有效的互动；③不同于淘宝、优步等消费互联网平台，工业互联网平台如何明确盈利模式、提升价值创造以追求经济性、便捷性与高效性；④如何弥补当前平台架构存在的技术缺失，促进平台迭代升级；⑤如何塑造平台的独特性，使其区别于西门子 Mindsphere 平台等同类型的工业互联网平台。

6.4 本章小结

基于模块化理论，本章首先提出数字化转型影响创新生态系统枢纽企业创新绩效的杠杆机制（模块化产品架构）和协同机制（模块化组织架构），以“战略—结构—绩效”的研究范式，构建数字化转型作用于枢纽企业创新绩效的链式中介模型，针对 191 份样本数据，采用大样本统计分析方法验证理论假设，并基于跨层次的模块化架构演进动态分析提出模块化架构与治理机制协同的双重演化路径。研究表明：①数字化转型对枢纽企业创新绩效具有正向影响；②模块化产品架构与模块化组织架构分别在数字化转型与枢纽企业创新绩效的正向影响中起到中介作用；③模块化产品架构与模块化组织架构在数字化转型与枢纽企业创新绩效的正向影响中存在链式中介作用；④模块化产品架构及其镜像的模块化组织架构的演进，是现阶段枢纽企业应对数字化转型的重要结构支撑。

在此基础上，本章从模块化视角出发并运用扎根理论研究方法，以海尔 COSMOPlat 为案例研究样本，编码提取出“模块化数字平台的重要功能”“模块化数字平台的关键要素”“作用机制”“价值创造”四个核心范畴，并以此构建了基于模块化数字平台的企业颠覆性创新理论模型。此外，本章还解密如何利用模块化数字平台（即通用性机制、兼容性机制及扩展性机制三种作用机制）来赋能颠覆性创新。研究表明，模块化与数字平台呈现孪生关系，两者融合起来既能输出个性化和差异化的产品和服务，也可以有效连接用户和外部资源，继而推动构建企业颠覆性创新生态系统。

第 7 章　“产业奇兵，生态护航”：为何硅谷能持续产生颠覆性创新？

7.1　研究背景与问题提出

硅谷被认为是创新和增长的代名词，也是全球重要的颠覆性创新中心之一，苹果、英特尔、谷歌等硅谷企业更是行业翘楚。从以太网、图形用户界面到第一台真正意义上的 PC，众多伟大的创新成果都诞生于热衷从 0 到 1 地产生颠覆性创新的硅谷。

从 PC 时代、互联网时代，再到社交媒体与多元化时代，许多硅谷企业仍然在数字化时代取得市场领先地位，这些企业也是美国经济增长的发动机。例如，谷歌占据全球大约 90%的互联网搜索市场，该公司的 Android 操作系统运行在全球大约 75%的移动终端（如智能手机、平板电脑、穿戴式设备等）上；Facebook 则拥有全球三分之二的市场份额，且是全球 90%以上经济体排名第一的社交媒体平台（UNCTAD，2019）。

如何解释这些硅谷领先企业持续产生颠覆性创新这一现象？尽管有学者指出创新生态系统是提升硅谷企业竞争力的关键（Burkhard et al.，2011；Etzkowitz，2019；吴军，2019），但硅谷企业的创新生态系统独特性何在？它又是如何影响颠覆性创新的？从学术角度来看，目前存在明显的研究缺口。有鉴于此，深入挖掘全球高科技标杆中心——硅谷中的企业实现颠覆性创新的成功密码，具有重要的现实意义和理论价值。

7.2 研究设计

7.2.1 研究方法及数据收集

本章采取归纳性案例研究方法，通过解析硅谷典型企业的具体实践，试图找出隐藏在它们成功探索颠覆性创新背后的那根“针”。案例数据主要来自一手调研信息和二手文献资料，包括研究团队成员在硅谷大学深造过程中对相关企业的访谈记录、会议演讲稿等，以及媒体报道和企业官网等。此外，我们全面阅读了硅谷演变历程、硅谷典型企业成长及其创新管理的相关学术文献，以交叉检查我们的理解和发现。这些来源的组合使我们能够减少回溯性偏见。

此外，回溯性资料可以与之前的资料比较，并确定关键时间的事后故事是否一致，这减少了从事件历史中得出错误推论的风险。在研究过程中我们尽可能整合多个来源渠道的数据综合分析，即通过建立证据链提高结论的可靠性，避免单独的来源数据可能引发的局限性。同时，我们还建立了案例研究数据库，以提高资料完整性，从而形成完整的证据链。此外，本章还通过模式匹配策略对收集到的数据进行分析，检验经验数据是否与概念研究框架中预定义元素相匹配（宋晶和陈劲，2016），该逻辑也保证了结构效度。

7.2.2 硅谷起源及发展概况

硅谷是一个功能性质的地区代称，发源于美国加利福尼亚州的旧金山。在20世纪50年代，该地区以硅基材料的半导体产业为主，因此被赋予了“硅”的特质。关于硅谷的起源，首先要追溯到威廉·肖克利（William Shockley）。1955年，怀揣更远大梦想的肖克利离开了贝尔实验室，源于当时斯坦福工学院院长弗里德里克·特曼（Frederick Terman）教授的介绍，肖克利在加利福尼亚州旧金山湾区东南部的圣克拉拉谷成立了肖克利实验室股份有限公司，并吸引了包括罗伯特·诺伊斯（Robert Noyce）等8位美国工程师在内的专业人士加盟。1957年，诺伊斯等上述8位工程师离开肖克利实验室股份有限公司并创立仙童（Fairchild）半导体公司，该公司在20世纪60年代以来的半导体产业发展史上扮演了火车头的作用，而仙童半导体公司的创立，则被公认为是硅谷诞生的标志。在硅谷的 70 家半导体企业中，大约半数是仙童半导体公司的直接或间接衍生企业，仙童半导体公司甚至可以被视为硅谷乃至全世界半导体人才的“黄埔军校”。

1950~1990 年，硅谷从一个农业地区转变为美国的高科技中心，它创造了美国约 70%的专利发明，世界 100 强科技企业中有 20 家在硅谷，包括苹果、惠普、思科公司、英特尔、甲骨文公司、谷歌等行业翘楚。20 世纪 70 年代以来，硅谷成为信息产业的风向标和动力引擎，成功地驾驭了 PC、互联网、人工智能和基因编辑等多次技术浪潮。作为美国的高科技之都，硅谷获得了广泛的认可，它的快速发展、保持创新活力和引领高新科技的经验已经成为很多国家争相效仿的榜样。

7.3 案 例 分 析

7.3.1 硅谷的创新轨迹

1939 年，在特曼教授的资助下，斯坦福大学电机系研究生休利特和帕卡德成立了惠普公司，这也是斯坦福大学成长为高科技企业摇篮过程中的标志性起点事件。1947 年，美国贝尔实验室的肖克利牵头研制出世界上第一个晶体管（后被授予诺贝尔物理学奖），该晶体管的主要功能是将声音信号放大。在晶体管发明之前，人们放大信号主要通过电子管，但其制作困难、体积大、耗能高且寿命短。晶体管的问世开启了现代半导体产业和信息化时代。受益于斯坦福工业园的培育和孵化，硅谷企业及其里程碑式的颠覆性创新不断问世（图 7.1）。

从计算机时代到互联网时代再到数字经济时代，硅谷企业掀起了多股创新浪潮。在进入 21 世纪后，硅谷的颠覆性创新空间并未见底，在许多领域依然能抢占创新先机，且能不断构建和塑造着企业创新生态系统（王海军等，2021a）。表 7.1 对 1976~2006 年的具有硅谷基因、依靠市场力量自发形成的若干企业颠覆性创新案例进行对比分析，其中既包括苹果 iTunes 领导的数字音乐营销模式变革，也

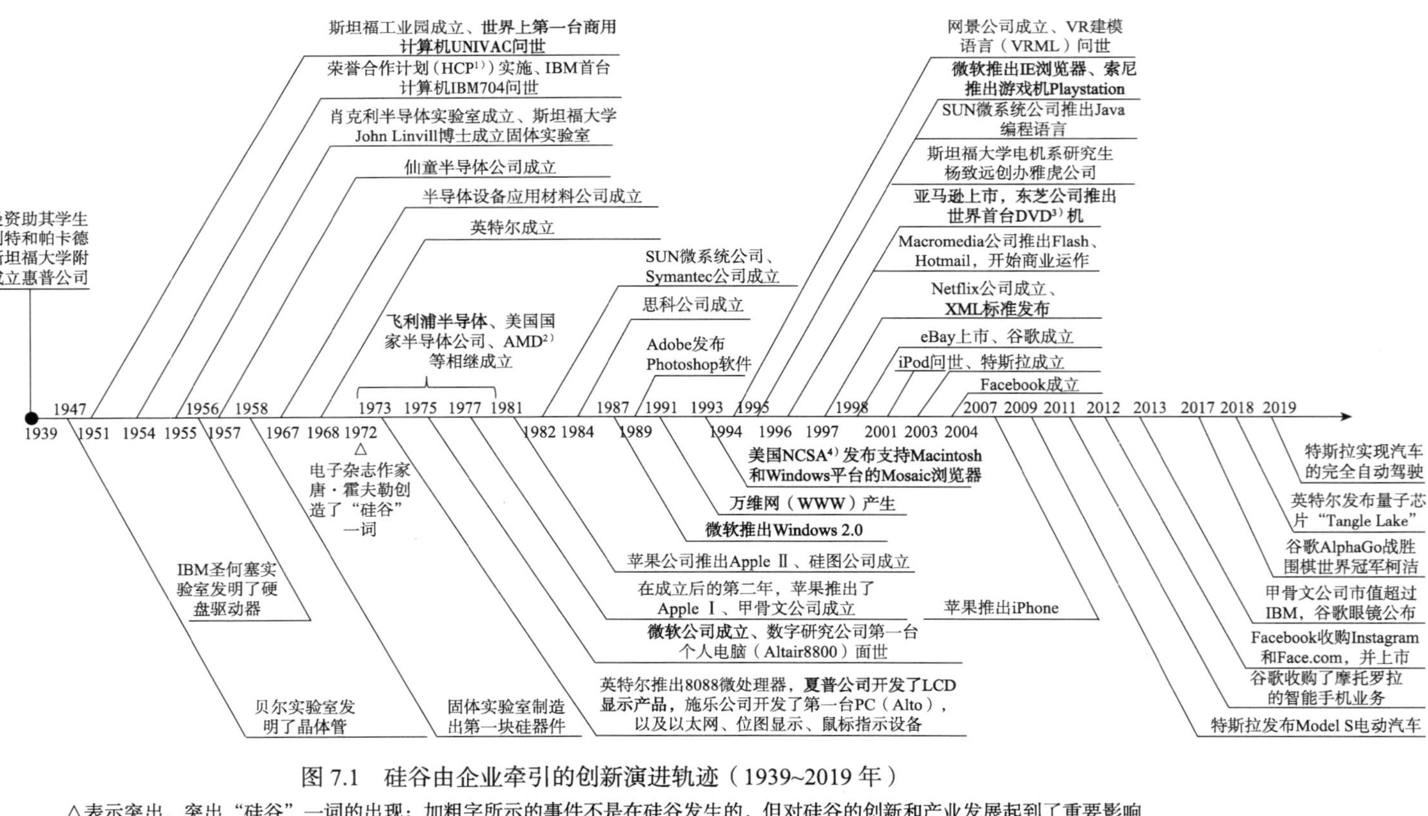

图 7.1　硅谷由企业牵引的创新演进轨迹（1939~2019 年）

△表示突出，突出“硅谷”一词的出现；加粗字所示的事件不是在硅谷发生的，但对硅谷的创新和产业发展起到了重要影响

1）HCP：honors cooperative program；2）AMD：Advanced Micro Devices，Inc.，超威半导体公司；3）DVD：digital video disc，数字多功能光盘；4）NCSA：National Center for Supercomputer Applications，国家超级计算应用中心

包括依靠互联网平台冲击传统行业并提供共享增值服务的 Airbnb 和优步，还包括特斯拉这样采用互联网思维制造电动汽车的高科技企业。通过打造独门绝学——OTA（over the air，空中升级服务）车联网解决方案，辅以 Autopilot（自动驾驶系统）独特的功能平台，并且搭配了电动化的核心——动力电池后（图 7.2），特斯拉创造了全新的用户市场①，重新定义了出行方式。

表 7.1 硅谷企业的代表性颠覆性创新案例分析

领域	颠覆者	成立年份	被颠覆者	颠覆性创新要点描述
音乐	苹果	1976	音乐发行商、音乐零售商、唱片公司	苹果利用 iTunes 专用数字管理平台加速音乐界完成数字化转型，颠覆了传统音乐的消费模式；同时不断调整创新，融合流媒体技术，提供 Apple Music 流媒体服务，再次颠覆了音乐的流通方式，实现了音乐的实时互动
住宿	Airbnb	2008	连锁酒店	Airbnb 依靠信任与分享机制，整合闲置房产资源，轻资产上阵，利用社交媒体平台开展营销，突破传统酒店的概念，颠覆了实体酒店行业的运作模式
广告	谷歌/Facebook	1998/2004	平面媒体、大型广告品牌、广播媒体	谷歌/Facebook 均是通过竞价方式提供定向广告内容，让整个广告业进入了算法驱动时代，极大地降低了客户承担的广告成本，颠覆了搜索和社交媒体的运营模式和游戏规则
出行	优步	2009	出租车公司	优步依靠大数据与算法技术，提供按需交通服务：客户可以通过手机 App 简单快速地呼叫车辆，优步车主也可以根据自己的实际情况提供服务，从而重新定义了人们的出行方式
电影	Netflix	1997	内容制作商、电影零售商	Netflix 提供会员服务，包含内容点播，随性随需求的方式获取用户支持；结合视频流媒体，用户可进行原创内容线上传播与分享，改变了用户观看、支付和谈论娱乐的方式
汽车	特斯拉	2003	传统汽车生产商	特斯拉运用整车级别的 OTA 车联网解决方案，成功实现汽车的智能化：像手机那样通过更新系统方式将新功能特性推送给车主，颠覆了传统的汽车制造、销售和维保模式
借贷	Lending Club	2006	传统银行借贷业务	Lending Club 通过网络平台构建了投资者/债权人和借款人/债务人的双边市场，消减了中间环节（银行）、降低了借贷成本，并将业务扩展至普通个体消费者，创新了借贷方式

① 德勤（Deloitte）《2016 汽车行业的大数据与分析》指出，汽车工业及其生态系统正在经历着颠覆和演变，汽车单纯依靠发动机、凸轮轴或气缸体来获得竞争优势的日子一去不复返。这一全球性变革对汽车制造商和利益相关方带来深远的影响。如今，汽车制造成本的 10%~25%来自软件。

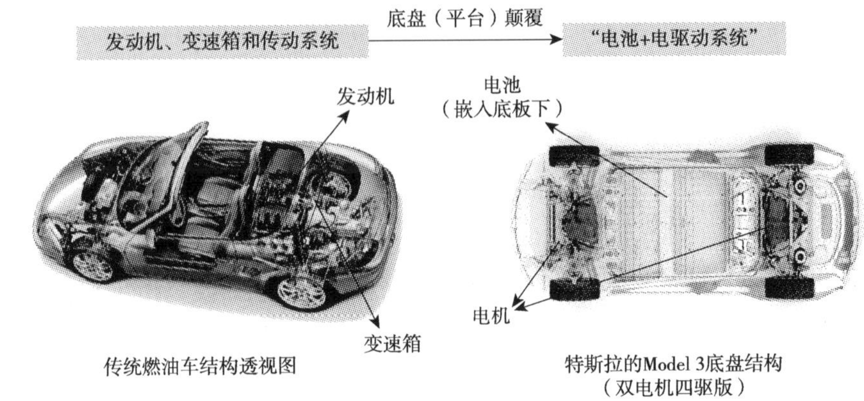

图 7.2　特斯拉新能源电动汽车带来的颠覆

资料来源：东兴证券股份有限公司研究报告、作者整理

7.3.2　硅谷领先企业的颠覆性创新生态系统建构与分析

1. 企业创新生态系统驱动的硅谷颠覆性创新

基于表 7.1 进一步延伸分析，还可以发现硅谷企业的颠覆性创新呈现出的主要特点包括：第一，硅谷企业聚焦发掘、孵化那些对社会大众生活产生革命性改变的发明创新，如音乐、住宿、出行、借贷等；第二，在实现颠覆性创新过程中，互联网和数字化技术发挥着越来越重要的赋能作用，它们拓展了创新生态系统的范畴；第三，构建新颖且更加强大的企业创新生态系统，被硅谷企业普遍视为赢得竞争的关键，企业不再指望在孤岛经营和封闭式创新的情况下实现成功。例如，创立于 2004 年的 Facebook，在成立初期面对的是在美国已经流行的社交媒体 MySpace。2006 年，Facebook 在实施了针对互联网用户的开放策略后，竞争力逐渐提升，但拥有的用户规模仍然显著落后于 MySpace（图 7.3）。2007 年 5 月，Facebook 在推出嵌入应用编程接口的 Facebook 开放平台来协助全球开发者创建应用后，以此平台为基础的企业创新生态系统逐渐形成，竞争格局发生了巨变。在短短的 6 个月内，Facebook 开放平台上就产生了 7 000 个外部开发的应用程序。如图 7.3 所示，创新生态系统有效地提升了 Facebook 的市场竞争力，使得 Facebook 的用户数量于 2008 年 4 月超过了 MySpace。在 2020 年 7 月调研机构 Statista 发布的统计数据中（图 7.4），Facebook 以 26 亿人的用户数量稳居第一位。除此之外，Facebook 旗下的其他 3 款社交媒体平台 WhatsApp、Facebook Messenger 和

Instagram（被 Facebook 并购而来）的用户数量均超过 10 亿人。

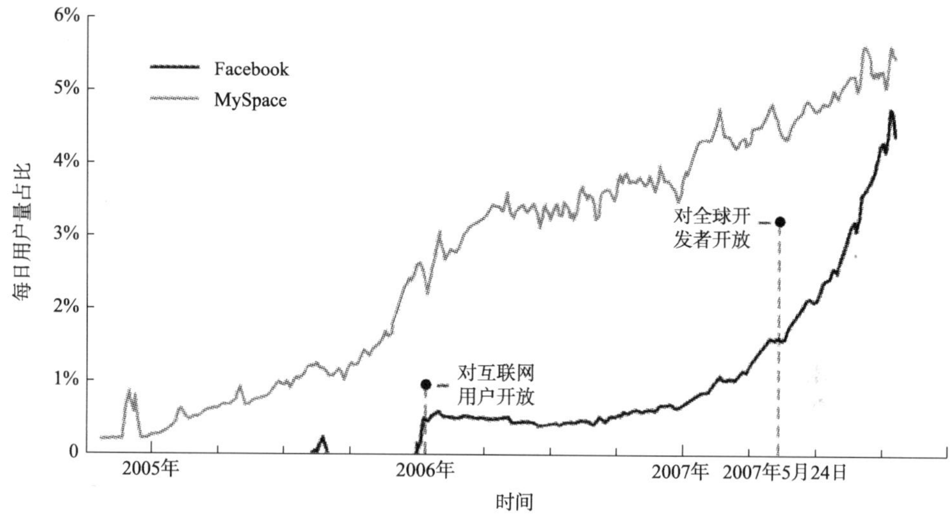

图 7.3　企业创新生态系统影响下 Facebook 与 MySpace 的竞争

资料来源：Alexa Internet 公司

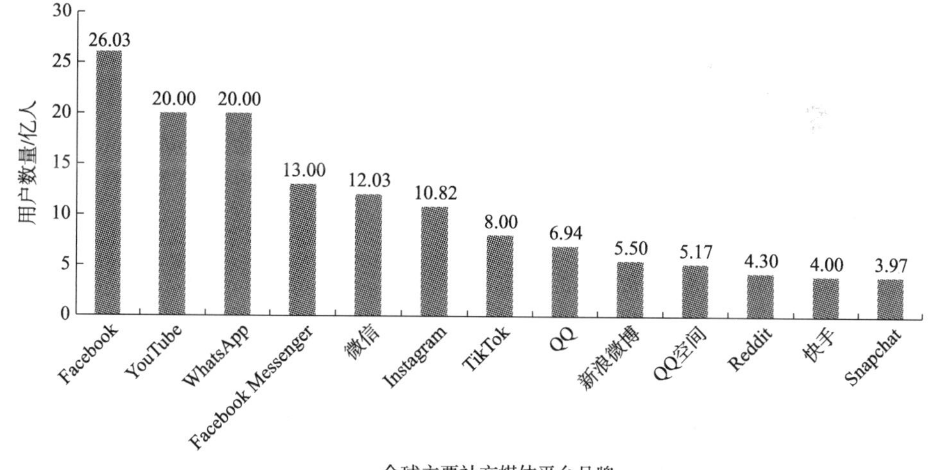

图 7.4　社交媒体平台用户数量对比（2020 年 7 月数据）

资料来源：Statista

自 James Moore 于 1993 年提出商业生态系统理论后，越来越多的硅谷新创企业趋向于通过构建生态系统来赢得竞争位势。当我们进一步梳理硅谷企业牵引的创新演进轨迹后，发现既不乏仙童半导体公司（1967 年）、英特尔（1968 年）和苹果（1976 年）等成立已久的科技巨头，也涌现了谷歌（1998 年）、特斯拉（2003 年）和 Facebook（2004 年）等迅速崛起的业界翘楚，这些年轻的硅谷企业成长为行业“颠覆者”的周期大大缩短，同时构建企业创新生态系统成为影响这一现象的重要条件。相对而言，企业创新生态系统比传统的交易途径更能有效地提升竞争优势，并以超出任何单一参与者能力的方式为用户提供服务。在硅谷的自由生长、良性竞争氛围下，对于那些涵盖敏锐眼光的投资者、大学、研究机构、企业、加速器/孵化器等异质性创新主体在内的企业创新生态系统来说，其内部的分工更加细致和专业化，系统成员并不盲目追求大而全，而是青睐提升差异化、独特性和资源整合等能力。这种开放性的创新模式有利于加快企业的快速成长和创新步伐，基于此，许多既往的小企业成长为底蕴深厚的高科技企业，进而逐渐演变为颠覆性创新的领头羊。那么，硅谷企业创新生态系统的特质是什么？它对颠覆性创新的运行逻辑是什么？以下将展开分析和讨论。

2. 硅谷区域创新生态系统的服务支撑

创新生态系统应当先是一个成功的区域创新，然后才是成功的企业创新平台和新的产业（陈劲，2017）。在由斯坦福大学知识辐射及以创新创业精神为核心的硅谷，大学、科研院所、风险资本、服务机构和企业间形成了相互促进、协同创新的区域创新生态系统。基于技术创新属性和模块化逻辑，可以将硅谷区域创新生态系统架构中的共性模块解构为知识创新模块、技术转移模块、创新孵化模块、创新文化模块（图 7.5）。这些专业化模块对应的全球领先资源因硅谷而来，或因硅谷而塑造（文化），成为硅谷特有的资产。由此，硅谷依托这些共性模块为不同领域的硅谷既有/在孵企业提供服务支撑，形成“区域+企业”的融合与互动，进而塑造出更为独特的企业创新生态系统。

如图 7.5 所示，上述 4 个模块的价值主张具体解释为：①知识创新模块。硅谷分布着斯坦福大学、加利福尼亚大学伯克利分校、卡内基梅隆大学西海岸校区、圣何塞州立大学等高校及帕洛阿尔托研究中心，从供给端有力地推动了颠覆性创新成果的产生。再从创业角度来看，1982 年 3 位斯坦福大学毕业生成立了 Sun 微系统公司并开拓工作站市场，通过逐渐建立新的生态系统将其发展为连接到网络的服务器，实现了全新的用户价值创造。据统计，斯坦福大学的师生和校友创办的企业产值占硅谷产值的 50%~60%。②技术转移模块。专业化的技术转移模块有助于快速衔接实验室成果与企业需求。在硅谷，斯坦福大学技术转移办公室在科技成果转化到企业过程中起到至关重要的中介作用；而 Tynax 则是全球最大规模的知识产权商业化交易平台。③创新孵化模块。硅谷倡导基于创新理念的风险投资，与注重短期回报率的传统投资模式迥异。在斯坦福大学附近聚集了 200 多家风投机构，它们在解决资金短缺问题、激发科技创新上发挥了举足轻重

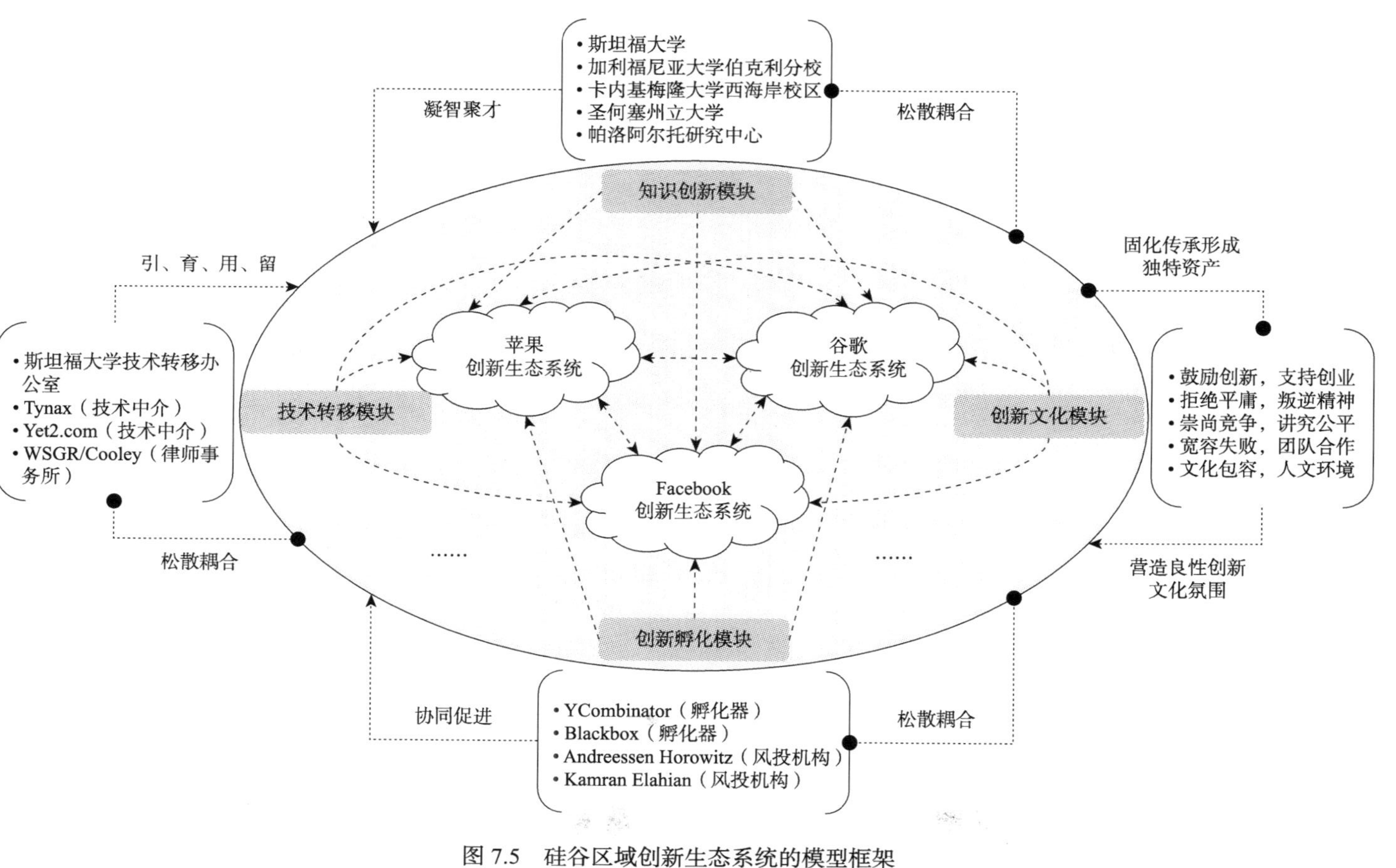

图 7.5　硅谷区域创新生态系统的模型框架

的作用。此外，硅谷创新孵化平台既能孵化园区内的创新成果乃至企业的成长，还能促进从外进驻园区的新创企业的成果商业化。Facebook 就是来到硅谷孵化，继而发展成为现今规模最大的网络社交平台的。④创新文化模块。从肖克利实验室股份有限公司出走的 8 位工程师成立了里程碑的仙童半导体公司，并于后续创办了英特尔和 AMD，被广泛认为是硅谷的起点事件。这种鼓励创新、拒绝平庸、锐意进取和对失败宽容的创新创业文化也是硅谷的灵魂所在。它们既是提升硅谷区域创新生态系统独特性的关键，也是苹果、谷歌、Facebook 等企业构建创新生态系统的重要支撑，进而促进硅谷的区域科技创新和经济的高质量发展。图 7.5 所示的硅谷区域创新生态系统还突出表现为区域内核心企业创新生态系统的嵌套与协同，就连历来水火不容的苹果和谷歌也开展了合作[①]。该情景下，颠覆性创新要素有望得到合理配置和运用，促使创造新的用户价值主张成为可能。

3. 平台化思维嵌入的硅谷企业创新生态系统

在数字化转型的推动下，长期存在的行业和市场边界逐渐模糊。在此情景下，企业能以更快的速度、更低的成本交易和交换资讯，这与 Christensen 提出的颠覆性创新理论本质——追求经济性、便捷性和高效性不谋而合，数字化因而成为催生行业颠覆性变革的重要情景和创新要素。20 世纪 90 年代以来，越来越多的硅谷企业青睐于采用数字平台驱动，即数据密集和轻资本的商业模式。当这些后发企业带来的颠覆性冲击可能会对该行业产生重大影响时，就会产生新的硅谷赢家。研究发现，谷歌、优步和 Airbnb 等传统行业的“颠覆者”，都基于它们独特的数字平台和核心业务操作，随着时间的推移，这些数字平台越来越难以被取代，用户和合作伙伴在切换到其他平台时往往面临着更高的成本和门槛。同时，当今硅谷企业还越来越倾向将数字平台和企业创新生态系统融合起来，并以平台为纽带有效利用各类互补方[②]的创新能力，进而激发多边市场、促进生态系统成员的核心互动。

从功能上看，作为技术基础架构，数字平台发挥了连接用户需求、吸引外部互补方、促进供需双方对接等突出作用，以其为基础形成的企业创新生态系

① 新冠疫情下苹果与谷歌开展了合作。2020 年 4 月 11 日，苹果 CEO 蒂姆 · 库克（Tim Cook）宣布，苹果将和谷歌共同打造一个追踪系统（该系统将被导入智能型手机等移动装置，运用现有蓝牙技术追踪不同手机间的距离），警告人们是否与新冠病毒感染患者有过接触，以减少病毒传播速度。由此，两家既往处于完全不同阵营的操作系统有望实现互通。此外，据美国众议院司法委员会披露的信息，谷歌每年还将支付约 120 亿美元给苹果，以确保其 iOS 终端设备上的默认搜索引擎为“Google Search”。

② 本书沿用 Gawer 和 Cusumano（2014）提出的互补方概念，来描述该类合作伙伴能够提供平台拥有者所欠缺的能力或资源，进而与平台拥有者产生 1+1>2 的协同效应。

统不断推动各行各业的变革。在 Airbnb 平台上，已经登记了 400 多万家住所，比全球排名前五位的品牌酒店旗下的总和还要多；Facebook 平台上每个月有 20 亿个活跃用户，远远超过报纸订阅用户的人数。这些数字平台得益于不断发展、广为传播的互联网和信息技术，相应地，数字平台通过全新的方式将这些技术结合起来并进行部署，从而培育和协调企业创新生态系统。从结构上看，基于数字平台的企业创新生态系统包括平台拥有者、用户、供应商、服务商等，他们彼此间既合作又竞争。基于数字平台，其他创新生态系统成员可以在此基础上开展竞争性或互补性的创新活动，而当数字平台赋能其他成员产生的创新越多时，它通过网络效应为用户创造的价值就越大。然而，要实现基于此类生态系统的颠覆性创新，数字平台拥有者往往需要跨越软硬件行业的边界，并牵引各方进行复杂、密切的合作，并且经常会采用令人意外的组织模式和工作方式。

以谷歌为例，1998 年其创始人佩奇和布林在斯坦福大学求学时开发了全新的在线搜索引擎，并且打造了特有的互联网搜索平台，以此为基础构建了涵盖开发伙伴、用户、广告商和内容提供商等在内的企业创新生态系统（图 7.6）。通过建立该平台并掌握其控制权，谷歌能够快速开发和推广自己或者合作伙伴设计的新服务，Google Search 也成长为当今全球最大的搜索平台。进一步地，谷歌利用搜索平台及其创新生态系统的赋能作用，扬弃了传统广告商的运营路线，并另辟蹊径地通过竞价方式提供定向广告商业模式。在此情景下，广告业跃迁到算法驱动时代，即通过数字广告的“精准投放”，极大地降低了客户承担的广告成本，颠覆了搜索和社交媒体的运营模式和游戏规则（图 7.7）。

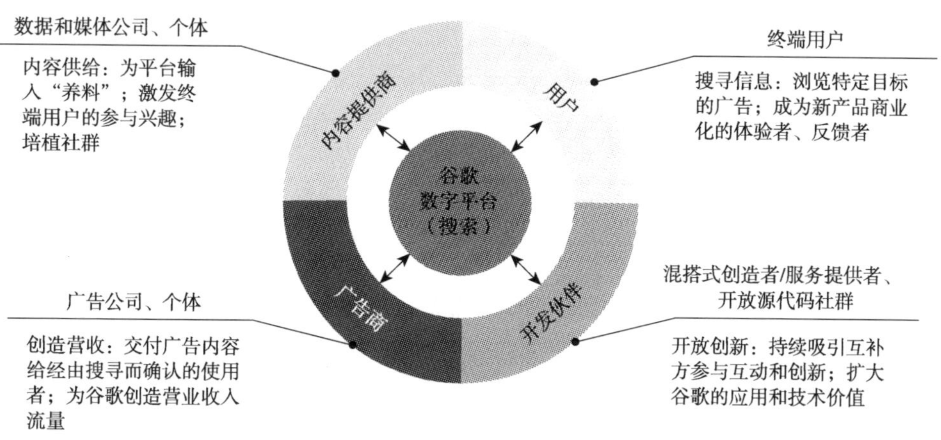

图 7.6 基于数字平台的谷歌创新生态系统模型

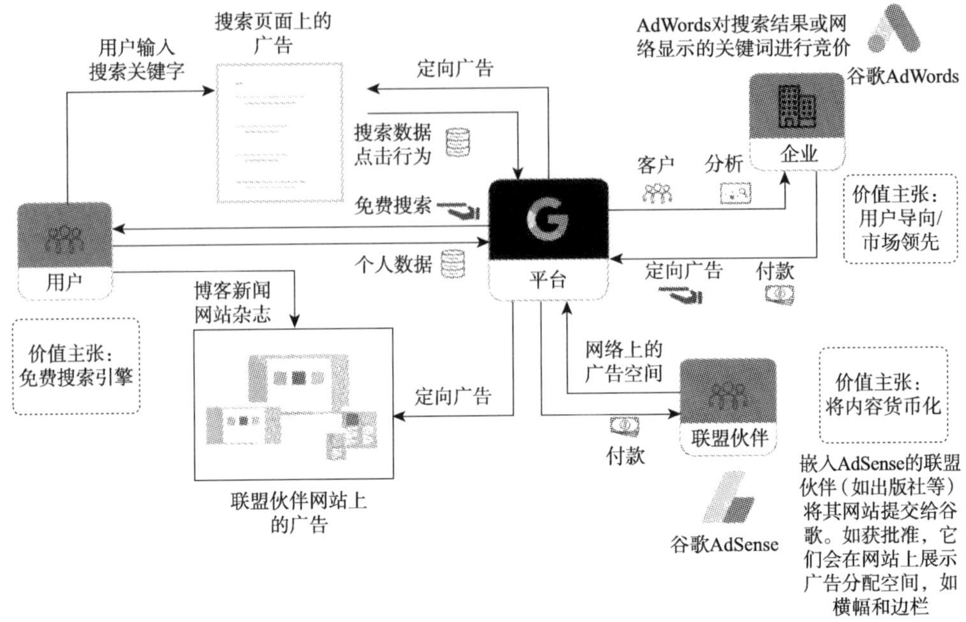

图 7.7　数字平台驱动的谷歌颠覆性定向广告商业模式

资料来源：www.garyfox.co/google-business-model，作者整理

在谷歌牵引的企业创新生态系统中，来自全球的开发伙伴可以便捷地访问谷歌搜索平台的门户 Google Developers，在通过认证后便可利用与谷歌创新生态系统紧密耦合的 API 工具集和资源池，进而开发出融合谷歌元素的新型应用产品。在谷歌创新生态系统中，活跃着大量拥有独特能力和资产的互补性、异质性成员，它们围绕数字平台的积极互动形成了对各方都有利的良性循环。除了以上技术层面的核心平台，谷歌还拥有 Google X 实验室这一聚焦颠覆性创新项目研究的组织核心平台。依靠独立的运营体制、创新的人才选拔标准（青睐有想法、有创见的“博学家”）、高效的风险项目评估机制，以及“谷歌十条”和“20%规则”[①]等创新文化，Google X 相继推出了自动驾驶汽车、谷歌眼镜等备受瞩目的颠覆性创新成果[②]。

为了吸引用户和互补方，提高企业创新生态系统的网络效应，硅谷核心企业需要不断推出高质量的产品/服务来满足用户和互补方的需求和期望，实现该目标的举措是嵌入模块化逻辑。第一，硅谷核心企业的数字平台呈现了高度的模块化特征，在以数字平台为基础的企业创新生态系统中，为了确保上述模块间资讯传递顺畅，

① 关于谷歌的“20%规则”，即准许其工程师抽出 20%的工作时间来探索个人感兴趣的项目，Google Now、Google News、Google Map 上的交通信息等，都是 20%时间里的创新产物。

② U.S. Subcommittee on Antitrust，Commercial，and Administrative Law. Investigation of competition in digital markets majority staff report and recommendations[R]. Washington，2020.

设计并实施“基于透明规则”的模块接口意义显著。第二，表 7.1 中硅谷企业的数字平台具有典型的 ICT 产品特点：架构和模块划分清晰、模块接口规范，各模块借助预先指定的标准化接口相互联系，核心企业能够根据每个参与者的竞争优势来分配创新任务。当然，由于创新生态系统中异质性参与者和复杂交互行为的影响，沟通障碍和组织协调问题总会出现，但模块化逻辑提供了解决这些问题的流程和规则。第三，正是由于模块之间存在的标准化接口，硅谷企业可以快速发布需求、吸纳外部互补方参与创新，从而降低了创新生态系统的结构复杂性，减少了技术创新的复杂度，提高了网络系统的灵活性。进一步地，标准化接口还可以使企业开发出以易于互换的模块为特征的多样化产品组合，以满足日益个性化的用户需求。

尽管“改变世界”成为几乎所有硅谷创业者和企业管理者梦寐以求的愿景，但信息产业表现出不稳定（volatile）、不确定（uncertain）、复杂（complex）和模糊（ambiguous）的 VCUA 特征，新兴技术的革命能瞬间颠覆一个行业，在此情景下组织如何正确决策以提高效率，变得越来越难。从组织内部视角来看，越来越多的硅谷企业显现出组织模块化特征，即企业组织部门从表面上无秩序的、松散耦合的世界中发现秩序。再从组织外部视角来看，模块化特有的弱连接效应可以构建成员间合作的非固定通道，消除创新生态系统成员间的过度依赖，增强创新生态系统的网络密度。从这种角度看，组织模块化使硅谷企业创新生态系统的聚合成为可能，该系统借助于模块化而不是分级管理来实现成员间的相互作用，既允许一组本质不同但又相互依赖的组织在没有阶层行政命令的情况下进行沟通和协调，因而创造了一种组合与重构都非常灵活的创新网络。

通过将模块化逻辑嵌入企业创新生态系统中，创新活动能够以价值共创的方式在企业创新生态系统的成员间进行协调，促进核心企业、互补方及其他合作伙伴开展分工及协同。如图 7.8 所示，苹果以自主研发的 iOS 操作系统为核心平台，以 iTunes 和 App Store①为主要门户，搭建了连接终端用户和合作伙伴的双边市场。同时，模块化理念也植根于苹果创新生态系统中。例如，iOS 操作系统呈现出分层次的模块化架构特征（核心操作系统层、核心服务层、媒体层、可轻触层），各层子系统含有相对独立的模块，便于模块间的调用和系统的开发维护。模块接口的兼容性设计也保障了从影音内容的试听、试看到购买等中间环节都是安全、简单和易用的。相应地，标准化接口的透明规则为苹果创新生态系统提供了嵌入式协调机制，降低了苹果与外部合作伙伴间的协调成本，并使这些合作伙伴从价值

---

① 作为开发者向 iOS 设备的消费者提供应用程序的关键途径，App Store 商店不但为开发者带来惠益，也为苹果贡献了重要的服务性质收入：一般情况下，苹果会利用 IAP（in-App purchase，应用内购）机制抽取从其 App Store 下载应用所付费用的 30%。苹果向开发者提供 Store Kit API（包含 Xcode 开发工具和 Swift 语言等），使开发者的应用与 iOS 系统底层及各开发框架兼容，同时搭建 App Store 服务器并推广 App Store 平台，确保为用户提供领先的、自带推广能力的数字平台。

共创过程中受益。在此情景下，创新生态系统给苹果带来巨量的服务业务收益。苹果发布的 2019 年财报显示，受益于 App Store（应用软件服务）、iCould（云端服务）、Apple Music（音乐服务）、Apple Podcasts（播客服务）、Apple TV+（视频节目服务）、Apple Arcade（游戏服务）、AppleCare+（产品维保服务）等平台的贡献①，当年的服务业务（460 亿美元）约占总收入（2 590 亿美元）的 18%（图 7.9），这使得苹果的业务结构更加均衡。

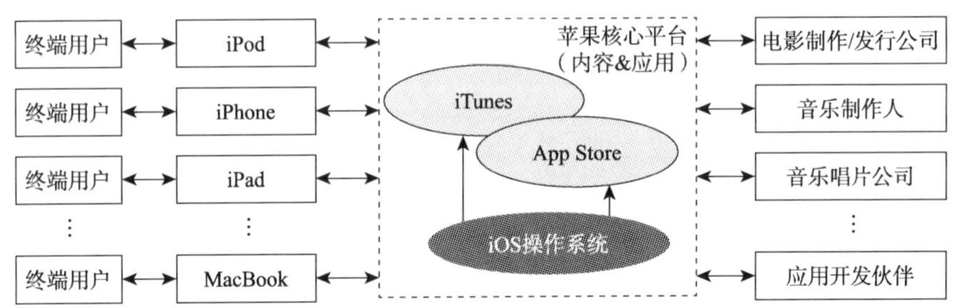

图 7.8　基于 iOS+iTunes/App Store 的苹果创新生态系统

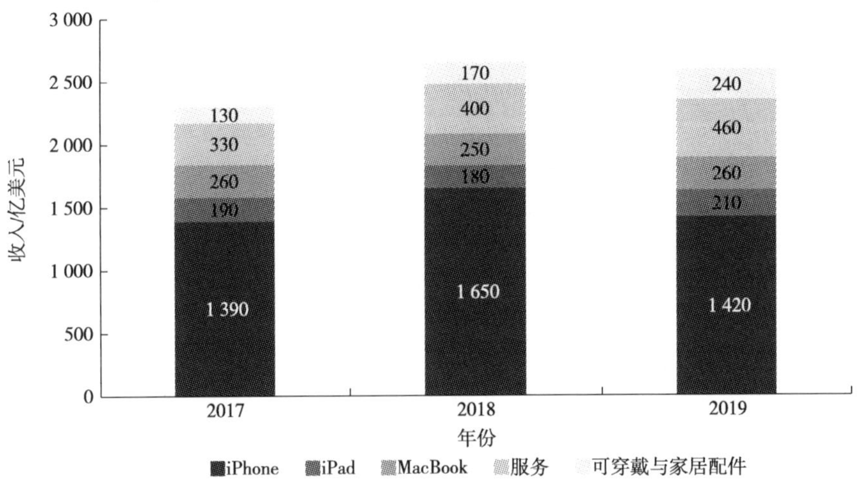

图 7.9　苹果 2017~2019 年各业务板块的营收情况

资料来源：苹果年度财报

7.3.3　组织模块化下硅谷企业颠覆性创新生态系统管理

在打造独特的数字平台、整合互补方构建企业创新生态系统的基础上，是什

① 2019 年 6 月 4 日，苹果在其全球开发者大会上宣布将 iTunes 拆分为 Apple Music、Apple Podcasts、Apple TV+。

么决定了硅谷企业创新生态系统的控制水平？下面从管理机制入手解析其成功之道（表 7.2）。

表 7.2 硅谷企业颠覆性创新生态系统的典型管理机制

机制细项	机制用途	机制的典型应用
平台吸引机制	通过打造独特且难以复制的平台，辅以相应的特色运营模式，进而推动平台拥有者吸引用户和外部合作伙伴参与企业创新生态系统	iOS 平台界面美观、用户体验佳，作为向 iOS 设备提供应用的关键渠道，App Store 向开发者提供了 Store Kit API，以便向商店添加应用程序。自 2008 年 App Store 上线以来，已通过 IAP 机制，向开发者支付了 700 亿美元的应用服务分成
连接匹配机制	在开放性和数字化的环境下，基于平台的兼容性特征，平台拥有者可以快速与其互补方的 IT 系统进行连接，利于推动颠覆性创新	甲骨文公司采用标准结构化语言来设计其核心数据库产品，这些产品既可以与一般商业数据库（如 IBM SQL/DS[1)]）兼容，也可在 VMS、DOS[2)]、Unix、Windows 等多种操作系统下工作，且能与不同的通信网络相连，且能同时支持多元化协议
扩展放大机制	平台的扩展性设计有利于打破单个价值创造体系的封闭性，产生新知识、新技术乃至新模式，从而颠覆组织的传统价值创造方式	谷歌的 Android 平台具有柔性和扩展性等特征，开源技术设计为外部开发人员提供了开发接口，还构建了包括 App 开发者、芯片制造商及手机厂商等互补方在内的生态系统，共同推广 Android 开源操作系统。同时，谷歌的 Android 平台也允许除 Google Play 之外的应用程序商店存在
核心互动机制	平台拥有者与互补方开展有效的互动，为用户创造高价值，同时降低或避免系统中的有害交互，以免影响系统的网络化效应	在 Facebook 平台上，用户的社交网络空间会创造出状态更新、评论、图片、链接等互动管道，该社交平台会以用户访问平台之前的交互内容为基础和依据，通过人工智能算法来决定下一次向用户推荐哪些价值单元
价值共创机制	为了成功实现对传统产业的颠覆，改变既有的利益格局，平台拥有者有必要策略性地开放核心技术平台，从而与其他成员携手实现更广泛的价值共创	2014 年 6 月，马斯克宣布将开放所有的特斯拉电动汽车专利。此举一方面可以强化特斯拉的技术发展路线，确立自身的行业标准地位；另一方面，能够吸纳更多上下游合作伙伴，壮大电动汽车创新生态系统

1）SQL：structured query language，结构化查询语言；DS：date system，数据系统。2）VMS：virtual memory system，虚拟内存系统；DOS：disk operating system，磁盘操作系统

首先，数字平台驱动的硅谷企业创新生态系统还具备一个特别之处：平台足够“开放”和“独特”，从而吸引互补方进入企业创新生态系统。例如，谷歌的 Android 平台具有柔性和扩展性等特征，开源技术设计为外部开发人员提供了开发接口，并以其为基础构建了包含 App 开发者、芯片制造商及手机厂商等互补方在内的生态系统，共同推广 Android 开源操作系统。同时，尽管 Google Play 应用商店主导着 Android 设备上的应用程序发行，但谷歌也允许其商业合作伙伴开发出替代的应用程序商店，即允许存在公平的竞争。此外，苹果的 iOS 操作系统连接着多达 60 万个应用软件，苹果 CEO 库克还宣称：其最新的 iOS 操作系统中将有 25 万个 API 面向开发者开放。这种平台型企业创新生态系统激发了外部开发者的创新能力，创造出数字平台原始设计师所无法实现的新功能（王

海军和金姝彤，2020）。

其次，数字平台架构能否与合作伙伴已有的 IT 基础设施兼容，成为企业数字平台能否被接受的重要衡量因素。诸如思科公司、甲骨文公司等硅谷企业通过共享自身平台接口信息，并派遣工程师帮助互补方开发兼容产品，促进了平台拥有者与互补方的连接与匹配，提升了自身平台的行业领导力。

再次，硅谷核心企业还允许合作伙伴对平台架构进行扩展或优化等操作，而又不损害其正常运行。当然，颠覆性创新并不是完全由核心企业（即平台拥有者）预先设定的，为了提升平台的竞争力、增强平台反哺颠覆性创新的能力，有必要在平台的设计和管理中嵌入创新激励和增值分享，进而提升互补方的创新动力，增强平台拥有者与互补方的有效互动。

最后，向其他行业伙伴开放核心技术平台并分享相关创新成果，有利于壮大企业创新生态系统，实现更广泛的价值共创，从而减少平台拥有者独自颠覆传统行业的压力和阻力。依此策略，特斯拉一方面整合了上下游有能力的合作伙伴（含商业伙伴和技术追随者）进入企业创新生态系统，这些伙伴甚至可以基于特斯拉的开放专利来开发自己的技术。另一方面，特斯拉还带动了宝马、通用汽车和大众汽车等传统汽车企业共同发展电动汽车产业。

再进一步，促进合作伙伴的平台与自身平台的协调成长，也是硅谷企业实现颠覆性创新的重要路径。例如，作为 PC 设计和制造微处理器的供应商，英特尔进入市场原本仅仅为 IBM 提供零部件，但 IBM 的 PC 系统架构和有限的应用软件制约了英特尔芯片发挥最高的性能。由此，英特尔于 1991 年建立了产品架构实验室，用以解决 PC 平台架构与英特尔芯片技术路线和发展速度不匹配问题，即通过推动 IBM 等客户的 PC 平台架构的进步来增强英特尔微处理器平台的竞争力。IAL（Intel Architecture Lab，英特尔架构实验室）最为突出的创新贡献在于基于英特尔微处理器牵头研发了通用串行总线（universal serial bus，USB），这也是方便电脑及其外接设备进行数据传输的首选标准。英特尔还通过 IAL 建立了基于 USB 的企业创新生态系统，并承诺绝不侵害其合作伙伴的市场。由此，IBM、英特尔、微软、康柏、DEC（Digital Equipment Corporation，美国数字设备公司）、NEC（Nippon Electronic Company，日本电气股份有限公司）和加拿大电信巨头北电公司（Nortel）七家企业组成联合体为 USB 背书。借助 IAL，英特尔既可以吸收外部新技术和新知识，又能促进新技术和新知识的传播和扩散。目前，IAL 兼具异于主流 PC 市场上的用户洞察和产品创新能力，成为英特尔开拓新市场、推动芯片颠覆性创新的强劲引擎。

7.4 本章小结

围绕“为何硅谷能够持续产生颠覆性创新”，以及“如何领悟硅谷企业创新生态系统的独特性”这些关键问题，本章采用归纳性案例研究方法，首先回顾硅谷的起源及其创新演进轨迹，归纳了 1976~2006 年硅谷企业的代表性颠覆性创新案例，并分析了实现这些颠覆性创新的共性要素。进一步地，本章还阐释了硅谷企业塑造新颖且强大的企业创新生态系统，进而实现颠覆性创新的有益实践。

研究发现，企业创新生态系统是硅谷企业实现颠覆性创新的重要载体，以此为依托，这些企业与其伙伴在更广的组织范围内实现了价值共创。同时，平台化思维和模块化逻辑成为硅谷企业创新生态系统的重要调节机制：前者对提高系统成员间的有效互动和网络效应至关重要，在与数字化融合条件下更有利于创造新市场、催生新业态，进而提升企业的颠覆性创新能力；后者的分工和耦合等特性赋予了企业创新生态系统的自由度和组织柔性，使其成员在非线性职能监管下开展交互协同，且能结合环境的变化而重构。

第 8 章　“以智提质，创变启新”：科大讯飞实现颠覆性创新的经验解读

8.1　研究背景与问题提出

党的十九大报告中提出，要“推动互联网、大数据、人工智能和实体经济深度融合”[①]。党的十九届五中全会报告中强调要建设“制造强国”和“数字中国”，并指出人工智能、大数据等新技术要加速赋能实体经济。知名研究机构 Gartner 从 1 500 多项技术筛选、输出了 2021 年新兴技术成熟度曲线，这些入围技术有希望在未来 5~10 年内迸发出优势，其中就包含了人工智能驱动的创新、人工智能增强软件工程、基于物理信息的人工智能等技术主题（图 8.1）。颠覆性创新被逐渐视为促进后发企业引领消费模式，并在全球价值链中获得主动地位的重要抓手（吴佩等，2016；李平，2017），而人工智能则作为新一轮科技革命和产业变革的重要驱动力量，与实体经济加速融合，成为新常态下产业转型升级的重要赋能源头之一。

当前，中国、美国、日本等主要经济体已将加快人工智能发展提升为国家顶层战略，并以亚马逊、谷歌等科技型企业为战略支点。面对新时代下的发展机遇，这些人工智能企业开始变得越发开放，战略上也变得更具进取心。最新研究发现，人类颠覆性创新成果中近 30%与人工智能相关。尽管加快企业实现颠覆性创新和深化人工智能及应用均已经上升为国家顶层战略，但目前看来两者仍是并行而非

① 习近平. 决胜全面建成小康社会 夺取新时代中国特色社会主义伟大胜利——在中国共产党第十九次全国代表大会上的报告（2017 年 10 月 18 日）.http://www.gov.cn/zhuanti/2017-10/27/content_5234876.htm，2017-10-27.

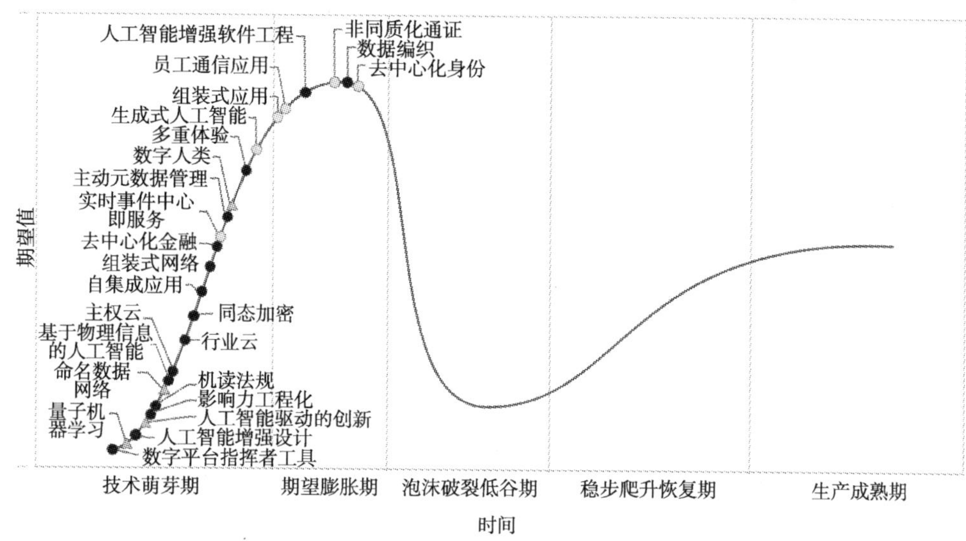

图 8.1 Gartner 发布的 2021 年新兴技术成熟度曲线（截至 2021 年 8 月）

交叉的。因此，加深对颠覆性创新与人工智能之间关系的认识和了解，剖析人工智能如何赋能企业实现颠覆性创新，对于提高我国企业的核心竞争力具有重要的理论与实践价值。

颠覆性创新本质，在于后发企业通过打造新的价值体系颠覆既有的价值体系，同时连带取代在位企业及其产品（Christensen，1997）。关于颠覆性创新的相关研究，目前已从概念内涵、理论模式扩展到新情景下的具体实现途径和治理机制等方面（Wang et al.，2015）。人工智能主要由基础数据、运算力、算法模型和应用场景构成（肖广岭，2019），并且朝向分布式、多专家协同、并行推理和多智能体等方向演化，使教育、医疗、汽车等传统行业产生了根本性的变革（Si and Chen，2020）。因此，人工智能本身既可作为技术创新要素，也可被视为一种动态的创新情景。遗憾的是，现有文献普遍聚焦于对人工智能的技术内涵和应用功能的解读，缺乏从管理维度解析人工智能与企业颠覆性创新的内在关系（Yu and Hang，2010；Skaria et al.，2020）。这构成了本章的关键研究问题：第一，从实践层面提炼出典型人工智能企业如何开展颠覆性创新的有益模式和实现机制；第二，从理论层面上凝练人工智能如何赋能企业颠覆性创新的理论模型。基于此，从组织模块化视角切入，并以专利分析为测度手段，结合人工智能领域的代表性企业——科大讯飞为案例研究对象，探究该企业实现从“后发企业”到“主流企业”的转变路径和有益经验，期待为新形势下我国人工智能及相关企业更好地实现颠覆性创新提供学术证据。

8.2 人工智能及其创新赋能特性

人工智能是指计算机或计算机控制的机器人执行与智能体操作有关工作任务的能力，可以使用复杂技术代替人脑进行识别、预计或决策（王烽权等，2020）。20 世纪 50 年代，人工智能诞生之初只用于解决简单的计算、反馈控制等问题。此后，基于电子技术的飞跃和“摩尔定律”的作用，计算设备的计算能力以指数式增长，因而显著地促进了人工智能的快速发展。人工智能头部企业、高校院所开始摸索深度神经网络与知识图谱、传统机器学习等分支的融合创新，以实现多场景下的赋能与应用，由此驱动人工智能表现出深度学习、人机协同、场景融合等新特征。人工智能技术的广泛应用不断催生出新产品、新服务。例如，谷歌的 DeepMind 积极探索跨行业的融合应用，通过扫描眼部的 OCT（optical coherence tomography，光学相干断层扫描）影像，可精确捕捉和辨别出高达 50 多种可能威胁到视力的眼科疾病，且能超过大多数人类专家的表现，从而有望颠覆原有的医疗诊断流程。

相应地，与人工智能相关的科学研究也呈现出蓬勃发展的态势。特别地，已有文献指出人工智能对创新理论和实践带来了积极的影响。首先，人工智能具有协助知识生产的作用。人工智能加快知识传播与迭代的速度，促进多元化知识的生产（张省和周燕，2019；吴飞和段竺辰，2020）。其次，人工智能具有技术赋能的作用。人工智能可以通过与传统产业深度融合，助力传统行业向数字化智能化转型，催生新业态，实现新蜕变与发展（吕文晶等，2018）。人工智能具有技术要素和情景要素的双重独特属性，很可能对企业创新产生更为深远的影响，且有望为颠覆性创新理论的革新提供一道风景线。归纳起来，人工智能影响企业颠覆性创新的可能途径辨析如下。

8.2.1 人工智能与企业技术创新

根据维基百科，人工智能被认为是人类诞生以来的第 26 种通用目的技术，能够用在各个行业，且有很强的溢出效应。尽管刚开始并不完善，但发展轨迹与一般性技术迥异，并帮助人类超越了其智力的边界。对于科技型企业来说，一旦能够率先掌握通用目的技术，往往就能够获得颠覆性的竞争优势。同时，人工智能作为一种可以从大数据中提取信息和知识的使能工具，不仅可以促进从外部来源吸收新知识，还可以促进知识在组织中的广泛传播和分享，从而能够重塑企业的创新模式、价值创造和价值获取的方式（Duan et al.，2019）。此外，人工智能通过对群体智慧的机器学习，掌握事物之间的关联，还可以弥补人类脑力的不足，提高知识创造的效率和精准度。作为人工智能技术发展主导路线的深度学习，也已开始进入小样本学习阶段，可通过少量数据，复用学习其他领域知识结构，促进知识创新。

研究指出，人工智能还能转变科技型企业的经营模式，如人们经常接触到的谷歌的图像识别、Facebook 的新闻源及亚马逊的智能家居语音识别，事实上均是由人工智能系统驱动交互的。人工智能技术的介入使知识创造实现了从个体到群体、从精英话语到群智联结，丰富了知识创造的参与主体，促进了知识的传播与分享，提高了知识的迁移、整合能力。进一步地，深度学习具有的增强学习、自我迭代等能力，使得基于深度学习的人工智能缩短技术创新周期、提高技术创新效率，乃至催生技术创新模式的颠覆。例如，谷歌研发的人工智能围棋机器人 AlphaGo 于 2016 年、2017 年分别战胜了世界冠军李世石和柯洁。更进一步，技术变轨带来的新产品通过核心技术的颠覆创新能够将产业技术方式和市场方式转入不同轨道，进而颠覆在位企业的领先地位。

8.2.2 人工智能与核心能力平台

一方面，当前人工智能已在感知领域取得重要突破，机器学习依靠海量的数据和精准的运算，从最初用于辅助知识创造切入诸多核心领域，这将有效发挥人机的互补优势（Brynjolfsson 和 Mitchell，2017）。近年来，特斯拉的快速成长模式备受瞩目，这在很大程度上要归功于该公司电动汽车具有的十分重要的一项特质，即实现人机协同的交互功能，特斯拉因而创造了全新的用户市场，重新定义了出行方式。人工智能对于社交媒体的重构也作用非凡，并且显著颠覆了其互动模式和生存法则。另一方面，通过人工智能塑造的组织核心平台能够引发劳动力市场和组织内部结构的颠覆。例如，企业使用更便宜的资本，补充或替代劳动力，将知识型员工从日常重复性任务中解脱出来，从而引起生产率的提升与经济的快速增长。

近年来，语音、视觉等基础技术服务平台基本形成。人工智能可以连通不同平台内的数据，通过对平台上的用户数据进行学习和训练，将服务供给方和需求方及平台衔接起来，从而促进更有效的互动、提供更精准的服务（Yoo et al.，2010）。例如，可通过人工智能快速识别利基市场或发现新市场，并聚焦用户需求推出低成本、易用的产品或服务（张光宇等，2021），最终实现颠覆性创新。此外，人工智能还具有决策性，即在某些场景中，人工智能可基于供需双方价值共创下的精准与高效匹配，做出更为精准的判断和决策。例如，在医学领域，精准医学的发展需要通过人工智能和数字健康进行颠覆性技术创新平台的构建（Skaria et al., 2020）。人工智能可用于挖掘电子健康记录、基因组和其他“组学大数据”，以预测疾病轨迹并提供量身定制的治疗。已有研究表明（王海军等，2021a），以核心平台为纽带吸引乃至黏住用户与合作伙伴，是硅谷企业实现颠覆性创新的重要因素之一。

8.2.3 人工智能与创新生态系统

Christensen 表示，“对企业未来发展方向起决定性作用的是价值网，而并非管理者本身”，价值网是基于生态的网络价值连接，它是对传统价值链的线性模式的跃迁。进一步延伸理解，创新生态系统通常由多个具有互补性的成员组成，通过相互合作实现共同的创新价值主张（Adner，2017），多主体、多要素、异质性的创新生态系统则是助推企业实现颠覆性创新的路径之一。颠覆性创新一般来自复杂度比较高的系统工程，需要发挥更广范围内的群体智能，且通过打造全新的创新生态系统才能成功实现。

首先，人工智能可以为组织之间资源的快速流动提供机会，进而推动创新生态的网格化发展。Sami 和 Leena（2020）研究发现，人工智能可以通过信息标准化、能力匹配性、预测性来提高创新生态系统的利用率。进一步地，将人工智能运用到数字平台上，能够使平台塑造出强大的计算能力，而以此数字平台为纽带有利于建构出更为健壮的创新生态系统，类似于苹果的 iTunes、谷歌的 Android 等。

其次，创新生态系统的关键在于价值共创。在人工智能技术发展应用的过程中，其创新主体几乎包含了全信息产业及传统行业企业在内。同时，人工智能不仅可以对以技术为基础的“大数据”集进行分析，还可以引入消费者参与到创新生态系统之中，继而产生出更加有效的互动和消费体验（解学梅等，2020）。例如，字节跳动通过鼓励用户参与到图文、短视频等多种形式内容的创作中，与用户价值共创，实现了快速成长。

最后，创新生态系统高度依赖能够有效利用资源、技术和能力的数据解决方案，通过人工智能进行数据挖掘、信息和创新生态系统重构，且能克服“创新壁垒”和“非本地发明综合征”，鼓励更广范围内的群创思想，进而有力支撑企业的创新变革与转型升级。目前，围绕云计算、芯片、ICT 设备、智能技术服务等人工智能头部企业和传统行业企业在内的多创新主体，通过自身优势，结合行业经验，强调解决问题，积极构建综合性创新生态，不断尝试颠覆性创新活动。

综上所述，人工智能与企业颠覆性创新存在紧密联系，由此，引入模块化理念构建研究框架。如图 8.2 所示，人工智能可能会从以下三个路径影响企业实现颠覆性创新：①通过人工智能加速知识裂变、驱动机器学习、催生技术变轨，从而不断进行技术创新，在此过程中开辟出具有自我核心技术竞争力的新市场。②基于人工智能搭建核心平台，获取和分析用户实时数据资源，准确识别具有吸引力的新计划；此外，人机互动充分发挥个体潜能参与创新创造，大大提高个人创新动力与创新效率，降低企业创新成本。③借助价值共创，通过标准化、透明的规则，吸引多元主体参与创新，整合创新资源构建创新生态系统，为颠覆性创新提供重要支撑。

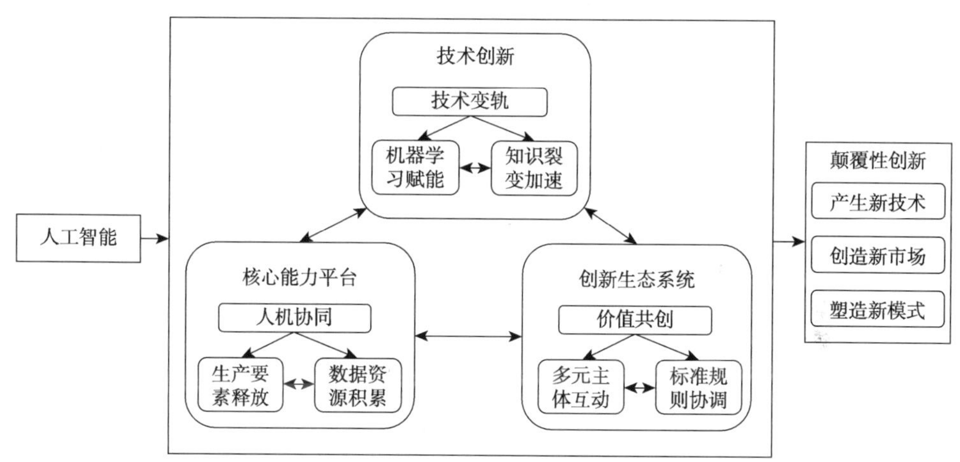

图 8.2 人工智能对颠覆性创新的作用路径研究框架

8.3 研 究 设 计

8.3.1 研究方法与案例选取

本章旨在探索人工智能如何促进企业颠覆性创新，属于解决“how”与“why”的问题范畴。为了确保案例的数据获取翔实、分析透彻，本章采用单案例进行深入解析（Eisenhardt，1989）。进一步地，本章聚焦于智能语音领域，并选择我国近年来从小到大、快速发展的科技型企业——科大讯飞作为案例研究对象。

首先，智能语音作为人工智能三大核心技术之一，近年来发展迅速。从市场规模上看，《2020 中国语音产业发展白皮书》显示，2020 年的全球智能语音市场规模约为 200 亿美元。另据美国 Allied Market Research（联合市场研究，AMR）预测，到 2026 年全球智能语音市场规模将达到 292.8 亿美元，预测期内复合年增长率为 19.9%。从应用趋势上看，智能语音行业发展呈现以下变化：第一，应用场景不断丰富，语音逐渐成为人与机器、机器与机器间的联络入口；第二，随着跨场景应用的不断渗透，人工智能和语音的融合越发频繁和高效；第三，在全球市场个性化需求的驱动下，多语言（方言）技术的识别和转化增长较快。可以发现，人工智能是语音交互的重要技术保障，从苹果的 Siri 再到亚马逊的 Alexa，智能语音助手越来越能实现深度学习与进步，从而增强满足人类个性化需求的服务能力。

其次，在案例选取上，科大讯飞具有典型性与代表性。一方面，科大讯飞成立于 1999 年，经营范围涉及语音和语言处理、计算机视觉、机器学习推理等技术研发及产业化。该公司在过去 20 多年里经历了从无到有，再到引领行业，不断地自我颠覆。例如，在技术创新上，科大讯飞突破彼时中国语音市场几乎被 IBM、微软等跨国企业垄断的局面，第一次通过语音交互将进行指令操作与文本输入结合应用在 PC 端。目前，科大讯飞已多次牵头制定中文语音技术标准。在产品应用上，科大讯飞的人工智能翻译产品——讯飞翻译机，便携易用且稳定性高，无须翻译人员，可实时跨语言交流，开创了智能消费新市场。在商业模式创新上，科大讯飞搭建“企业品牌+行业品牌+产品品牌+技术品牌”的四级品牌架构、坚持“To B + To C+ To G”①的市场战略，获得了中国语音市场 70%的占有率。

8.3.2 数据收集与分析

1. 数据来源

本章所用的案例素材一手资料主要来源于 2020 年 8 月、2020 年 9 月两轮共计 4 天的访谈内容，访谈对象包括科大讯飞集团副总裁、科大讯飞研究院总监、战略部和讯飞汽车 BG（business group，事业部）研发主管等中高层，访谈内容涵盖该公司的发展沿革、发展战略和创新战略的规划与实施、创新体系的构建与

① To B 为面向商业企业用户，To C 为面向个人用户，To G 为面向政府或相关事业单位。

治理等。二手资料主要来源于得到该公司授权或认可的会议演讲稿、研究报告等，以及研究团队针对期刊文献、专利数据库、媒体报道与该公司官网等所做的跟进性研究。

2. 数据编码

本章参照张延平等（2022）、郑帅和王海军（2021）的案例多级编码方法，由本书作者整理相关数据后，再基于整体内容以背靠背的方式进行编码。首先，按照数据来源对案例汇总资料进行一级编码，编码原则如表 8.1 所示，对同一来源的重复信息只记录为 1 条条目，形成一级引文库共 370 条一级条目库。其次，按照人工智能作用于颠覆性创新的 3 个路径对一级条目进行二级编码。之后，对二级编码进一步分类，将其归入人工智能、技术变轨、人机协同、价值共创、产生新技术等 13 个维度。三级编码全过程以双盲方式进行背对背编码，以保证编码结果的信度。最终编码过程中涉及的案例数据编码结构见表 8.2。

表 8.1 一级编码原则

数据类型	数据来源	编码
一手资料	访谈数据集合	F1
	科大讯飞的全国技术创新十佳企业申报材料	F2
二手资料	中国知网	S1
	专利数据库	S2
	新闻报道	S3
	百度、必应等搜索引擎	S4
	企业高管公开演讲稿件	S5

表 8.2 相关构念、变量测量和关键词的编码条目统计

构念	测度变量	关键词表	计数
人工智能	人工智能	语音识别、自然语言处理、图像识别、自动检测、深度学习、神经网络、语音合成、智能语音、智能音箱等	17
技术创新	技术变轨	新技术研发、技术跨界融合、集成创新、技术拓展等	9
	机器学习赋能	智能化改造、人工智能赋能、技术跟踪、技术迭代、技术试错、智慧大脑、智慧城市等	11
	知识裂变加速	知识拆解、知识库建立、技术预见、知识学习、自主学习、知识管理等	16
核心平台	人机协同	智能交互、分析决策、人机互补、辅助分析、智能纠错、及时响应、自动诊断修复、智能推荐等	27
	数据资源积累	客户信息、数据库建立、机会识别、差异化定位、需求提炼、个性化定制、潜在威胁识别、数据自动录入、数据抓取等	69
	生产要素释放	替代劳动要素、替代资本要素、释放个体创造力等	14

续表

构念	测度变量	关键词表	计数
创新生态系统	价值共创	引导用户参与、分工深化、合作共赢、不同产业融合发展、拓展生产边界、资源整合等	24
	多元主体互动	创新联盟、校企合作、产学研用协同创新、政府参与、学校参股、组织内协同、学习交流、深度嵌入等	47
	标准规则协调	标准制定、规则制约、准入机制、指标监管等	18
颠覆性创新	产生新技术	自主知识产权、源头技术研发、源头创新、自主创新、突破主流技术制约、技术领先等	55
	创造新市场	催生全新产业、拓展产品创新空间、开发消费新品类、挖掘用户需求等	38
	塑造新模式	多元化场景应用、多样化技术服务、多样化解决方案、多模式同发展等	25

8.3.3　案例相关背景

在 20 世纪 90 年代末，科大讯飞的创立者敏锐地意识到智能语音在未来人机交互中的重要作用，并将其确立为企业的核心业务。尽管当时中国的语音市场几乎被 IBM、微软等跨国公司垄断，但由于当时基于中文的语音识别和语音输入存在较大技术难点，当时该细分市场的语音解决方案存在着诸多瑕疵，市场呼唤有颠覆性的技术变革。

图 8.3 展现的是科大讯飞的发展历程。科大讯飞自成立以来，立足于语音识别领域，逐渐成为国内领先企业；发力于深度学习，结合该细分市场的用户需求，深耕于中文智能语音识别和处理领域，并延展到其他语言的语音应用；布局于人工智能全产业链，涉足智慧医疗、智慧教育等不同的复杂场景，持续构建人工智能生态。近年来，科大讯飞的营业收入呈现快速增长态势（图 8.4），人工智能应用红利也开始兑现。据国际研究机构 IDC（Internet Data Center，互联网数据中心）公布的统计数据，2019 年科大讯飞在中文语音市场拥有 70%的市场占有率。进一步地，科大讯飞深刻意识到知识产权的重要性，意识到为了形成与国外科技巨头抗衡的砝码，就必须在扎实开展技术创新的基础上进行专利的申请和布局，进而形成对核心技术创新成果的有效保护。如图 8.5 所示，科大讯飞在 2001~2019 年的有效专利申请量逐年上升。另外，由于受到技术、资金和人才等创新要素的制约，科大讯飞不得不将视角拓展到企业组织边界之外，并牢固将与产业链和创新链的伙伴合作创新、互利共赢树立为企业的可持续经营之道。

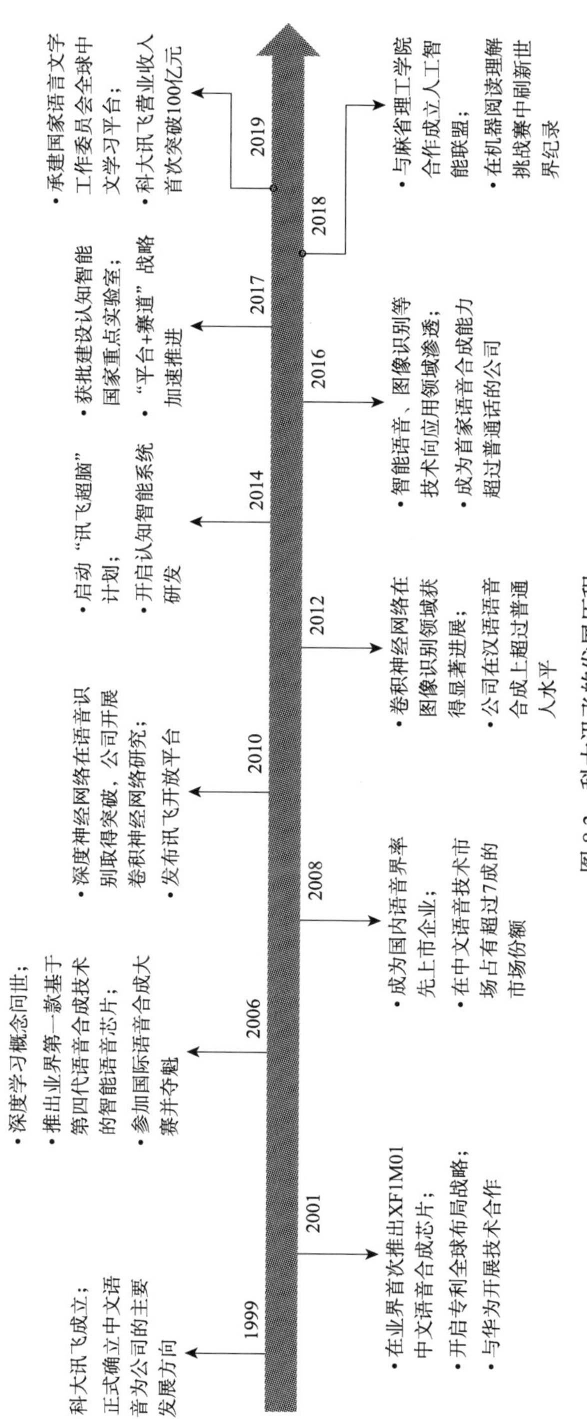

图 8.3 科大讯飞的发展历程

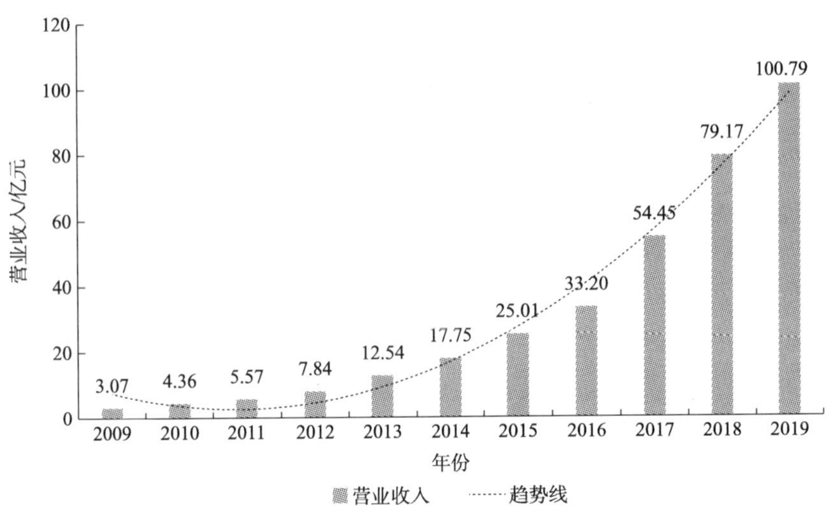

图 8.4　科大讯飞 2009~2019 年的营业收入情况

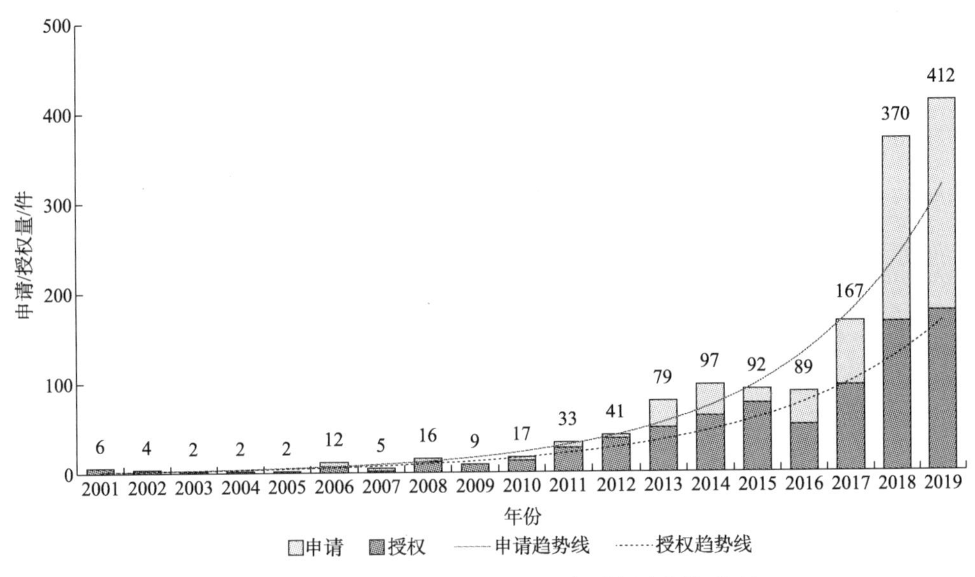

图 8.5　科大讯飞 2001~2019 年的专利申请/授权情况

8.4　科大讯飞的核心专利筛选与分析

国际研究机构普华永道分析指出，在人工智能这一新的赛场中，主要由美国和中国领衔技术竞争。因此，检索的专利数据主要来源于 USPTO 数据库和中国的国家知识产权局数据库，同时结合人工智能行业的技术分类设定和映射中英文的检索词。例如，英文检索公式为：TACD: (" artificial intelligence* " or " expert system* " or " neural net-work* " or robotics or " machine learning" or " machine intelligence* " or " machine translate* " or " deep learning" or " natural language processing " or " NPL" or " speech processing" or " ontology* engineering" or " computer intelligence* " or " face recognition" or " facial recognition" or " fuzzy logic" or " particle swarm optimization " or " support vector machine* " or " pattern recognition" or " genetic algorithm* " or " decision making " or " reinforcement learning" or " data mining" or " feature select* " or " feature extract* " or " speaker recognition" or " computer vision" or " object recognition" or " action recognition" or " visual tracking" or " evolutionary algorithm* " or " image segmentation" or AI) and ALL_AN: (" IFLYTEK") and APD: [20020101 to 20191231]。去除外观设计专利和简单同族专利后，发现科大讯飞 2001~2019 年累计申请专利 1 455 件（图 8.5），其中包括发明专利 982 件（占比 67.5%），对于一个后发企业来说表现出较为突出的创新活力。

参考现有文献（Shane，2001；张佳维和董瑜，2020；王曰芬等，2020），并考虑到评价技术创新成果要从市场、技术和法律信息维度来综合衡量，本书设计出权利要求数、简单同族专利数、被引用专利数（前向引用）、引用专利数（后向引用）、IPC 个数 5 个指标，用以识别科大讯飞的核心专利技术，并以此为基础挖掘出该公司的颠覆性专利技术。具体方法是，首先，围绕上述指标构建科大讯飞 982 件发明专利的判断矩阵（表 8.3）。其次，为消除原始数据量纲带来的影响，使检索出的专利数据更具可比性，利用式（8.1）对上述判断矩阵进行标准化处理。最后，根据式（8.2）~式（8.4），运用熵值法计算出上述指标的权重值（表 8.4）。

表 8.3　科大讯飞发明专利的判断矩阵

公开（公告）号	权利要求数	简单同族专利数	被引用专利数	引用专利数	IPC 个数
CN104216990A	24	1	30	7	1
CN104090955A	10	1	29	5	1
CN105426189A	15	1	24	3	1
CN107665708A	18	1	14	10	2
CN106155999A	10	1	10	2	1
CN107341487A	19	1	3	5	1
CN107767861A	14	1	2	13	1
CN109670035A	12	1	3	6	1
⋮	⋮	⋮	⋮	⋮	⋮
CN109241861A	13	1	1	2	2

$$x_{ij}=\frac{\left(X_{ij}-\beta_{ij}\right)}{\left(\alpha_{ij}-\beta_{ij}\right)} \tag{8.1}$$

其中，x_{ij}为标准化处理后的指标值；X_{ij}为第 i 个专利的第 j 个指标值；α_{ij}和 β_{ij}分别为各指标的最大值与最小值。

$$P_{ij}=\frac{x_{ij}}{\sum_{i=1}^{m}x_{ij}} \tag{8.2}$$

$$E_j=-k\sum_{i=1}^{m}P_{ij}\ln\left(P_{ij}\right) \tag{8.3}$$

$$w_j=\frac{\left(1-E_j\right)}{\left(n-\sum_{i=1}^{m}E_j\right)} \tag{8.4}$$

其中，P_{ij}为比重变换；E_j为指标 j 熵值；k>0，E 非负数，常数 k 与评价样本数 m 有关，一般令 k=1/ln(m)，而 m=982；w_j为指标 j 熵权，n 为指标个数 5，所得结果有 $\sum_{j=1}^{m}w_j=1$。

表 8.4　科大讯飞发明专利指标权重值

指标	权利要求数	简单同族专利数	被引用专利数	引用专利数	IPC 个数
权重	0.027 2	0.039 8	0.686 2	0.217 6	0.029 1

在此基础上，利用灰色关联分析法（刘思峰等，1999）筛选出科大讯飞的核心专利。具体程序为：①先衡量参考对象（各项指标最大值 x_{0j}）与比较对象（待评专利的具体指标值），构建出灰色关联度判断矩阵；②根据式（8.1）与式（8.5），计算出科大讯飞发明专利的关联系数矩阵$[\varepsilon_{ij}]_{m\times n}$（表 8.5）；③利用式（8.6）对 982 件发明专利进行打分、排序，得到最终的专利评价结果（Top5 见表 8.6）。

$$\varepsilon_{ij}=\frac{\min_{i=1}^{m}\min_{j=1}^{n}\left(x_{0j}-x_{ij}\right)+\eta\max_{i=1}^{m}\max_{j-1}^{n}\left(x_{0j}-x_{ij}\right)}{\left(x_{0j}-x_{ij}\right)+\eta\max_{i=1}\max_{j-1}^{n}\left(x_{0j}-x_{ij}\right)} \tag{8.5}$$

其中，ε_{ij}为关联系数；x_{0j}与 x_{ij}分别为参考对象与比较对象经由标准化处理后的指标值；η 为分辨系数，一般取值为 0.5。

$$F_i=\sum_{j=1}^{n}w_j\varepsilon_{ij} \tag{8.6}$$

其中，F_i为专利得分。

表 8.5　科大讯飞发明专利的关联系数矩阵

公开（公告）号	权利要求数	简单同族专利数	被引用专利数	引用专利数	IPC 个数
CN104216990A	0.60	0.35	0.41	0.39	0.40
CN104090955A	0.41	0.35	0.41	0.37	0.40
CN105426189A	0.46	0.35	0.39	0.36	0.40
CN107665708A	0.50	0.35	0.37	0.42	0.50
CN106155999A	0.41	0.35	0.36	0.35	0.40
CN107341487A	0.51	0.35	0.34	0.375	0.40
CN107767861A	0.45	0.35	0.34	0.46	0.40
CN109670035A	0.43	0.35	0.34	0.38	0.40
⋮	⋮	⋮	⋮	⋮	⋮
CN109241861A	0.44	0.35	0.34	0.5	0.50

表 8.6　科大讯飞发明专利评分和创新要点（Top5）

序号	专利号	专利名称	评价得分	申请年份	被引/引用	本发明的突出创新要点
1	US20130197911A1	Method and system for endpoint automatic detection of audio record	0.84	2010	105/10	颠覆传统的录音控制由手动完成到录音结束点的自动检测、校正，进而显著地提高了语音的识别效率
2	CN102510426A	个人助理应用访问方法及系统	0.54	2011	70/6	将用户自然的语音信号转化为可执行的应用程序指令，实现复杂应用程序的命令定向，提高了人机交互效率
3	CN104538030A	一种可以通过语音控制家电的控制系统与方法	0.49	2014	59/7	通过包含两个关键字的一条语音命令词，实现对家电进行快捷、人性化的一步交互式控制
4	CN102999161A	一种语音唤醒模块的实现方法及应用	0.47	2012	53/5	将用户的语音唤醒词作为触发源，用户无须手动，通过语音命令即可快速实现唤醒功能
5	CN102238189A	声纹密码认证方法及系统	0.45	2011	49/5	通过提取语音信号中的声纹特征序列，并对语音信号进行识别，进而提高声纹密码认证的准确率

在科大讯飞专利家族中起到“基石”效应的专利（US20130197911A1）是一项关于录音结束点的检测方法及系统（表 8.6）。依靠该技术能精准地识别用户语音信号，摆脱了录音控制由手动完成的局限，颠覆了传统人机互动过程中的信息输入和反馈方式。根据科大讯飞官方发布的测试结果，基于该技术的智能语音系

统对中文语音的识别率高达 98%，并支持 22 种方言。在外文方面，科大讯飞在“Blizzard Challenge 2019”国际权威英文语音合成比赛中取得多项指标第一；在 2020 年 5 月举行的国际多通道语音分离和识别大赛中，科大讯飞获得了三连冠，还被评为在语音合成自然度这一指标上超越真人说话水平的企业。在此之前，科大讯飞还于 2019 年发布了全球首个人工智能多语种虚拟主播，可能会给传统的直播行业带来颠覆性变革。目前，上述“十年磨一剑”技术的商品化也获得了显著进展，并已被成功应用到智能录音笔、翻译机和讯飞输入法上，为科大讯飞赢得了用户口碑和不俗的市场业绩。

参考表 8.4 的指标权重分配结果，从最能反映出技术突破性的指标“被引用专利数”上看，截至 2019 年底，专利 US20130197911A1 被引量已达到 105 次，为科大讯飞单项被引最高专利，佐证了该专利在行业内受到广泛的关注和认可。此外，该专利于 2010 年 10 月首先在 USPTO 注册申请，截至 2019 年底，该专利同族数量已达 12 个，反映了该专利在科大讯飞技术版图中的战略地位。从表 8.6 还可以看出，基于上述智能语音基础专利，2010 年后科大讯飞还相继在中国境内申请并获得授权多项应用核心专利，构建形成了“1+N”的智能语音专利池保护体系。同时，这也反映了科大讯飞将中国作为其市场版图的重点，且通过深化中文智能语音技术研发和保护，进而为市场拓展保驾护航的创新管理策略。

8.5　科大讯飞的颠覆性创新实现途径

8.5.1　强化源头技术创新

与斯坦福大学衍生出惠普公司相似，科大讯飞是由中国科学技术大学 18 位在校学生共同创业成立的。基于中国科学技术大学的历史渊源，科大讯飞被赋予了知识创造和技术创新的基因，并获得了中国科学技术大学的技术和人才等资源支持，这对一个科技型后发企业来说弥足珍贵。科大讯飞成立之际适逢中国加入 WTO，全球化带来了激烈的市场竞争，技术革新步伐显著加快，在此情景下语音交互技术门槛随之升高。作为语音领域后发企业，为了提升自身的独特性和竞争力，科大讯飞着力于发挥人工智能对语音行业的赋能作用，并通过加强自主创新能力和加大研发投入，在人工智能深度学习的算法和应用技术上取得突破。近十余年来，科大讯飞的研发投入占营业收入的比重始终超过 20%，其中 2019 年科大讯飞的研发投入达到 21.4 亿元，占其营业收入的 21.27%。再进一步，科大讯飞还通过推动产学研的深度融合来反哺其技术创新，与国内外多个在语音研究领域领先的高校和科研院所成立联合实验室①、签署战略合作协议②等，从源头上实现了智能语音知识和技术资源的整合。从语音交互到计算机视觉，科大讯飞的技术裂变效应不断提高，专利技术宽度增长明显。目前，科大讯飞除了在 G06F（电数字数据处理）、G10L（语音分析合成等）积累了大量核心专利外（占 56%），专利的触角还延展到 H04R（扬声器、传声器、助听器等）、G06K（数据识别、数据表示等）和 H04N（图像通信）等领域（图 8.6）。

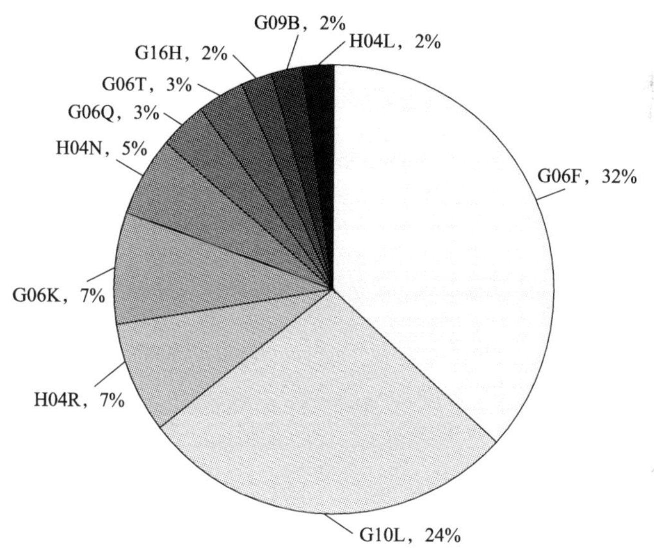

图 8.6　科大讯飞的 IPC 分布

通过嵌入技术模块化策略，科大讯飞将以往杂乱的知识、应用和零部件信息等聚类为共性模块和个性模块，并结合具体的应用场景快速组合成最终产品（方案），由此提高了创新柔性，降低了设计复杂度，缩短了交付时间。进一步地，通过 IPC 聚类和专利文本分析，得到科大讯飞的专利地图（图 8.7），发现该公司的专利布局重点既包含算法、算力、声学模型等基础领域，也涵盖语音交互系统、翻译机、智能音箱等面向 G（政府）、B（企业）和 C（消费者）的终端应用，形成了较为全面的专利模块化保护格局。为了提升智能语音行业规则的主导权，科大讯飞还积极参

① 自创立之初，科大讯飞就与中国科学技术大学建立了联合实验室。此后，还相继与清华大学、中国科学院声学研究所、中国社会科学院语言研究所等建立联合实验室，共同发展智能语音技术。

② 2018 年 5 月，科大讯飞与麻省理工学院最大的跨学科研究实验室 CSAIL（Computer Science and Artificial Intelligence Laboratory，计算机科学与人工智能实验室）签订战略合作协议，共同探索人工智能前沿研究及应用。

与行业技术标准的制定和修订工作。例如，2017 年由科大讯飞主导编制的两项国家标准——《中文语音合成互联网服务接口规范》(GB/T 34145—2017) 和《中文语音识别互联网服务接口规范》(GB / T 34083—2017) 先后获批发布。此外，2020 年由科大讯飞提出的《人工智能—分析和机器学习的数据质量—第 4 部分：数据质量过程框架》国际标准提案，也在 ISO/IEC 的联合技术委员会获准立项。

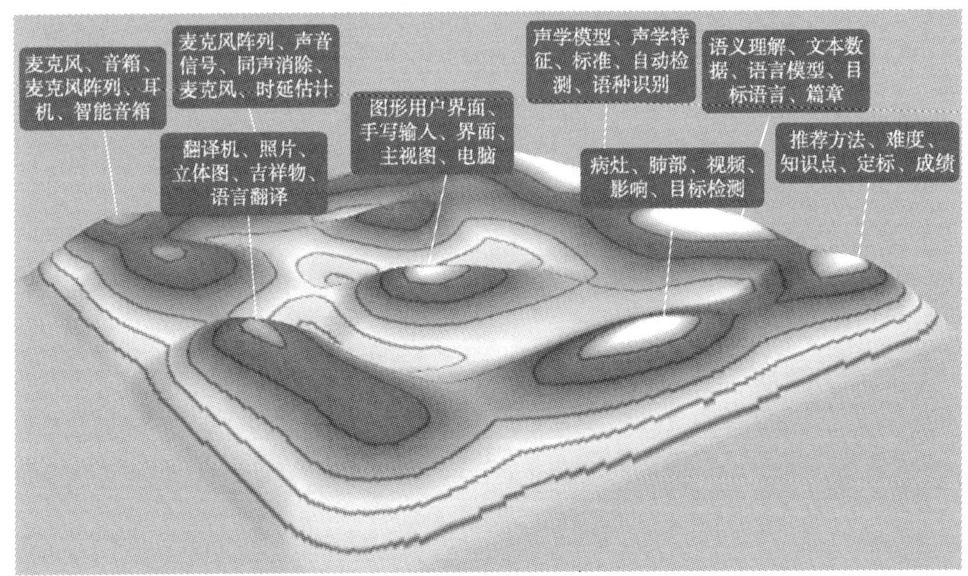

图 8.7　科大讯飞的专利地图

8.5.2　塑造核心能力平台

从技术要素上看，2010 年科大讯飞上线国内首家人工智能开放平台“讯飞语音云”，该平台从早期的只有语音合成和语音识别两个通用模块，到拥有了 334 种复杂的人工智能模块及解决方案，平台功能在得到丰富的同时也促进了创新成果的扩散。基于人工智能能力的嵌入，“讯飞语音云”数字化平台发挥了颠覆性创新的赋能效应：降低了人工智能技术使用门槛，减少了跨地域通用技术交易成本。开发者可以借助该平台灵活调用 API，既能打造自己的产品和服务，还可以协作完成具体创新项目任务，从而颠覆了单个价值体系的封闭性。

从非技术要素上看，由于人工智能并不是一种产品，而是一套技术或一种能力，能否转化为商业价值，还必须把它和企业的核心应用场景相结合。由此，科大讯飞变革了传统的扁平化组织架构，建立了技术中心、硬件中心、职能支撑和营销支撑体系，这些共享平台有力地推动了人工智能在消费者、教育、医疗、政法等核心应用场景的落地，形成多种人工智能产品/服务矩阵。其中，在技术中心下面设立了专注于人工智能前沿性技术（算法、算力等）研究的科大讯飞研究院，该组织模块定位于基础研究与应用开发之间，既着重进行应用创新研究活动，同时还具有一部分基础研究和应用开发功能，从而起到了创新纽带的作用。相应地，科大讯飞研究院连同国家新一代人工智能开放创新平台、认知智能国家重点实验室、语音及语言信息处理国家工程实验室等平台，组成了科大讯飞的共性技术创新体系，它们与具体应用场景的研发团队形成了既分工独立又交互协同的组织模块化状态，有利于擦出颠覆性创新的火花，同时产生异于传统的全新认知和全新价值。

8.5.3 构建创新生态系统

在夯实了源头技术创新的基础上，科大讯飞核心能力平台发挥了网络效应，用户及其多元化合作伙伴的逐渐增多，正向带动了企业的技术水平和产品竞争力，企业的品牌价值和市值也持续攀升。然而，数字化时代意味着“无生态不未来”。为了推动人工智能与语音产业的深度融合，实现机器从感知智能到认知智能，势必要通过构建新颖且更加强大的创新生态系统，即通过更广泛的资源共享、开放共赢来实现价值共创，共同推动智能语音产业的颠覆性创新。科大讯飞自 2014 年启动“讯飞超脑”计划以来，“深度神经网络+大数据+涟漪效应”模式不断深化，迄今已模拟人脑打造了 100 多亿个神经元的深度神经网络，机器从“能听会说”演化到具备一定的“能理解会思考”能力，科大讯飞及其伙伴的认知智能技术能力取得了显著进步。以“讯飞语音云”数字化平台为载体，以“全球 1024 开发者节”为纽带，科大讯飞目前在为超过 103 万名开发者和 65 万应用提供服务，累计支持超过 24 亿个终端，日均总服务量达到 47 亿次，以该数字化平台为载体的“生态圈”初步形成。

从专利视角来看，创新生态系统的持续发展带来了更多的合作机会，科大讯飞的专利合作对象也从以往的高校、科研院所拓展到覆盖创新链和产业链的多元化的异质性伙伴。基于 Ucinet 软件绘制科大讯飞的专利合作申请网络图（图 8.8），发现该公司与高校、科研院所、软硬件服务商等合作伙伴共合作申请了 152 件发明专利，占总数的 10.4%。在企业自主创新实力上升的同时，2009~2019 年科大讯飞的专利合作伙伴数、合作专利数和合作密度呈现出震荡攀升的趋势（图 8.9），这反映了该公司与中国科学技术大学、清华大学、北京京东尚科信息技术有限公司等合作伙伴的核心互动持续增强。

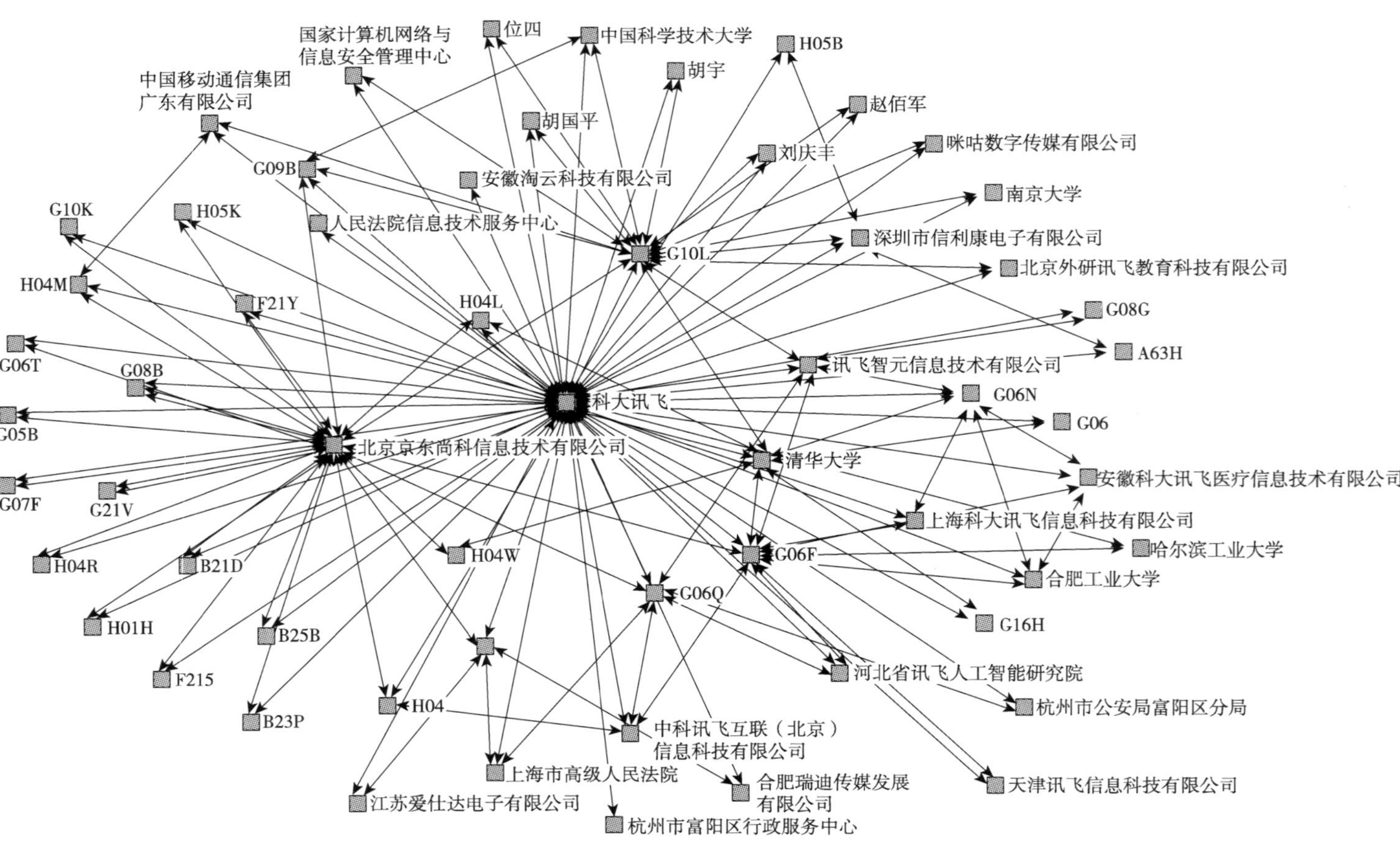

图 8.8　科大讯飞专利合作申请网络（截至 2019 年底）

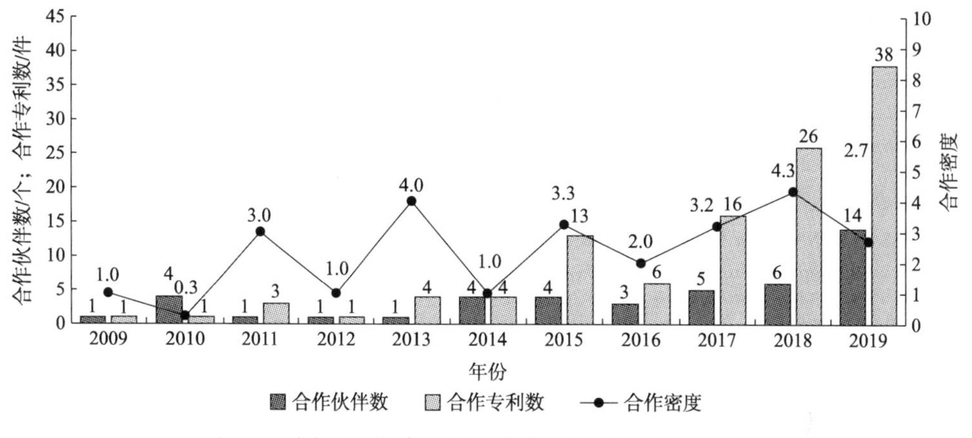

图 8.9 科大讯飞的专利合作申请演变（2009~2019 年）

此外，科大讯飞还作为中国人工智能产业发展联盟的发起单位，与其他成员共同培育专利池，并在挖掘和衍生相关专利、布局专利族群的基础上创造更大的商业价值。尽管如此，模块化特有的弱连接效应消除了科大讯飞及其创新生态系统成员间的过度依赖关系。进一步地，科大讯飞构建的创新生态系统借助于模块化而不是分级管理来实现成员间的相互作用，即允许一组本质不同但又相互依赖的组织在没有阶层行政命令的情况下进行互动和协调，因而创造了一种组合与重构都非常灵活的创新网络。

8.6 本 章 小 结

本章先归纳了现有理论基础并解析了人工智能的创新赋能特性。随后，以科大讯飞为研究对象，并从专利视角切入，利用熵值法和灰色关联分析法识别其核心专利和颠覆性专利技术。进一步地，阐释科大讯飞如何促进人工智能与语音产业的融合，以及从后发企业跃迁到智能语音行业主流企业的有益实践。研究表明，强化源头技术创新、塑造核心能力平台和构建创新生态系统，是推动科大讯飞成功实现智能语音颠覆性创新及其商品化的重要机制。特别地，模块化在其中起到了重要的调节作用：①基于技术模块化，企业可以构建有竞争力、弹性的技术/产品模块化架构，并通过协调技术/产品的模块化架构和模块的知识产权创新策略而获益；②基于组织模块化，企业可以构建新颖且强大的创新生态系统，在此系统中企业与其互补方围绕颠覆性创新任务既分工独立又协同交互，彼此之间呈现出良性依赖的弱连接关系（图 8.10）。

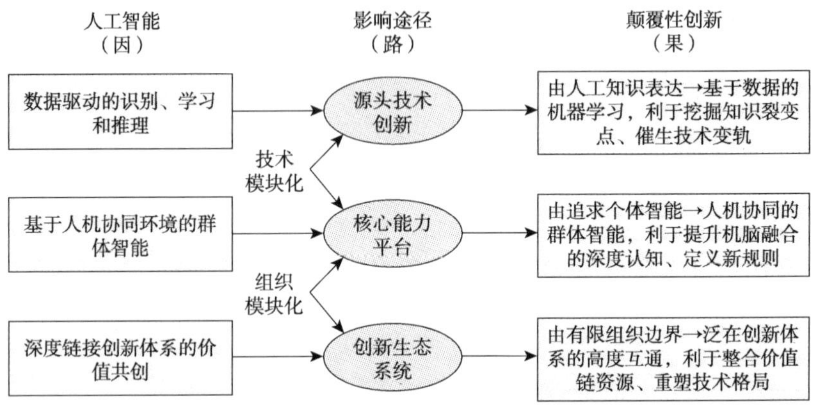

图 8.10　人工智能影响企业颠覆性创新的理论模型

第 9 章　“授之以鱼”到“授之以渔”：组织学习与企业颠覆性创新的关系

9.1　研究动机与问题提出

进入知识经济时代以来，组织学习逐渐成为学者研究创新的重要理论工具，为诠释创新困境及出路提供了新的思路。有学者指出，组织学习能力的强弱是制约企业科技创新的关键（刘敦虎等，2009）。高新技术企业有必要对外部资源、知识、技术等进行有效整合，即通过组织学习途径来弥补资源瓶颈、增强研发能力（丁勇，2011）。与获得特定专业知识资源相比，提升组织学习能力更能促进企业适应环境变化、实现可持续性发展。从实践角度来看，韩国的三星电子将组织学习转化为创新举措，推动了企业的转型升级（杨桂菊和李斌，2015）；我国的浙江南都电源动力股份有限公司则从组织学习出发，通过不连续创新来提升企业技术能力，企业的产品技术性能得到明显提升（冯军政等，2013）。已有大量研究讨论了组织学习的概念与内涵（陈国权和马萌，2000）、学习过程（张钢，1999）、如何驱动不连续创新（冯军政等，2013）、调节效应等（杜俊义和崔海龙，2019），还有研究指出组织学习有助于提升创新能力（苏鹏等，2020），但是关于组织学习促进企业实现颠覆性创新的机理问题，现有研究存在明显缺口，致使现有学术成果无法对企业的管理实践提供更为有效的引导。

本章将组织学习能力分为吸收能力、整合能力和知识共享三个维度。吸收能力兼顾了知识汲取和动态链接的功能，为企业保持竞争优势奠定了基础（Zahra and George，2002）。关于整合能力，Gardner 等（2012）将其视为一种集成能力，是组织在可靠的沟通模式下增强理解复杂问题的本领。知识共享能力则用于描述组织间知识资源的交互能力，樊治平等（2008）认为基于共享能力，组织能够充分利用各类知识资源。作为协同创新的核心主体，企业既有必要对其所拥有的知识资源进行规划和管理，也应该驱动组织间的知识流动，并通过强化知识共享能力来提升企业的创新绩效（李柏洲和董恒敏，2017）。

9.2 理论建构

9.2.1 组织学习与组织学习能力

组织学习能力是表征组织学习效果的关键标志（贾建锋等，2011），是组织通过不断学习获取知识，形成对知识进行管理的动态能力（王铁男等，2009），包括知识吸收、知识整合和知识共享能力。企业的员工、团队及学习活动构建了组织的学习网络，即在学习网络内部形成了全方位的信息交流网络（陈国权，2004）。根据 Argyris 和 Schon（1978）的观点，组织学习作为自我判断和改善提升的过程，加速知识在组织间的吸收、转化和运用，催生出非常规的发展机会与机遇。为了抓住机会以维持竞争优势，企业应增强学习频率，保持学习敏感性，培养组织学习能力以提升企业绩效。学习型组织是当今企业的首要发展目标之一，诸如产学研联盟（刘敦虎等，2009）、学习培训、企业大学和线上线下会议相结合等组织学习活动的实践（王海军等，2017b），目的是保证在特定的组织合作网络下，促进知识转移与共享、整合与创造、吸收与运用的能力（邓雪和高寒，2013）。冯军政等（2013）发现试验学习、试错学习和即兴学习等非计划性学习方式可以提升组织对外界知识和文化的识别能力和适应性。Rycroft 和 Kash（2004）指出诸如产学研联盟等正式组织学习的本质并非单纯注重知识和技术的转移，更重要的一点是提升组织的学习能力（陈乃林和孙孔懿，1997）。总之，开展组织学习的目的是培养组织的学习能力，而组织学习能力的提升离不开组织学习活动。

9.2.2 组织学习与企业颠覆性创新

从组织学习的视角来看，颠覆性创新是企业学习到知识后加以应用的结果，组织学习是创新的基础和前提（邓雪和高寒，2013）。从微观层次看，对企业来说创新是新思想、新技术的产生，与组织学习行为休戚相关。究其根本，组织学习是组织成员侦测错误和异常并且重塑和修正行为的过程（Argyris and Schon，1978），同时，在连续的判断和纠错中获取新信息、发现新机会，提高颠覆性创新绩效。例如，王海军等（2015）认为开放式的创新模式作为一种组织学习增强了知识、技术和资源等的流动性，并且以客户的个性化需求为契机，提升了企业的创新能力。杨瑾和侯兆麟（2020）在装备制造业领域研究发现，组织学习对突破性技术创新具有正面影响，而从工作场所学习的层面来看，正式学习与非正式学习是组织学习两个相对独立的概念，但是二者在知识的获取、流动和吸收过程中具有互补性。正式学习是组织为了自身的发展而采取的计划性的结构化学习，增强了非正式学习的规范性，有助于提高组织非正式学习获取知识资源的利用率，并且为非正式学习奠定基础，也为员工提供了学习工具（Schürmann and Beausaert，2016）。同时，非正式学习发生在可以提供灵活个性的交流场所和渠道中，促进了知识的积累和技能的掌握，丰富了正式学习的内容和形式。因此，在正式学习和非正式学习的交互情境中，企业通过利用现有知识及通过利用学习探索催生的新知识两种渠道推动企业颠覆性创新，如图 9.1 所示。

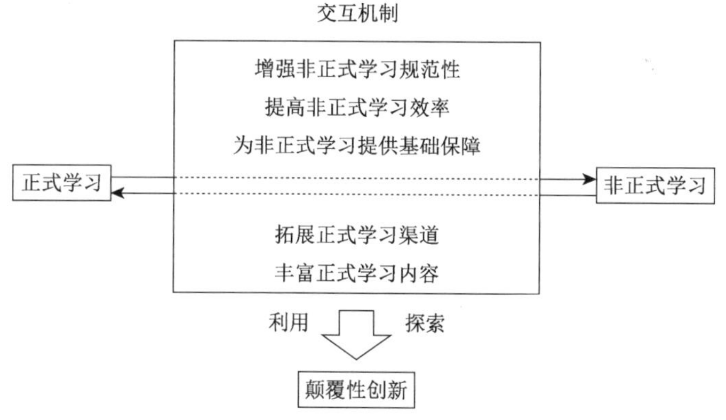

图 9.1　正式学习与非正式学习对企业颠覆性创新的作用路径

在颠覆性创新情景下，为了解析组织成员了解和管理组织及其所处环境的水平和能力，本章引入一个测量组织学习效率和效果的关键变量——组织学习能力，主要包含吸收能力、整合能力和共享能力。组织学习能力为创新提供知识应用的手段，并为创新效能的转化提供关键支撑。从其组成要素上看，吸收能力是组织汲取外界新知识，转移信息并对其进行深刻阐述和理解，为组织创新提供新灵感、新知识，有利于组织在开放性的环境中寻找解决问题的创造性和创新性方法，从而提高组织的创新能力（艾时钟等，2016）。整合能力则是组织对存储零散知识

（组织已有知识和吸收的新知识）的系统性整理和集成，形成新的学习资源体系，有助于增强应对复杂问题的本领（Gardner et al.，2012），并为更好地实现组织创新奠定基础。进一步地，李桢等（2021）从创新生态系统视角研究发现整合能力对颠覆性创新影响显著。共享能力是知识应用和创新的基础，是知识资源在创新主体之间的流动，包括贡献私有知识和消化吸收其他主体要素的所有知识，循环递进，从而不断催生新知识，有利于激发企业颠覆性创新研发，提升企业竞争力（马永红和刘晓静，2009）。由此，本章构建了组织学习、组织学习能力与颠覆性创新的关系框架（图 9.2）。

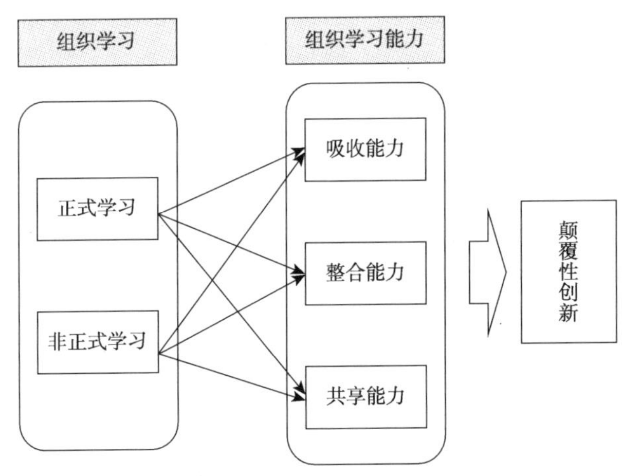

图 9.2　组织学习、组织学习能力与颠覆性创新的关系框架

9.3　研究方法及数据收集

本部分的目的是探索组织学习对企业颠覆性创新的影响机制，属于“How”和“Why”的问题，并且通过归纳明确研究问题到得出结论，因此采用探索式案例的研究方法（Yin，2009）。同时，由于颠覆性创新和组织学习行为皆贯穿组织创新全过程，适用于单案例研究方法（Eisenhardt and Graebner，2007）。结合理论抽样方法，选择海尔的标杆颠覆性创新实例——不用洗衣粉的洗衣机作为案例研究对象。本书获取资料主要通过两种手段取得，包括直接资料和间接资料，研究所需的案例资料收集时间跨度为 2003~2019 年。其中，直接资料主要是对海尔的相关部门进行调研和电话访谈，包括企业战略、研发中心、产品企划和设计部门

等。本书的研究团队成员曾就职于海尔技术研发中心，这为获取一手数据、充分理解和分析数据提供了便利。间接资料来源广泛，主要来自研究团队的相关成果、企业提供的报告、期刊文献、新闻报道、标准和专利数据库等。案例资料来源及收集方式见表 9.1。

表 9.1 案例资料来源及收集方式

资料类型	资料来源	资料获取方式及内容
直接资料	半结构化访谈	通过线上与海尔 2 个相关负责人进行 2~3 小时的访谈，进行关于海尔不用洗衣粉的洗衣机的颠覆性创新所在、组织学习活动开展等问题的访问；采访海尔负责对外进行合作牵线的相关部门员工，进行约 45 分钟的访谈，了解海尔在与外部进行合作的过程中的主要学习机制；与海尔技术研发中心专家进行 0.5~1 小时的交流，了解海尔不用洗衣粉的洗衣机研发中心重要的学习活动和运行机制
	走访观察	参加海尔线上和线下的相关发布会，了解其创新战略；实地参观海尔创新平台，亲身体验颠覆性创新产品和组织学习体系的运作，了解颠覆性创新产品的技术操作
间接资料	企业官网、学术期刊、会议记录等	搜寻企业相关的新闻报道，查找关于颠覆性创新的关键事件；从中国知网下载关于海尔颠覆性创新的重点期刊论文；从海尔官方微信公众号、微博等社交媒体获取信息；查看海尔有关组织学习的会议记录；从全国标准信息公共服务平台获取相关标准制定信息等

9.4 案例分析

9.4.1 案例相关背景

进入 21 世纪，全球工业高速发展带来的环境问题日益受到关注，水电资源也趋向匮乏，节能环保成为时代主旋律。人们对于家用电器的功能和品质提出了更高的要求，如洗衣机的高洗净比、杀菌、消毒、节能等特性。在洗衣机行业，一直以来海尔一贯采取做延续性创新产品的策略。为了确保产品销量和市场份额不受波动影响，实现企业利润稳定增长，海尔洗衣机的产品研发仍局限在滚筒式、搅拌式和波轮式三大既有的技术架构上，洗衣机行业的技术版图并没有被实质性打破。更值得关注的是，伴随着洗衣机行业的发展，产品的同质化现象愈演愈烈，价格战和渠道战成为常态，海尔的张瑞敏曾经形容“海尔的利润已经像刀片一样薄”。在此情境下，海尔逐渐意识到要坚持双轨创新思路——

既要有延续性创新的产品，也要有颠覆性创新的产品来提升企业核心竞争力、拓展新市场；要靠“别人有我更精，别人没有我有”的创新战略来规避“大企业病”、探索创新潜力。但是，对于海尔这样成长于 1984 年的中国企业来说，资源禀赋并不占据优势，创新人才奇缺、知识管理水平低，仅仅依靠自身的力量不足以覆盖颠覆性创新的全产业链条。由此，张瑞敏提出解决“大企业病”的开放式创新战略，即打破组织壁垒以连接外部优势资源，开展组织学习以整合奇缺知识资源要素。

进一步地，随着全球人口数量的增长和环境问题的日益严峻，人们越发关注洗衣机洗涤水排放引起的二次污染问题，这也驱动了洗衣机行业从有洗涤介质到无洗涤介质的技术演化（图 9.3）。针对以上用户需求和行业现实，海尔研制了颠覆性的不用洗衣粉的洗衣机（图 9.4），当时在全球家电领域引起了震动。与采用传统洗衣机迥异的是，不用洗衣粉的洗衣机的重要特征是在高效自动清洗过程中不添加洗衣粉/洗涤剂，从而实现了杀菌消毒、排放环保的效果。其主要工作原理如下：采用海尔自主研发的双动力驱动技术，电机分别驱动内桶和盘形大波轮以形成强有力的“沸腾”水流，进而取得比洗衣粉更高的洗净效果（图 9.5）。同时，电解槽的自来水被电解为碱性、酸性离子水，前者用来剥离衣物上的污渍，后者用来对洗涤衣物进行消毒杀菌，这颠覆了传统的洗涤方式。归纳起来，该颠覆性产品融合了三大关键核心技术创新成果，即环保离子洗涤技术、双动力驱动技术、漂甩二合一节水技术，这些技术的颠覆性特征归纳见表 9.2。

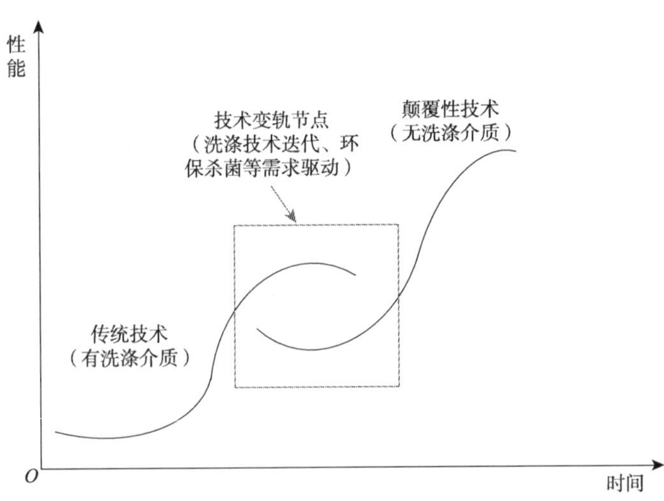

图 9.3　基于无洗涤介质的颠覆性技术的演化动力及轨迹

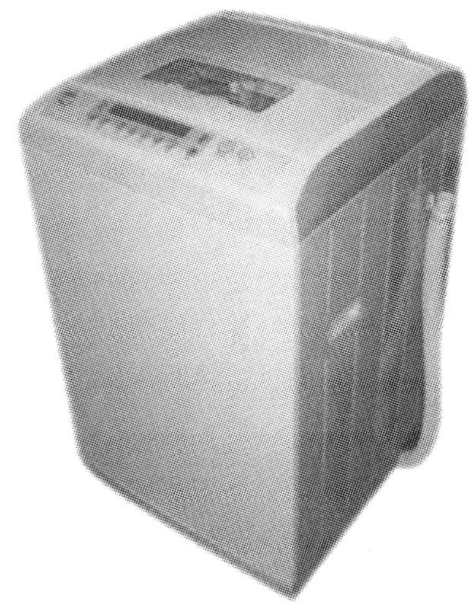

图 9.4 海尔不用洗衣粉的洗衣机

图 9.5 不用洗衣粉的洗衣机中的双动力洗涤图示

表 9.2 不用洗衣粉的洗衣机的关键核心技术特征分析

技术	原理描述	核心技术特征分析
环保离子洗涤技术	采用隔膜电解槽技术，使得自来水生成碱性离子水，活化处理以洗净衣物，同时可选择漂洗时消毒功能	该技术颠覆了传统的使用洗衣粉等洗涤模式，具有环保的优势，用户可以选择漂洗消毒功能，对衣物进行杀菌。重新定义了日常的洗涤方式
双动力驱动技术	电机的动力输入产生盆形大波轮动力输出驱动系统和洗涤内桶动力输出驱动系统，实现了波轮和内桶反向运转，内桶以滚筒机的低转速运转降低磨损	双动力驱动技术创新了均匀防缠绕洗涤的模式，采用仿生学的震动原理，创造了一种全新的洗涤方式，洗涤时使衣物处于蓬松状态，很好地避免了衣物缠绕，且磨损率低，洗净比更高。同时，采用国际领先的 PTC[1] 蒸汽烘干技术，优化了洗涤、脱水、烘干流程。满足了人们健康环保的洗衣需求
漂甩二合一节水技术	经短时间喷淋漂洗，排水甩干后，开始向桶内衣物间歇喷水二次以上，最终喷水结束后，再持续甩干，边喷水边排水，使污渍被迅速排出桶外	通过漂洗和甩干功能的技术协同，利用特定程序漂洗甩干同步，避免了衣物的二次污染，颠覆了传统的单一漂洗或单一甩干技术应用，减少了漂洗次数及用水量，提高了洗净度和速度。为用户大大节约了用水和用电量，符合节能环保的循环经济形势需要

1）PTC：positive temperature coefficient，热敏电阻

9.4.2 案例企业的组织学习典型应用

研究发现，组织学习是推动不用洗衣粉的洗衣机研发创新及其商品化进程中的关键因素。如表 9.3 所示，海尔依托组织学习活动建立正式学习机制和非正式学习机制，基于组织学习机制促进颠覆性技术网络布局建设，进而优化创新生态

系统。从表 9.3 可以看出，在不用洗衣粉的洗衣机的研发中，无论是标准制定会议，还是产业创新联盟等，正式学习机制更具有规范性，保障了颠覆性创新知识学习的时效性。基于此，小型会议机制等非正式学习机制会被规范性引导，缩短学习时效。对于非正式学习机制，即时沟通机制或小型会议机制等拓宽多样化的学习渠道，为正式学习机制的应用增加创新知识来源。在正式学习和非正式学习的交互下，已有的知识不断被提炼优化，新知识不断被探索和应用，为不用洗衣粉的洗衣机研发提供了坚实的支撑。海尔的组织学习产生于变革、创新的需要，并企图通过学习来寻求以变制变、变中求胜，因此海尔构建了网状的组织学习网络，力图为组织构建信息流通与获取的渠道，提高知识共享效率，以便组织通过信息交流和知识传播来共享学习成果，更加高效地把学习行为转化为颠覆性创新行为，进而提升组织颠覆性创新能力。

表 9.3　海尔不用洗衣粉的洗衣机的组织学习机制应用

机制归纳	机制细项	机制描述	机制应用
正式学习机制	项目正式沟通机制	由参与战略制定、决策、平台管理的项目相关人员按照会议议程参会并发表意见	每周分别于周一、周三、周六组织战略会和平台会研讨洗衣机的发展战略，结合政府政策和消费者需求决定下一步走向。例如，不用洗衣粉的洗衣机基于“人单合一”和“用户倒逼”战略，促使员工直面用户，黏住用户的同时缩短产品创新周期，促进颠覆性技术创新
	日清工作机制	全面地对每人、每天所做的每件事进行控制和清理，“日事、日毕、日清”，海尔将 OEC[1] 分为目标、日清和激励三个体系，以此提升企业管理效率	不用洗衣粉的洗衣机严格按照质量日清、工艺日清、设备日清、物耗日清、生产计划日清、文明生产日清和劳动纪律日清在各职能人员控制的基础上由区域员工进行清理。严格保证了工作效率
	产学研创新联盟	企业与高校、科研院所等主体的需求、服务进行对接，形成持续创新、不断演化的学习型产学研创新联盟	海尔与中国科学技术大学、中国科学院、中国家用电器研究院等建立产学研创新联盟，连接全球资源，通过资源共享和能力互补共同推动洗涤行业的转型升级。依靠联盟进行技术拆解、匹配整合团队，搜集颠覆性技术情报，建立全球技术网络布局，从而进一步优化形成了海尔的企业创新生态系统
	质量总结大会机制	要求组织成员在失败的案例中反思，检讨失败原因并就如何改进提出实质性建议。端到端提升用户黏度，倒逼全流程质量关差	海尔定期举办“誉殇自新”会议，在洗衣机研发中，明确影响用户黏度的因素，排查导致订单丢失的因素。通过反思培养员工对颠覆性资源的黏性和整合能力。从满足用户基本需求切入，倒逼全流程质量关差，保障洗衣机质量，杜绝隐患
	标准修订、制定机制	通过项目的开展，搭建由科研、生产、检测和标准为一体的标准化研究平台。参与单位借平台共同探讨不用洗衣粉的洗涤技术和标准制定	标准化工作团队：由海尔集团技术研发中心、中国家用电器研究院、相关企业和检测机构组成国际标准化工作团队，共同参与标准提案的制定和修订工作，实现创新的产学研结合模式。目前洗衣机领域有国际标准 IEC-60335-2-7、IEC-60335-2-108 等

续表

机制归纳	机制细项	机制描述	机制应用
非正式学习机制	及时沟通平台	诸如合作双方的邮件联络、微信沟通等，直接在手机微信上就能管理自己的邮箱，包括邮件收发、标记、好友分享等，随时随地处理工作，适合对时效和范围要求较高的沟通	针对洗衣机的标准制定，包括会议起草记录、报批稿、审议稿等电子文件的传达及专家意见的收集和沟通，是非正式学习机制的一种典型方式。不受时间和地点约束
	小型会议机制	是根据个人工作需要短时间内开展的小型座谈会议，如学术沙龙等，该机制下的会议不提供正式的文件资料，时间和地点的灵活性比较大	在海尔不用洗衣粉的洗衣机的机型研发中，在正式会议后的茶点时间等根据个人需要在非正式场合举办小型座谈会，有利于掌握最新的行业技术动态、建立专业交互圈、持续产出各类颠覆性创意
	CEO 交流机制	企业 CEO 根据发展需要与外界学者和专家进行沟通，获取关于战略走向的意见等	张瑞敏经常参与国内外的学术交流等 CEO 小型会议。沟通内容围绕战略转型、管理变革、生产方式等。通过高层互动交流，掌握颠覆性创新战略走向，为企业创新和产品转化提供驱动力

1）OEC：overall every control and clear，全方位优化管理法

以上海尔典型的组织学习机制是实现不用洗衣粉的洗衣机研发创新的重要保障，桥接了知识、资源、人才等主要因素。在既往研究中，正式学习是企业的关键学习方式，员工在企业制度、文化的约束中进行学习。但是，在正式学习之外的情境中，沟通不再保持常态性，学习的效益无法最大化实现，作为全流程的组织学习和颠覆性创新的重要辅助机制开始受到重视。目前，非正式学习在企业发展中扮演着更加重要的角色：在新冠疫情肆虐时，企业复工复产受到阻碍，居家办公成为一种主流方式。企业会议、时事新闻等通过腾讯会议、钉钉、微信等非正式学习平台顺利开展，沟通的常态性满足学习效益最优的条件，从而保障企业正常运转。

充分发挥组织学习在技术创新体系中的作用，是案例企业成功实施颠覆性创新的关键所在。其中，吸收能力、整合能力和共享能力是关键的影响机制，海尔开展的不同组织学习活动通过这三种关键机制提升颠覆性创新。基于此，海尔主要从以下三个层次切入，着力开展推动不用洗衣粉的洗衣机的颠覆性研发。

（1）资源吸收机制。基于资源的特殊性和能力的差异性，企业的核心能力得到保障，而以知识为基础的多种能力构成的吸收能力是获取资源的重要工具。海尔依托在洗衣机领域丰富的研发生产经验和创新研发能力，也曾尝试过自主开发具有颠覆性的洗衣机，但是不用洗衣粉的洗衣机这一全新的设计理念对新型洗涤技术、动力模块、质改剂的研发、性能检测和认证等提出更高的要求，仅仅依靠海尔内部团队难以完成，而且不用洗衣粉的洗衣机研发标准的制定也需要与国际相关机构开展合作。因此，海尔针对资源匮乏等问题建立资源吸收机制，一方面，

通过全资源网络寻求合作伙伴，包括大学、科研院所、供应商等其他伙伴资源，以及采用委托开发、联合开发等学习方式汇聚成庞大的知识学习网络；另一方面，在学习网络中嵌入不同形式的正式学习和非正式学习机会，包括科研项目的申请、契约的约束等，形成良性有序的内外沟通与交流，加速组织对创新知识的吸收与整合，以及从外部信息中识别价值并吸收和应用于商业终端。相应地，由于内部成员与外部的知识源交流得以加强，潜在吸收能力转化为实际吸收能力以催生颠覆性的创新成果。

（2）学习整合机制。整合能力是组织通过吸收能力获取知识后对知识进行加工和利用，该能力的作用过程是影响颠覆性创新的核心环节。海尔依托产业创新联盟平台，在全球范围内整合优质伙伴资源，并结合参与者的能力和资源优势分配相应的创新任务（图 9.6）。其中，不用洗衣粉的洗衣机的核心技术方案主要由海尔和中国科学技术大学合作开发，双方创造性地研制出膜化学电渗析离子洗涤技术：洗涤时，该技术可将自来水电解为弱碱性离子水，并与污垢产生皂化反应后使其脱落；漂洗时，通过该技术可将自来水电解为弱酸性离子水，进而对衣物进行消毒。双方合作研制、联合申报的上述颠覆性技术，获得了国家科技进步奖二等奖。中国科学院则为海尔提供了新型质改剂，用于改善电解液的去污能力。进一步地，性能检测和认证任务分别由中国家用电器研究院和 VDE（Verband Deutscher Elektrotechniker，德国电气工程师协会）检测认证研究所承担，为海尔不用洗衣粉的洗衣机的质量保障和市场准入提供了服务。再进一步，国际知名电机供应商——艾默生电机则为海尔不用洗衣粉的洗衣机提供了高性能动力模块，双方还在后续持续合作中确立了战略伙伴关系。从更广的视角来看，还有其他合作伙伴，如 IEC，负责提供国际标准平台等支持。

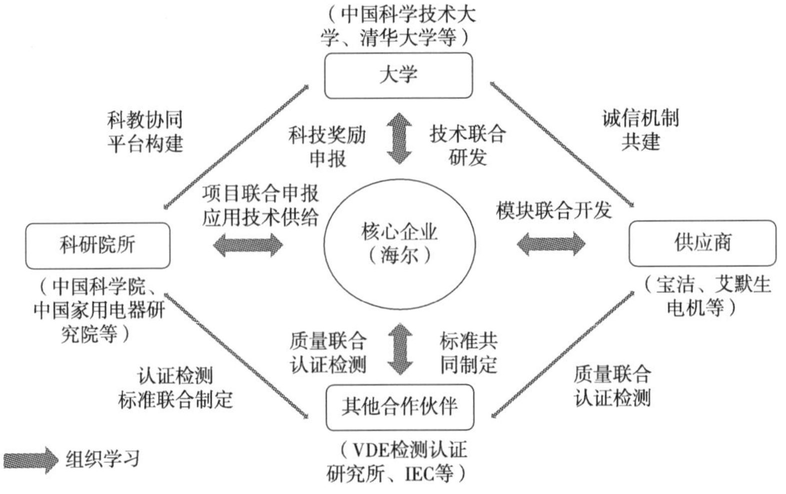

图 9.6　不用洗衣粉的洗衣机的组织学习模型

从图 9.6 还可以看到，不用洗衣粉的洗衣机产业创新联盟的运转，为组织成员提供了正式学习机会，包括邀请科研院所、高校进行创新指导和知识共享，丰富创新知识，拓宽组织成员吸收知识的宽度，提升知识加工整合效率。相应地，非正式学习机会为知识吸收、整合与共享提供了更便捷的分享渠道，有助于线上、线下同步进行。在多渠道的交叉与分工情境下，企业对各种知识进行甄别吸收、整合重组、交互共享、加工创新和创造，提升了组织的整合与应用能力，因此整合之后的知识信息能够更好地嵌入颠覆性创新的进程中，从而加速了颠覆性创新技术的研发。

（3）知识共享机制。共享的内涵是将原本企业以知识为基础构建的边界推翻，在组织与组织之间构建知识流动的渠道，发挥知识的流动性和灵活性，减少搜集知识的难度，将知识使用权让渡他人，促进知识的应用和创新。海尔在《家用和类似用途电动洗衣机》（GB/T 4288—2018）标准中补充并规范了不用洗衣粉的洗衣机行业标准，该标准由海尔、无锡小天鹅、中国家用电器研究院等构建正式的工作组，并历经了标准的起草、征求意见、标准审定、标准报批等阶段。同时，该标准参与单位还通过电子邮件、电话等非正式途径进行沟通，交换核对该标准乃至整机测试过程中的技术问题。进一步地，海尔还牵头提报了“不用洗衣粉的洗衣机”国际标准提案，并被纳入了洗衣机的特殊要求标准（IEC-60335-2-7）和电解槽的特殊要求标准（IEC-60335-2-108）中。海尔洗衣机总工程师也成功进入国际电工委员会洗衣机技术委员会，进而可以更直接地参与国际标准制定。在上述国际标准中，首次针对不用洗衣粉的洗衣机技术标准的术语、分类与命名、技术要求、试验方法等做出规范。海尔在标准制定过程中牵头国内、国际各专业机构，通过共享意见，使得知识由个人或企业的经验扩散到一个公共的层面，这样在整个层次内部，个体可以获取解决问题的方法的知识信息，并将其应用于颠覆性创新的实践中。

9.4.3 案例企业的组织学习管理机制

虽然海尔有完善的学习机制，但是如何保证学习机制精准落实达到最佳学习效果并作用于颠覆性创新仍是一个难题，因为无论是组织外部的供应商、科研院所、高校等机构，还是组织内部的团队与个人，都是组织学习效果难以评估的重要角色。组织通过学习机制吸收、挖掘的知识和资源等难以计数，很难做到物尽其用、人尽其才。这也是海尔对于合作伙伴资源进行管理的原因所在，海尔主要针对以下两个层面展开对组织学习机制的管理。

1. 组织学习保障机制

拥有符合组织创新条件的优质伙伴资源是组织学习系统取得预期效果的重要保障。自然界万物遵循适者生存、不适者被淘汰的原则，企业的生存与发展也如此：在激烈的竞争环境中不断创造和接纳新知识、新资源以更新核心竞争力。企业的战略和发展关乎组织的成败，保证优秀资源无障碍地进入组织并得以合理、充分利用和滤出不合格资源是海尔的首要工作。因此，有必要针对组织外部资源建立相应的评价标准、甄别方式和淘汰机制，以保证外部优秀资源能顺利通过组织壁垒汇入组织学习网络，在逐渐将外部资源进行转化后融会贯通，再经过组织学习能力的加工与升华，可以衍生出具有颠覆性创新理念的新知识、新成果。将不符合组织创新标准的资源过滤进行剔除，以避免资源浪费和效率降低。

甄选机制包含资源的导入和淘汰两种机制。资源的导入要求外部优秀资源进入组织不应存在任何障碍，凡是具备相应资质和能力的资源都要拥有进入组织学习网络的平等机会。当然，对于资源接收的数量和质量也要遵循行业原则，避免造成不良竞争。资源的淘汰机制强调淘汰不只发生在资源进入组织时，在创新过程中合格的资源可能也会发生转变，而对于没进入组织创新中的资源也可能有机会在未来进入。对于甄选出的优秀伙伴资源不仅有正式学习的渠道进行交互，更有多样化的非正式学习方式进行联系。海尔基于伙伴资源的甄选，与美国麻省理工学院、无线充电联盟（标准协会）、IEC、拜耳（战略供应商）和中国科学院（研究机构）等紧密合作，研发了一系列颠覆性创新产品，如无尾电视、互联网冰箱等。

2. 组织学习动力机制

对组织内外参与主体的约束和激励机制是组织学习系统正常运转的关键动力。为了保证企业的稳定运行，伙伴资源进入组织创新中能够按照约定完成目标发挥作用，需要相应的约束机制对其进行管理，以免伙伴资源的随机退出行为对组织造成不可挽回的损失。约束机制是组织发挥积极性和潜能的前提，海尔引入的伙伴资源针对的是重要的产业链资源圈、学研资源圈、科研管理资源圈、创新平台资源圈及其他创新资源圈，都在创新过程中担任重要角色，同时包括组织内部成员。通过约束机制可以明确各资源圈的责任和职能，在组织学习中按照既定目标、权益和合作条款来执行合作创新，并且稳定合作关系。通过监督、评估等约束机制可以保证科研稳定进行、学习达到预期效果。

伙伴资源及组织内部的个人和团队都需要在主动参与下才能发挥最大效益。因为组织管理不仅是对人的管理，也是通过人的管理来合理配置其他资源。因此，有必要让伙伴资源和内部成员保持高昂的热情来提升创新能力。根据激励理论，满足员工的各种需求，以此来调动员工的主动性和积极性，对于伙伴资源同理同源。通过多元化分享机制和成果共享，柔性解决基于学习和创新在收益分配方面造成的难题，以提升参与主体的积极性和工作激情。例如，在不用洗衣粉的洗衣机研发中，“关键技术标准推进工程”科研项目为参与成员提供了正式学习机会，还邀请中国科学技术大学、中国科学院等机构到企业进行培训。海尔基于与中国科学技术大学共享创新成果而建立的互信关系，帮助海尔获取了艾默生电机、VDE等机构承诺多次延续性的合作机会。

9.5 本章小结

通过桥接组织学习理论、组织学习能力理论和颠覆性创新理论，本章从微观视角构建了组织学习对颠覆性创新的影响理论模型。通过嵌入探索性单案例研究，本章探讨了组织学习对颠覆性创新的影响作用及其管理机制问题。研究结果表明，在案例企业颠覆性创新的决策与实施过程中，组织学习（正式学习、非正式学习）是影响海尔新兴技术衍生、新产品生产与商业模式转型至关重要的驱动力，也是颠覆性创新的关键影响因素。海尔在不用洗衣粉的洗衣机上的创新和学习实践经验，对我国企业同样具有积极的借鉴意义。此外，本章还得出如下启示。

第一，注重学习能力培养，塑造核心竞争力。学习型组织是当前企业发展的主要趋势，建立学习型组织即培养企业组织学习能力，形成良序运转的学习系统。对于海尔推行开放性创新战略来说，核心目的是通过组织学习获取和利用更多创新资源，即组织学习是实现颠覆性创新的关键。因此，对于企业来说，培养组织学习能力比获取资源更重要。

第二，企业开展组织学习活动有助于组织学习能力的提升。海尔在发展历程中有丰富的学习实践，企图通过构建学习型组织来提升企业的学习能力，如借助外部资源，包括采用委托开发、联合开发、供货提成、战略合作、专利合作、项目咨询等多种合作方式来开发多样化的学习渠道，开放性的创新平台更能提升组织的吸收能力、整合能力和共享能力。其中，正式学习和非正式学习对组织学习能力提升有积极影响。

第三，非正式学习在颠覆性创新中扮演重要角色。组织学习与创新联系紧密，海尔认为创新是资源的重新组合和配置，即“创新=知识+创意+实现的方法”。通过海尔不用洗衣粉的洗衣机案例，发现海尔通过建立相关学习机制进行交互式学习，既有官方论坛等正式的征集平台，也有自媒体等多种非正式的通信工具，二者互为补充，取长补短，用于搜集用户需求、创新创意、专家意见等，贡献了较多有价值的核心互动，为催生颠覆性创新提供了基础条件。因此，可以推断正式学习和非正式学习的交互机制有利于组织颠覆性创新。

第四，组织学习通过组织学习能力影响颠覆性创新。海尔坚持构建学习型组织是为了培养组织学习能力，开展不同的组织学习活动是为了开发企业团队、个人的学习敏感度，包含对学习资源的吸收能力、整合能力和共享能力。组织学习能力越强，海尔对于颠覆性创新创意的孵化、技术的研发和难点的攻克等能力就越强。伴随着组织学习能力的影响，海尔开展组织学习将提升颠覆性创新绩效，推动国内和国外市场的拓展。

第五，管理机制有利于推动组织学习的开展，调节组织内部资源、知识的流动，加速颠覆性创新。利益的分配和资源的管理是组织学习和创新过程中长期存在的弊病，海尔通过在伙伴资源的引进中建立严格的甄选制度，提高组织学习水平和创新知识的质量；在利益协调中建立共享的激励制度，刺激伙伴资源组织学习和颠覆性创新的积极性。

第 10 章 “固守优势”到“整合重构”：动态能力对企业颠覆性创新的影响

10.1 研究动机与问题提出

面临环境的快速变革，组织如何才能生存？该问题得到管理学、历史学、战略学、组织社会学、心理学和经济学领域的一致关注。在组织理论研究领域出现了竞争优势、战略冲突、组织生态学、间断均衡、资源基础观、制度观、核心能力和动态能力等理论流派。那么，组织能够适应和变革吗？如果能的话，企业如何进行变革？面对该问题，Tushman 和 O'Reilly（1997）、Christensen（1997）提出了创新者的困境，即在环境快速变革甚至“超竞争”环境条件下，企业为了取得持续的生存和发展，一方面必须进行渐进性的创新，以维持当前的资源基础、技术基础和业务领域，从而获取进一步发展所需的现金流；另一方面，企业为了获取长期的竞争优势，不得不开展不连续创新或颠覆性创新，破坏曾经使企业成功的现有的资源基础、技术基础或市场基础。

根据红皇后效应理论，在“超竞争”环境下，企业只有积极、创新性地参与市场竞争才能维持组织的生存和提升组织绩效。为此，中国企业的长期、快速发展不仅需要渐进性创新，更加需要颠覆性创新，否则在环境出现重大变革时，任何过迟和不充分的反应都会带来重大的机会成本，并对企业能力的进化和变革带来致命性的打击。进一步地，在“超竞争”环境下，新技术、新市场的不断涌现使颠覆性创新成为热点词汇，这为理论研究提供了一个非常适合的研究情境（Zhou et al.，2005）。然而，由于认知不清、路径依赖、组织惯例等影响（Ehrnberg and Sjöberg，1995；Chandy and Tellis，2000），在位企业或大型企业通常难以快速实施和有效管理颠覆性创新。

近年来，动态能力为诠释这一创新范式打开了可能的机会窗口（Wang and Feng，2020），在动态能力的背景下，学者纷纷探索重大创新的新机遇。例如，Salomo等（2007）和 O' Connor（2008）认为动态能力使企业能够有效处理高度复杂和模糊的任务，同时为企业提供了培育、实施和维护重大创新的理想途径。然而，如何解释动态能力对企业颠覆性创新的影响？在实践中，动态能力如何指导企业颠覆性创新？鉴于动态能力对企业颠覆性创新的影响尚未得到令人信服的检验或验证，本章着力诠释这些问题。

10.2　基础理论与研究假设

1994 年，美国经济学家 Teece 在 The dynamic capability of firms: an introduction 一文中首次提出了 dynamic capabilities（动态能力）概念。之后，Teece 等（1997）在 *Strategic Management Journal* 上发表了 Dynamic capabilities and strategic management，阐释了动态能力的理论框架，并将动态能力定义为：组织"整合、构建和重新配置内部和外部能力以应对快速变化的环境"的能力。关于动态能力的内涵，Teece 主要解析为：①识别、开发、共同开发和评估与用户需求相关的技术机会；②调动资源来应对需求和机会，并从中获取价值；③持续更新。

为了进一步探索动态能力的本质，本书回顾了发表在 *Strategic Management Journal*、*Organization Science* 和 *Academy of Management Perspectives* 等顶级管理期刊上的动态能力概念化的重要文章。在此基础上，采用模块化理论来理解其组成。本章从模块化的角度将动态能力视为由不同的松散耦合模块组成的集成系统（Orton and Weick，1990），然后遵循模块化设计方法（Ericsson and Erixon，1999）对动态能力进行分解。首先，根据上述被引用最多的文献总结出企业在动态环境中增强核心竞争力的主要需求，并将这些具有共性的需求重新整理到一个集合中；其次，采用需求→组分映射的处理程序，将每个需求匹配一个组分；最后，将相关组分聚类成一个具有特定功能的模块，从而产生环境洞察能力、资源整合能力和组织重构能力（图 10.1），这三个构面位于模块级，并最终组合而成动态能力。

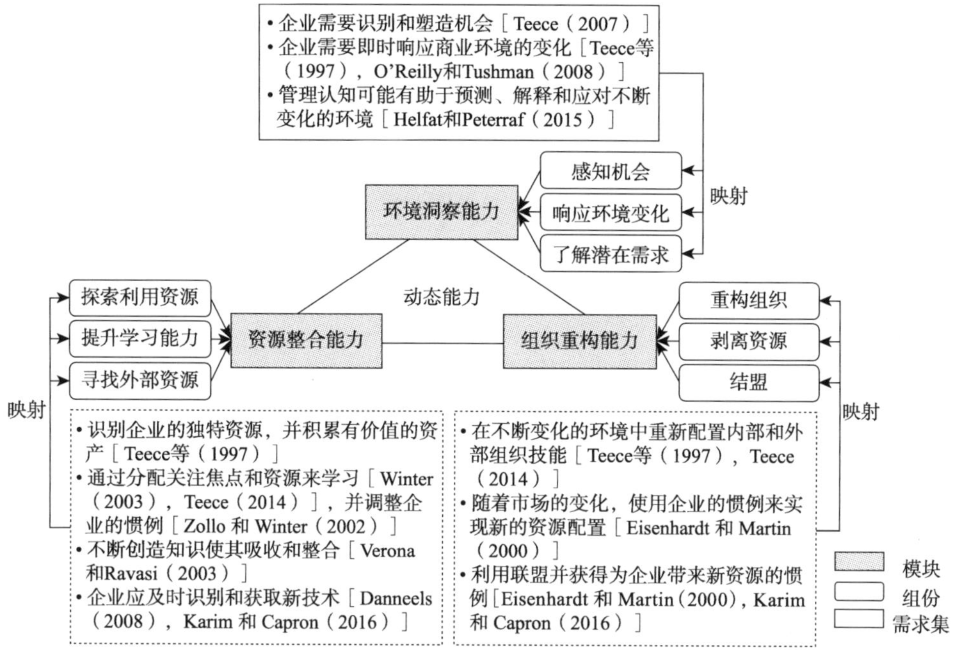

图 10.1 基于模块化方法的动态能力解构

10.2.1 环境洞察能力与颠覆性创新

如果企业的经营与管理过程处于动态环境中，那么洞察能力就能够从根本上帮助企业实现资源配置，Eisenhardt 和 Martin（2000）以此为切入点进行研究，提出洞察能力有利于构建和维持竞争优势。因此，企业需要建立动态的感知机制，保持对环境变化的感知，有利于对创新战略做出调整（穆文奇等，2016）。特别是随着大数据时代的到来，市场环境中既充满了机遇，也伴随着不稳定性、不确定性、复杂性和模糊性等因素（Schoemaker et al.，2018），如果无法感知市场中的机会和威胁，那么企业将难以采取敏捷及适应性的措施，更无法通过资源的重新配置实现长期的效率收益（Aslam et al.，2018）。同时，对环境感知能力的培养会促使企业其他能力（包括创新能力）的升级，包括对顾客个性化需求的理解能力，对多样化技术机会及多变的竞争者行为的整合能力。Teece（2017）提出企业可以通过感知能力抓住机会，该能力的强度决定了企业资源（包括其商业模式）与用户需求和期望相匹配的速度和程度。企业的感知能力越强，越能够前瞻性地识别出技术和市场创新价值（袁野等，2016）。由此，如果企业的机会洞察能力越强，那么在创新技术研发与市场突破等领域就具备更多的潜在挖掘价值。

根据以上研究理论，做出如下假设。

假设 10.1　环境洞察能力正向影响技术与产品颠覆性创新。

假设 10.2　环境洞察能力正向影响商业模式颠覆性创新。

10.2.2　资源整合能力与颠覆性创新

Teece（2007）明确，整合能力即组织针对相对独立存在的子系统实施联结控制的能力。依托资源整合操作的实现，企业可以更高效地判断已有资源的价值情况并更好地对资源进行分配，以期能够获得更多的新价值。具体地讲，企业通过对资源的来源、内容、结构、层次进行划分，并对包含的信息进行筛选、协调、获取及组合形成全新的高效资源体系，使资源的利用发挥最大化效用（刘榆潇等，2020）。Zawislak 等（2012）认为资源整合是企业创新能力提升的关键，原因在于资源有效配置驱动企业更好地利用创新机会。同时，Grant（1996）和 Chang（2015）认为成功的新产品开发来自资源和能力的独特组合。通过特殊组合后研发的新产品可以满足环境感知能力获取到的市场需求。本书认为企业依托对外来技术知识及内在技术知识的强效整合，即通过塑造企业对资源的聚合能力，能够更大程度地提升其现有产品的生产效率、优化产品性能，同时也能帮助企业更好地创新出与客户预期相符的新产品，帮助其谋取更大幅度的效益提升，方便组织更好地认识到颠覆性创新为其持久发展带来的重要作用。

联系上述分析，可以确定如下假设。

假设 10.3　资源整合能力正向影响技术与产品颠覆性创新。

假设 10.4　资源整合能力正向影响商业模式颠覆性创新。

10.2.3　组织重构能力与颠覆性创新

Teece（2007）明确组织重构能力的实现需要按照外在环境的改变，努力克服组织惯性的存在及对先前路径的依赖性，进而对各类知识要素实现高效匹配。当环境处于动态变化的情况下，企业能够维持长久盈利的核心就是参照市场及技术出现的改变，对现有的组织结构及资产做好重新分配。换言之，组织重构能力能够帮助企业调整与环境变化不相匹配的经营惯例，实现组织内部各种资源的再次调整与组合（房建奇，2020）。O'Reilly 和 Tushman（2008）明确，在强化组织重构能力的过程中，管理者必须在具备对组织系统进行设计安排能力的情况下，才能够针对组织机构实现重构设计。Helfat 和 Peteraf（2003）明确管理者需要具备针对各类优势资源实现整合控制的能力。本书认为，组织重构能力既可以帮助企业突破原有组织管理惯性的约束及路径依赖，也能为颠覆性创新的实施提供有效的力量支持，助推企业创新决策全过程的实现。

联系上述研究成果，给定如下假设。

假设 10.5 组织重构能力正向影响技术与产品颠覆性创新。

假设 10.6 组织重构能力正向影响商业模式颠覆性创新。

10.3 研究设计

10.3.1 问卷设计

问卷的内容围绕研究问题而设计，本部分聚焦分析动态能力对颠覆性创新的影响，因此问卷的核心在于对动态能力（环境洞察能力、资源整合能力和组织重构能力）和颠覆性创新（技术与产品颠覆性创新和商业模式颠覆性创新）情况进行测量。此外，本书实施的问卷发放对象聚焦于战略性新兴企业，这些企业以重大技术突破为基础，市场需求呈现高度动态化，跨界融合频繁，且与高端智力活动联系紧密，往往催生颠覆性创新，被视为我国产业转型升级的新引擎（李柏洲等，2021）。除此之外，受访个人及企业的基本信息也会对动态能力与颠覆性创新性影响。因此，本次的问卷也囊括这些信息。调查问卷的主要内容包括以下三部分。

第一部分为引言，向受访者说明本次调查的研究背景、研究目的和意义，确保对受访者信息进行保密；第二部分为受访者的基本信息及所在企业的基本信息，主要包括企业年限、企业规模和所属行业等；第三部分为问卷内容，包括各研究变量的衡量题项，以此对研究变量进行有效测量。

10.3.2 变量测量

1. 关键变量

本书涉及的研究变量包括环境洞察能力、资源整合能力、组织重构能力、技术与产品颠覆性创新和商业模式颠覆性创新，还包括企业规模、企业年限等相关控制变量。问卷采用可靠性较强的利克特 5 级量表法，5 级量表具有较低的变异性，可以保证意见的正常表达，同时具有较高的辨识度和很好的测量信度。

在动态能力变量的设计中（表 10.1），环境洞察能力的测量参考学者焦豪和崔瑜（2008）、胡望斌等（2009）、高若阳（2010）等相关学者的研究，同时结合本书对环境洞察能力的界定和内涵，即企业能够从外部环境中发掘并获取创新机会，帮助企业抓住市场机遇，抢占创新制高点。本书采用以下四条衡量条目对环境洞察能力进行测量：①本企业经常去了解行业创新现状和未来趋势；②本企业经常去了解现有客户的需求变化；③本企业经常从企业外部搜寻新的技术并对行业技术变化进行预测；④本企业经常研究相关政策、产业规律。

表 10.1　环境洞察能力、资源整合能力、组织重构能力量表

变量	题项
环境洞察能力	D_1：本企业经常去了解行业创新现状和未来趋势
	D_2：本企业经常去了解现有客户的需求变化
	D_3：本企业经常从企业外部搜寻新的技术并对行业技术变化进行预测
	D_4：本企业经常研究相关政策、产业规律
资源整合能力	D_5：本企业能够更有效地整合内部创造和外部获取的知识
	D_6：本企业能够更有效地整合属于不同技术或应用领域的知识
	D_7：本企业能够更有效地整合新掌握的知识和原有的知识
	D_8：本企业能够识别有价值的知识元素，并将其连接和组合
组织重构能力	D_9：本企业能够适时调整现有的工作流程和程序
	D_{10}：本企业能够灵活地调整组织结构
	D_{11}：本企业能够适时调整与外部合作伙伴的关系和沟通方式
	D_{12}：本企业能够适时地更新已经失效的资源或知识

资源整合能力的测量参考章威（2009）等相关学者的研究，同时结合本书对资源整合能力的界定和内涵，即企业在创新过程中对内外部资源的配置和部署能力，代表着企业对内外部资源的吸收消化和有机融合，并创造出新资源的能力。本书采用以下四条衡量条目对资源整合能力进行测量：①本企业能够更有效地整合内部创造和外部获取的知识；②本企业能够更有效地整合属于不同技术或应用领域的知识；③本企业能够更有效地整合新掌握的知识和原有的知识；④本企业能够识别有价值的知识元素，并将其连接和组合。

组织重构能力的测量参考高若阳（2010）等相关学者的研究，同时结合本书对组织重构能力的界定和内涵，即根据环境的变化，克服组织原有的路径依赖和组织惯性，从而实现各种知识要素之间的匹配。本书采用以下四条衡量条目对组织重构能力进行测量：①本企业能够适时调整现有的工作流程和程序；②本企业能够灵活地调整组织结构；③本企业能够适时调整与外部合作伙伴的关系和沟通方式；④本企业能够适时地更新已经失效的资源或知识。

在颠覆性创新变量的设计中（表 10.2），技术与产品颠覆性创新的测量参考 Zhou 等（2005）等相关学者的研究，同时结合本书对技术与产品颠覆性创新的界定和内涵，即在技术和产品上实现重大突破的创新，是未来技术、产品、服务与产业发展的基础。本书采用以下四条衡量条目对技术与产品颠覆性创新进行测量：①本企业通过创新使得现有产品设备或技术工艺被淘汰/遗弃；②本企业的产品融合了新的技术和知识；③本企业的创新很大程度改变了现有产品、技术、业务或服务；④本企业的创新产品与主要竞争对手的产品在性能等方面完全不同。

表 10.2　技术与产品颠覆性创新和商业模式颠覆性创新量表

变量	题项
技术与产品颠覆性创新	T_1：本企业通过创新使得现有产品设备或技术工艺被淘汰/遗弃
	T_2：本企业的产品融合了新的技术和知识
	T_3：本企业的创新很大程度改变了现有产品、技术、业务或服务
	T_4：本企业的创新产品与主要竞争对手的产品在性能等方面完全不同
商业模式颠覆性创新	T_5：本企业能够创新价值主张，满足客户在产品与服务方面独特的需求
	T_6：本企业能够建立多元化的分销渠道与营销模式，创新价值传递模式
	T_7：本企业能够创新与合作伙伴网络关系的维持与扩展方式
	T_8：本企业能够优化成本结构，创新收入模式

商业模式颠覆性创新的测量参考曾萍等（2017）、臧树伟和李平（2016）、Osterwalder 等（2011）等相关学者的研究，同时结合本书对商业模式颠覆性创新的界定和内涵，即挖掘具有异质性的经营形态，并以低端市场或新兴市场为切入口不断向被在位企业占领的市场实施入侵和赶超，最终挖掘具有更大发展空间的利润市场与增长模式，以此构建具有战略性、差异性的竞争优势。本书采用以下四条衡量条目对商业模式颠覆性创新进行测量：①本企业能够创新价值主张，满足客户在产品与服务方面独特的需求；②本企业能够建立多元化的分销渠道与营销模式，创新价值传递模式；③本企业能够创新与合作伙伴网络关系的维持与扩展方式；④本企业能够优化成本结构，创新收入模式。

2. 控制变量

本书将性别、学历、职位、企业年限、企业规模、企业性质、是否上市作为控制变量，控制变量对结果变量有一定的影响，但是在本书中控制变量对结果的影响不大。职位按照管理者层次进行划分，分别为非管理者、基层管理者、中层管理者和高层管理者；企业年限按照战略性新兴企业的特征进行划分，指的是从企业注册之日到填写调查问卷时的年限，分别为 0~3 年、4~6 年、7~10 年、10 年以上；企业规模以企业现有人数为标准进行测量，将其划分为四个等级，包括 1~100 人、101~500 人、501~1 000 人、1 000 人以上；企业性质分为国有企业、民营企业、外商独资企业、中外合资企业和其他。

10.3.3 问卷调查

问卷的发放需要保证问卷数据的质量和效果，因此需要对问卷的调查对象格外重视，从受访者方收集到的数据将决定调查的研究质量和效果，也能保障研究的可信度。本书根据研究内容，通过以下渠道发放问卷并回收：一是依托科研团队并借助朋友的帮助，对创新型相关企业的管理层进行现场发放；二是通过专业调研机构按照样本特征对接相关企业人员，以在线问卷和电子邮件的方式进行问卷发放。本书选取的受访者大多数为企业管理者，对于企业创新活动都有一定了解，并且是在前线兼有颠覆性创新行为的人员。同时，强调了填写问卷过程中需要注意的事项及容易失误的地方，在受访过程中尽量解决受访者的疑问以保证调查问卷的有效性。

根据构建结构方程模型的稳健性和可靠性，一般要求受访者的数量不低于 200 人，因此本书一共发放了 550 份问卷，满足结构方程模型构建的基本要求。但部分调查者受限于自身因素导致未能完整填写问卷，最后回收的问卷共有 497 份，问卷的回收率为 90.36%。通过对回收的问卷进行初步的有效判断，删除其中的无效问卷，一共得到 474 份有效问卷，问卷有效率达到 86.18%。

10.4 实 证 分 析

10.4.1 描述性统计分析

有效样本的基本信息如表 10.3 所示。从被调查对象的性别来看，男性 263 人，占总样本的 55.5%，女性 211 人，占总样本的 44.5%，可以看出本次调查者性别比例较为合理。被调查者学历分为四个层次，其中本科以下的人最少，只有 51

人，占总量的 10.8%；本科学历有 238 人，占总量的 50.2%；硕士研究生学历有 106 人，占总量的 22.4%；博士研究生学历有 79 人，占总量的 16.7%。被调查者的职位分为四个类别：高层管理者 70 人，占总量的 14.8%；中层管理者 199 人，占总量的 42.0%；基层管理者 116 人，占总量的 24.5%：非管理者 89 人，占总量的 18.8%。

表 10.3 有效样本的基本信息

变量	类型	样本数	有效百分比
性别	男	263	55.5%
	女	211	44.5%
学历	本科以下	51	10.8%
	本科	238	50.2%
	硕士研究生	106	22.4%
	博士研究生	79	16.7%
职位	高层管理者	70	14.8%
	中层管理者	199	42.0%
	基层管理者	116	24.5%
	非管理者	89	18.8%
企业年限	0~3 年	28	5.9%
	4~6 年	76	16.0%
	7~10 年	107	22.6%
	10 年以上	263	55.5%
企业规模	1~100 人	70	14.8%
	101~500 人	189	39.9%
	501~1 000 人	111	23.4%
	1 000 人以上	104	21.9%
企业性质	国有企业	165	34.8%
	民营企业	250	52.7%
	外商独资企业	20	4.2%
	中外合资企业	34	7.2%
	其他	5	1.1%
是否上市	是	237	50.0%
	否	237	50.0%

注：由于舍入修约，数据有偏差

被调查者所在的企业年限分为四个层次：0~3 年的企业有 28 家，占总量的 5.9%；4~6 年的企业有 76 家，占总量的 16.0%；7~10 年的企业有 107 家，占总量的 22.6%；10 年以上的企业有 263 家，占总量的 55.5%。被调查者所在的企业规模分为四个层次：企业规模为 1~100 人的有 70 家，占总量的 14.8%；企业规模为 101~500 人的有 189 家，占总量的 39.9%；企业规模为 501~1 000 人的有 111 家，占总量的 23.4%；企业规模为 1 000 人以上的有 104 家，占总量的 21.9%。从企业性质来看，国有企业有 165 家，占总量的 34.8%；民营企业有 250 家，占总量的 52.7%；外商独资企业有 20 家，占总量的 4.2%；中外合资企业有 34 家，占总量的 7.2%；其他有 5 家，占总量的 1.1%。关于是否上市的调查显示样本各占 50%。

10.4.2　信度分析

根据国内外众多学者的验证，一般认为 Cronbach'α 系数为 0.6~0.7（含）表示问卷信度较好；0.7~0.8 表示问卷信度很好；0.8 以上则表示问卷信度非常好。如果 Cronbach'α 系数低于 0.6，则说明数据的信度较差。将本书的调研数据导入 SPSS 21.0 后并运行，得出结果为环境洞察能力的 Cronbach'α 系数为 0.849，资源整合能力的 Cronbach'α 系数为 0.900，组织重构能力的 Cronbach'α 系数为 0.828，技术与产品颠覆性创新的 Cronbach'α 系数为 0.877，商业模式颠覆性创新的 Cronbach'α 系数为 0.832，整体量表的 Cronbach'α 系数为 0.879。各潜变量的信度均大于 0.8，整体信度大于 0.8，说明正式调查所得到的数据是合适的，可以推断量表的可信度比较高，即调查问卷具有很高的内在一致性，通过对该问卷的数据分析能够将环境洞察能力、资源整合能力、组织重构能力、技术与产品颠覆性创新、商业模式颠覆性创新等状况比较准确可靠地反映出来，问卷具有很好的可靠性。

10.4.3　效度分析

效度即有效性，用于衡量调研问卷的真实性和正确性，考察每一题项是否都针对性地反映了主题的某一个方面。主要通过探索性因子分析和验证性因子分析两种方式进行效度分析。

1. 探索性因子分析

关于动态能力探索性因子分析，从表 10.4 中动态能力的 KMO 和巴特利特球形度检验可以看出，动态能力的 KMO 值为 0.836，通过了显著性水平为 0.05 的巴特利球形检验，说明动态能力的原始数据具有很好的结构效度，适合进行后续的因子分析。

表 10.4　动态能力的 KMO 和巴特利特球形度检验

KMO 取样适切性量数		0.836
巴特利特球形度检验	近似卡方	2 774.893
	自由度	66
	显著性	0

应用最大方差法，根据最大特征值大于 1 提取公因子，共提取 3 个公因子。具体结果如表 10.5 所示。由表 10.5 数据可知，成分 1 的特征值为 4.044，方差百分比为 33.700%；成分 2 的特征值为 2.625，方差百分比为 21.872%；成分 3 的特征值为 1.820，方差百分比为 15.168%。总解释方差为 70.740%，公因子方差均在 0.5 以上，说明丢失的信息相对较少，表明筛选出来的 3 个因子具有很好的代表性。各个测量项的最大因子载荷均大于 0.5，且不存在交叉载荷严重的情况（交叉载荷均低于 0.4），每个测量项聚集在相应的因子下，因此说明这些变量具有良好的结构效度。总体来看，效度检验通过，说明动态能力的结构效度达到了理想效果。

表 10.5　动态能力探索性因子分析

变量	题项	成分			公因子方差
		1	2	3	
环境洞察能力	D_1	0.080	0.750	0.044	0.570
	D_2	0.020	0.866	0.021	0.751
	D_3	0.032	0.835	0.080	0.705
	D_4	0.005	0.856	0.067	0.738
资源整合能力	D_5	0.827	0.054	0.145	0.707
	D_6	0.871	0.054	0.161	0.787
	D_7	0.871	0.007	0.158	0.784
	D_8	0.882	0.040	0.155	0.804
组织重构能力	D_9	0.147	0.089	0.762	0.611
	D_{10}	0.192	0.057	0.812	0.700
	D_{11}	0.107	0.039	0.773	0.611
	D_{12}	0.136	0.030	0.838	0.722
旋转载荷平方和	总计	4.044	2.625	1.820	
	方差百分比	33.700%	21.872%	15.168%	
	累积	33.700%	55.572%	70.740%	

关于颠覆性创新探索性因子分析，从表 10.6 中 KMO 和巴特利特球形度检验可以看出，颠覆性创新的 KMO 值为 0.844，通过了显著性水平为 0.05 的巴特利球形度检验，说明颠覆性创新的原始数据具有很好的结构效度，适合进行后续的因子分析。

表 10.6　颠覆性创新的 KMO 和巴特利特球形度检验

KMO 取样适切性量数		0.844
巴特利特球形度检验	近似卡方	1 674.730
	自由度	28
	显著性	0

应用最大方差法，根据最大特征值大于 1 提取公因子，共提取 2 个公因子。具体结果如表 10.7 所示。由表 10.7 数据可知，成分 1 的特征值为 3.588，方差百分比为 44.470%；成分 2 的特征值为 2.032，方差百分比为 25.396%。总解释方差为 69.866%，公因子方差均在 0.5 以上，说明丢失的信息相对较少，表明筛选出来的 2 个因子具有很好的代表性。各个测量项的最大因子载荷均大于 0.5，且不存在交叉载荷严重的情况（交叉载荷均低于 0.4），每个测量项聚集在相应的因子下，因此说明这些变量具有良好的结构效度。总体来看，效度检验通过，说明颠覆性创新的结构效度达到了理想效果。

表 10.7　颠覆性创新探索性因子分析

变量	题项	成分		公因子方差
		1	2	
技术与产品颠覆性创新	T_1	0.851	0.126	0.741
	T_2	0.855	0.122	0.746
	T_3	0.829	0.093	0.696
	T_4	0.853	0.123	0.743
商业模式颠覆性创新	T_5	0.093	0.814	0.671
	T_6	0.130	0.832	0.708
	T_7	0.128	0.792	0.643
	T_8	0.093	0.795	0.641
旋转载荷平方和	总计	3.588	2.032	
	方差百分比	44.470%	25.396%	
	累积	44.470%	69.866%	

2. 验证性因子分析

为了进一步检验问卷的效度，本书在探索性因子分析的基础上，应用 AMOS 24.0 软件进行验证性因子分析，通过 CR 和收敛效度（AVE）对量表进行有效性检验。

卡方自由度比越小，模型拟合程度越高，反之模型拟合程度越低。一般认为，卡方自由度比小于 1 时表示过度拟合，其值在 1~3 表示拟合良好，大于 3 表示拟合较差。GFI 类似于回归分析中的 R^2，其值在 0~1，但理论上可能会出现没有意义的负数，GFI 值越大模型拟合越良好，一般规定 GFI 值应大于 0.9。AGFI 值越接近于 1 则模型的适配度越佳，一般来说，AGFI 值大于 0.9 则可认为适配度良好。RMSEA 值越小，模型拟合越佳，其值介于 0.05 和 0.08 时说明拟合良好，小于 0.05 时则说明拟合非常好。NFI 的原理是计算假设模型卡方值与独立模型卡方值的差异量，可以看作假设模型同约束条件最多的独立模型之间的改善情况。其取值范围为 0~1，越接近 1 表示拟合越良好，一般要求其值大于 0.9。TLI 又称非规范拟合指数（non-standard fit index，NNFI），由于 NFI 在样本量较小和自由度较大时对模型拟合程度会存在偏低估计的情况，有学者提出了 TLI，它考虑了自由度的影响，是对 NFI 的一个改善。TLI 值越大代表模型拟合情况越好，通常要求其值大于 0.9。CFI 也是通过假设模型与独立模型之间的差异量来衡量拟合度的一个指数，其值越大表示模型拟合越好，一般要求其值大于 0.9。PGFI 是 GFI 的一种变形，它考虑了模型中估计参数的数量。IFI 值一般要求大于 0.9，通过它可以对结构方程模型的简效程度做出评价。

拟合指标评价标准如表 10.8 所示。

表 10.8 拟合指标评价标准

指标	评价标准
χ^2/df	<3
RMSEA	<0.08
GFI	>0.9
AGFI	>0.9
NFI	>0.9
TLI	>0.9
CFI	>0.9
IFI	>0.9

对动态能力进行验证性因子分析，应用 AMOS 软件对图 10.2 进行拟合，具体拟合指标由表 10.9 可知，所有拟合指标均达到判断标准，整体上拟合很好，可

以看出测量模型与数据拟合程度处于一个较佳的水平，模型拟合较好。

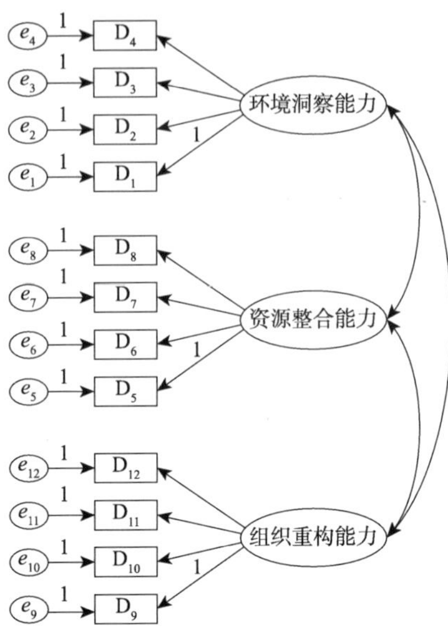

图 10.2　动态能力测量模型

表 10.9　动态能力验证因子分析模型拟合结果

指标	评价标准	拟合结果	是否达标
χ^2/df	<3	1.424	是
RMSEA	<0.08	0.030	是
GFI	>0.9	0.975	是
AGFI	>0.9	0.961	是
NFI	>0.9	0.974	是
TLI	>0.9	0.990	是
CFI	>0.9	0.992	是
IFI	>0.9	0.992	是

表 10.10 列示了测量模型的路径系数，各测量指标潜在变量的标准化因子的载荷值均在 0.645~0.870，符合因子负荷量大于 0.5 的标准；各研究变量没有出现负的测量误差，标准误差比较小；临界比值均大于 1.96，参数估计值均达到 0.01 显著水平值（p<1%，以“***”符号表示），表明各因子指标对测量模型的解释力较强，模型的基本适配度良好。模型通过验证性因子分析检验，变量维度设置科学合理。CR 值大于 0.7，AVE 值大于 0.5，说明问卷内部一致性和收敛效度均较好。

表 10.10 动态能力系数估计

组别	非标准化系数	标准误	临界比	p	标准化系数	SMC	1-SMC	CR	AVE
D_1←环境洞察能力	1.000				0.645	0.42	0.58	0.881	0.650
D_2←环境洞察能力	1.326	0.094	14.044	***	0.814	0.66	0.34		
D_3←环境洞察能力	1.248	0.091	13.758	***	0.788	0.62	0.38		
D_4←环境洞察能力	1.239	0.088	14.078	***	0.818	0.67	0.33		
D_5←资源整合能力	1.000				0.765	0.59	0.41	0.911	0.720
D_6←资源整合能力	1.133	0.059	19.250	***	0.849	0.72	0.28		
D_7←资源整合能力	1.273	0.066	19.193	***	0.847	0.72	0.28		
D_8←资源整合能力	1.192	0.060	19.753	***	0.870	0.76	0.24		
D_9←组织重构能力	1.000				0.672	0.45	0.55	0.857	0.600
D_{10}←组织重构能力	1.274	0.089	14.246	***	0.805	0.65	0.35		
D_{11}←组织重构能力	0.944	0.077	12.293	***	0.661	0.44	0.46		
D_{12}←组织重构能力	1.328	0.093	14.311	***	0.813	0.66	0.34		

对颠覆性创新进行验证性因子分析，应用 AMOS 软件对图 10.3 进行拟合，具体拟合指标由表 10.11 可知，所有拟合指标均达到判断标准，整体上拟合很好，可以看出测量模型与数据拟合程度处于一个较佳的水平，模型拟合较好。

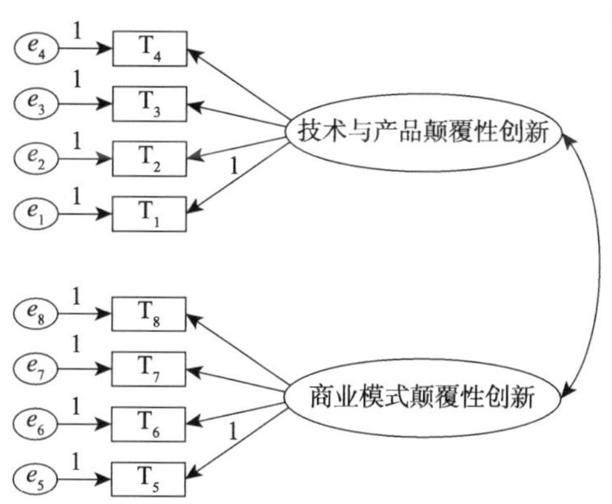

图 10.3 颠覆性创新测量模型

表 10.11 颠覆性创新验证因子分析模型拟合结果

指标	评价标准	拟合结果	是否达标
χ^2/df	<3	0.442	是
RMSEA	<0.08	0	是
GFI	>0.9	0.996	是
AGFI	>0.9	0.992	是
NFI	>0.9	0.995	是

续表

指标	评价标准	拟合结果	是否达标
TLI	>0.9	1.009	是
CFI	>0.9	1.000	是
IFI	>0.9	1.006	是

表 10.12 列示了测量模型的路径系数，各测量指标潜在变量的标准化因子的载荷值均在 0.713~0.817，符合因子负荷量大于 0.5 的标准；各研究变量没有出现负的测量误差，标准误差比较小；临界比值均大于 1.96，参数估计值均达到 0.01 显著水平值（$p<1\%$，以“***”符号表示），表明各因子指标对测量模型的解释力较强，模型的基本适配度良好。模型通过验证性因子分析检验，变量维度设置科学合理。CR 值均大于 0.7，AVE 值均大于 0.5，说明问卷内部一致性和收敛效度均较好。

表 10.12　颠覆性创新系数估计

题项	非标准化系数	标准误	临界比	*p*	标准化系数	SMC	1-SMC	CR	AVE
T_1←技术与产品颠覆性创新	1.000				0.812	0.66	0.34	0.860	0.607
T_2←技术与产品颠覆性创新	0.934	0.049	18.999	***	0.817	0.67	0.33		
T_3←技术与产品颠覆性创新	0.866	0.050	17.478	***	0.761	0.58	0.42		
T_4←技术与产品颠覆性创新	0.988	0.052	18.969	***	0.816	0.67	0.33		
T_5←商业模式颠覆性创新	1.000				0.747	0.56	0.44	0.855	0.597
T_6←商业模式颠覆性创新	1.154	0.075	15.448	***	0.796	0.63	0.37		
T_7←商业模式颠覆性创新	0.881	0.062	14.284	***	0.720	0.52	0.48		
T_8←商业模式颠覆性创新	0.941	0.066	14.156	***	0.713	0.51	0.49		

10.4.4　结构方程验证分析

本书使用结构方程模型来验证研究模型与假设。由于模型中涉及的研究变量比较抽象、主观性强、数量多、因果关系复杂，无法直接度量且度量误差大，若采用传统的多元回归分析方法会出现多重共线性等问题，且分析效果不佳。结构方程模型将回归分析、路径分析及验证因子分析等多种方法进行整合，弥补了传统方法的不足，可以处理多个自变量与多个因变量之间的因果关系，允许自变量和因变量的测量有误差，也可以证实或证伪研究者假设的理论模型。通过检验多变量间的关系，可以得出自变量对因变量影响的直接效应，适合用来解决本部分的研究问题。因此，本书利用 AMOS 24.0 软件进行结构方程验证分析，验证研究假设，揭示变量间的影响效应。

先进行模型建立和适配度检验，检验动态能力对颠覆性创新的影响，将环境洞察能力、资源整合能力、组织重构能力设为前因变量，将技术与产品颠覆性创新、商业模式颠覆性创新设置为后果变量。构建如图 10.4 所示的动态能力对颠覆性创新的影响模型。

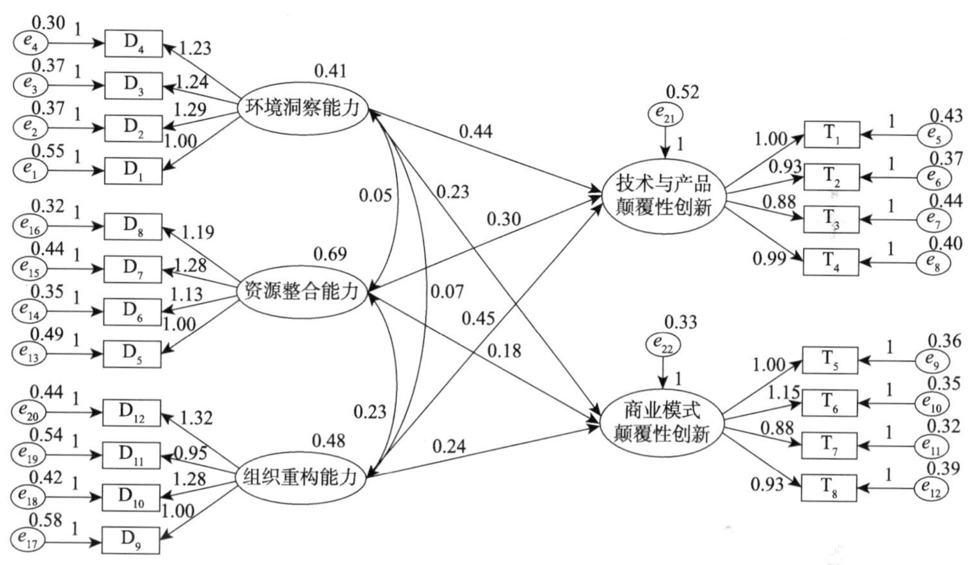

图 10.4 动态能力对颠覆性创新的影响模型路径图

应用 AMOS 软件对该模型进行拟合分析，具体拟合指标由表 10.13 所示。结果表示所有拟合指标均达到判断标准，整体拟合程度良好。绝对适配度指数 χ^2/df 为 1.121 < 3，符合标准；绝对适配度指数 GFI、AGFI 皆大于 0.9，RMSEA<0.08；增值适配度指数 NFI、IFI、TLI、CFI 皆大于 0.9，符合标准。可以看出结构模型与数据拟合程度处于一个较佳的水平，结构模型拟合较好。

表 10.13 结构方程模型拟合结果

指标	评价标准	拟合结果	是否达标
χ^2/df	<3	1.121	是
RMSEA	<0.08	0.016	是
GFI	>0.9	0.964	是
AGFI	>0.9	0.953	是
NFI	>0.9	0.963	是
TLI	>0.9	0.995	是
CFI	>0.9	0.996	是
IFI	>0.9	0.996	是

再对模型的路径进行分析和假设检验，路径系数及显著性水平结果如表 10.14 所示。通过最大似然估计和路径分析，检验结果表明：环境洞察能力和技术与产品颠覆性创新、商业模式颠覆性创新之间的路径关系显著（标准化系数 β=0.313，p<1%；β=0.283，p<1%），说明环境洞察能力与技术与产品颠覆性创新、商业模式颠覆性创新显著正相关，假设 10.1、假设 10.2 得到支持；资源整合能力和技术与产品颠覆性创新、商业模式颠覆性创新之间的路径关系显著（β=0.213，p<1%；β=0.250，p<1%），说明资源整合能力与技术与产品颠覆性创新、商业模式颠覆性创新显著正相关，假设 10.3、假设 10.4 得到支持；组织重构能力与技术与产品颠覆性创新、商业模式颠覆性创新之间的路径关系显著（β=0.345，p<1%；β=0.218，p<1%），说明组织重构能力与技术与产品颠覆性创新、商业模式颠覆性创新显著正相关，假设 10.5、假设 10.6 得到支持。

表 10.14　结构方程模型的路径系数估计

路径	非标准化系数	标准化系数 β	标准误	临界比	p
技术与产品颠覆性创新←环境洞察能力	0.443	0.313	0.070	6.315	***
商业模式颠覆性创新←环境洞察能力	0.300	0.283	0.056	5.361	***
技术与产品颠覆性创新←资源整合能力	0.231	0.213	0.054	4.257	***
商业模式颠覆性创新←资源整合能力	0.244	0.250	0.056	4.339	***
技术与产品颠覆性创新←组织重构能力	0.451	0.345	0.072	6.250	***
商业模式颠覆性创新←组织重构能力	0.177	0.218	0.044	4.014	***

10.5　动态能力在企业颠覆性创新进程中的应用案例

10.5.1　案例相关背景

动态能力可以被理解为一种企业保持或改变其作为竞争优势基础能力的独特能力（Teece et al.，1997），为了对外部动态环境做出适应性的反馈，企业必须常态化地搜集、整合和利用来自内外部的资源、技术。当今世界，已出现一些将动态能力与颠覆性创新融合的先行者，其中包括美国的苹果和特斯拉、德国的西门子等，这些企业均展示了强大的创新能力，使其能够长期保持行业内的领先地位。

与其他创新范式相比，实施颠覆性创新的企业会获得更高的回报，但也会面临更多的风险。尤其是，如何敏锐洞察出细分市场的用户需求？如何推动一项新技术走向被大众能接受的成功市场化进程？事实上，很多新技术在问世之际尽管颇具潜力乃至突破性能，但受制于性能约束或定位于利基市场，往往无法进入市场。动态能力对于捕捉能够孕育商业新机会点的新技术，以及推动新技术创新成果的转化和市场化具有重要作用。对于后发企业而言，其需要构筑动态能力以锁定高效的技术解决方案，并通过提升性能、优化成本以超越现有主流市场的在位企业。例如，尽管在 1886 年，卡尔·本茨就设计出世界上第一辆汽车 Benz Patent-Motorwagen，但真正拉开颠覆畜力车市场序幕的，却是 1908 年福特公司 T 型车的问世：福特公司拟定了量产汽车的计划和标准，并根据技术和市场情况，有针对性地创建了资源库，并对其进行扩展和调整，从而能够以更低的成本生产普通百姓可以购买的汽车。在开始大规模生产汽车之后，原有的畜力车市场逐渐被颠覆，福特公司也通过卓有成效的运营，获取了高额回报。

与上述标杆企业相比，尽管海尔已基本具备五种核心资产（稳定客户、品牌价值、交付能力、企业规模、营销渠道），但要得到外部的广泛认可还有待努力。成长于 1984 年的海尔，多年以来被深深贴上家电企业的烙印，其催生消费升级和产业变革的颠覆性技术并不多，造成这一现象的原因不仅在于消费电子业的痛点，还在于受制于组织惯例、创新惰性等因素的研发根源。在一份来自海尔与 IBM 合作发布的报告中，在用户需求认知、技术趋势把握和创新等方面痛点的许多根源能在研发维度上找到答案（图 10.5）。由此，海尔意识到，曾经的家电核心业务频繁遭到侵蚀，那些曾经寄予厚望的新业务，开展起来也没有想象中容易，新形势下内外部环境的变化迫使企业转变经营哲学、管理理念，如通过构建动态能力、实现颠覆性创新来获得全球竞争优势。

消费电子业的痛点

- ➢ 了解用户并发现日趋离散的用户需求
- ➢ 价格快速下跌带来的利润压力
- ➢ 低成本的模仿者加剧了竞争
- ➢ 难以预知、推动技术改变
- ➢ 未充分利用商业模式创新
- ➢ 创新有限，研发管理不能与时俱进

研发根源

- ▪ 研发不包含市场规划能力也不能促进其提高，不能成为感知、塑造及创造需求的核心
- ▪ 研发不制定创新战略，也没有将设计和时尚结合起来以达到差异化的目的
- ▪ 研发要有更强的知识产权保护和资产战略，从而保证利润、削弱低成本厂商的竞争地位
- ▪ 研发应该更加依靠行业专家和学术界展望技术前景、制定严格的研究规划流程
- ▪ 研发没有通过渠道创新和新的组织架构传递新的价值
- ▪ 研发不是协作的焦点，不能促进商业战略朝着未来前景发展从而获取可持续的竞争优势

图 10.5 消费电子业的动态与研发根源

资料来源：海尔与 IBM 联合研究及宣讲的有关资料

因此，从张瑞敏出任海尔董事长开始，海尔就思考酝酿如何构建独特的动态能力。伴随着企业的快速发展及环境演变，这种迫切性越来越高，着力塑造企业动态能力在 2005 年海尔进入“全球化品牌”阶段成为战略焦点。在这个节点上，首先，随着中国加入 WTO，全球化对中国家电产业的影响程度日益加深，市场竞争更加激烈，原本跨国家电企业主导的价值链位势随着中国企业的成长发生转变。其次，用户需求渐趋个性化，产品更新频率显著加速、生命周期明显缩短。再次，创新分工越发细致，依靠企业垂直整合的模式早已不再适用，越来越多的异质性合作伙伴加入创新活动中。最后，海尔意识到随着互联网技术的普及和渗透，必须迎合国家大力推行的战略性新兴产业发展浪潮，从而推动传统家电产品向高端化、智能化发展，同时不断拓展集团的业务边界——从一家家电企业迈向兼具生物科技、智能家居、数字科技等在内的综合方案解决商。由此，在逐渐夯实企业竞争力的基础上，通过持之以恒塑造的动态能力也在海尔内部慢慢地发酵，海尔近年来取得的显著成绩与此有着紧密的关联。

10.5.2 案例要点分析

选择海尔近年来的四个典型颠覆性创新项目进行对比分析，具体包含智慧空调、不用洗衣粉的洗衣机、无尾电视和物联网冰箱。如表 10.15 所示，在这些颠覆性创新项目中，海尔通过塑造敏锐的环境洞察能力，着重强化资源整合能力，加强了对用户需求和商业机会点的捕捉，同时推动了企业与外部合作伙伴的能力与资源匹配，并辅以多元化的激励机制与约束机制，有力地激发了合作各方的合作潜能。

1. 环境洞察能力

海尔将环境洞察能力解析为，能够迅速洞察关键的技术机会点及细分市场的用户需求。2005 年，张瑞敏提出了“人单合一”模式。在此模式下，员工高度自主、创新潜力激发，并与用户直接面对面并建立紧密联系，使其能够敏锐地感知细分市场的需求变化。进一步地，海尔在发展进程中始终遵循一条战略主线，那就是用户是企业创新的核心因素，必须围绕用户需求来创造价值。以智慧空调为例，该颠覆性产品是海尔于 2013 年 10 月推出的，它起源于 673 372 名网友和海尔开放式创新平台（HOPE）的交互：通过系统调研全球用户对传统空调的使用反馈，包括容易产生空调病、制冷风急、远程控制不便等痛点。该产品的颠覆性亮点在于使空调拥有自主思考的技能，不再像以往那样单纯基于使用者的指令而运行。

表 10.15 嵌入动态能力（环境洞察能力、资源整合能力）的海尔颠覆性创新项目

项目	环境洞察能力	资源整合能力				备注
		大学	科研院所	供应商	其他伙伴	
智慧空调	市场期待舒适送风、高效除霾和智能控制的空气净化解决方案。其中，扬弃压缩机送风弊端，海尔采用颠覆性空气射流技术，实现了感知送风和智能检测等	西安交通大学：受海尔空调委托，承担该产品的核心部件——蒸发器模块的结构设计	中国标准化研究院：提供了蒸发器模块的传热效率计算和模拟； 中国科学院、中国空气动力研究与发展中心：参与了风扇、风道模块的研发设计	金龙电器：通过早期介入研发方式参与蒸发器模块的研发设计； 松下：和海尔一起共同研究用户需求，设计并供应高效电机模块	中国合格评定国家认可委员会：授权海尔建立国家认可的检测实验室，企业在内部即可完成检测和合格评定	针对非核心技术，海尔采用项目制方式委托外部机构研发；针对关键技术研发或模块供应，海尔遴选战略合作伙伴，开展联合研发乃至共建实体合作形式。基于该项目，海尔与西安交通大学还共建联合研发中心
不用洗衣粉的洗衣机	一直以来，洗衣电器采用的是添加洗涤剂方式，容易造成资源浪费、环境污染等问题。采用逆向思维，海尔推出电解离子洗涤技术（免加洗涤剂），实现碱性离子洗衣杀菌、酸性离子消毒的功能	中国科学技术大学：与海尔协作研究开发了创新的免添加洗衣粉的洗涤技术	中国家用电器研究院：提供产品的性能检测服务； 中国科学院：受企业委托研发新型质改剂，用以改善电解液的去污能力	艾默生电机：作为海尔的战略性供应商伙伴，参与到该产品的研发设计中，并提供动力（电动机）模块	VDE：为该产品提供性能检测和认证服务，进而使海尔跨越进入国际市场的门槛； IEC：借助国际化标准平台，海尔成功地将不用洗衣粉的电解洗涤技术提案写入了 IEC 标准	海尔与中国科学技术大学共享创新成果，联合研发的创新技术成果获国家科技奖励； 基于该项目建立的互信关系，艾默生电机、VDE 等机构也获得与海尔洗衣机进行多次延续性的合作机会
无尾电视	目前电视机均为有线电源，且加上机顶盒的遥控器太多，用户使用不便。海尔基于颠覆性无线电力技术，实现了电力及视频信号传输	麻省理工学院：为企业提供面向电视机的无线电力传输技术方案； 重庆大学：为海尔提供低功率家电的无线传输方案	信息产业部电子第四研究所：受企业委托，提供电磁兼容测试服务	以色列 Amimon：提供无线高清传输等模块； 以色列 Powermat：提供无线供电模块； 台湾 Mstar：提供无线 Wi-Fi 通信模块	无线充电联盟：为该产品提供制定标准和无线充电信息交流平台	海尔与麻省理工学院的无线传输方案提供方 Witricity 签订了授权使用协议，该协议与新产品的上市数量、销额等指标绑定，明确了利益分配； 海尔通过开放式创新平台整合了 Amimon、Powermat 等伙伴参与创新
物联网冰箱	冰箱被广泛认知为储藏食品的传统家电。海尔物联网嵌入进来，改变了用户的使用习惯，实现了便捷交互，提高了对食品的管理与应用	清华大学：与海尔一起，共同研究开发面向家用电器的互联、互操作技术标准	中国科学院：基于与海尔合资共建的海尔科化工程塑料国家工程研究中心实验室，双方围绕该产品开展新型抗菌材料的研发创新	巴西恩布拉科：采取早期介入研发方式，为海尔提供新型压缩机设计方案； 陶氏公司：为海尔的物联网冰箱提供高效保温解决方案	IEC：海尔推动了在 IEC 设置智慧家电标准化特别工作组（Smart Home Group）	海尔牵头组建了 e 家佳技术标准联盟，共建专利池、推动标准和产业化发展； 恩布拉科通过早期参与研发形式介入海尔产品研发。目前，恩布拉科也是海尔最大的压缩机供应商

2. 资源整合能力

整合全球优势研发资源，实施“不求为我所有”及“但求为我所用”思路，也是张瑞敏提出的“世界就是我的研发部”的具体写照。海尔将外部合作伙伴分为以下几类。

（1）战略合作伙伴。战略合作伙伴不仅具备技术创新能力，还具备采购、测试甚至生产能力。例如，战略供应商不限于供应特定模块；它还可以促进供应商早期参与模块研发阶段的协作创新。一般来说，战略供应商在介入、完成模块的研发设计后，可能有很好的机会供应模块。就该类合作伙伴而言，海尔为了实现战略目标或核心技术，在联合研发实体、长期路线图共享等协议方面签署了合作协议。

（2）普通合作伙伴。普通合作伙伴对非核心模块的投入，归因于它们的成本效益、客户亲密度的设计优势及与海尔的地理接近。合作双方进行研发委托或联合研发，开发非核心技术，进而有助于缩短上市时间、降低研发成本并稀释不确定性或风险（表 10.15）。

组织模块化赋能的海尔 HOPE 平台，对提升海尔资源整合能力发挥了显著作用。如图 10.6 所示，社区、技术、创意三个模块互为彼此犄角，形成了洞察最新行业技术动态、建立专业的交互圈子、持续产出各类颠覆性创意、快速精准匹配全流程资源、创意转化全流程支持五大核心能力，继而有力地支撑了海尔的颠覆性创新。

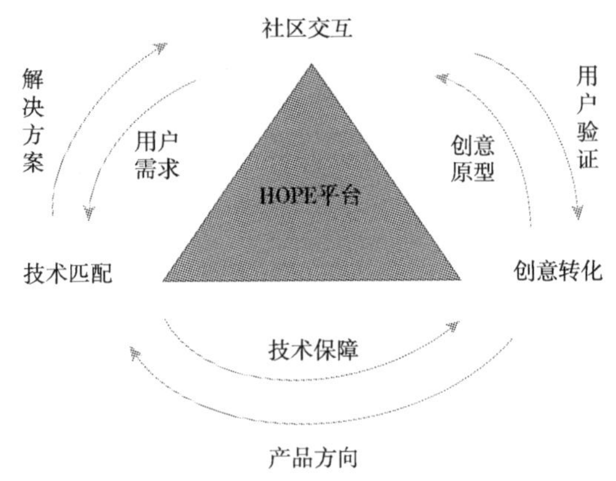

图 10.6　海尔 HOPE 平台的构成

资料来源：案例企业提供

3. 组织重构能力

在用户需求个性化、市场竞争动态化情景下，企业为了实现颠覆性创新，越发呼唤敏捷性创新组织。张瑞敏多次公开表示，科层制组织难以应对市场竞争环境的动态发展。科层制对外部环境变化反应迟缓，制约企业快速成长，难以快速满足个性化需求。因此，为了应对动态环境变化、激发价值创造活力，必须开展组织重构和管理创新。从内部看来，张瑞敏在 2005 年开创性地提出"人单合一"双赢管理模式后，海尔拉开了企业组织再造的序幕，并于 2010 年在全球首推"自主经营体"的尝试。海尔将既往的金字塔形组织架构转为倒金字塔形——员工在最顶端直接面对市场，继而最直接地了解用户需求和痛点。相应地，领导位于企业组织架构的底部，他们的职责是为企业员工提供资源和平台支撑（图 10.7）；为使倒金字塔形组织架构运行稳固持久，海尔又战略性地消除了中间层，并借此推动了企业组织架构的扁平化，形成了网络组织（陈劲，2017）。

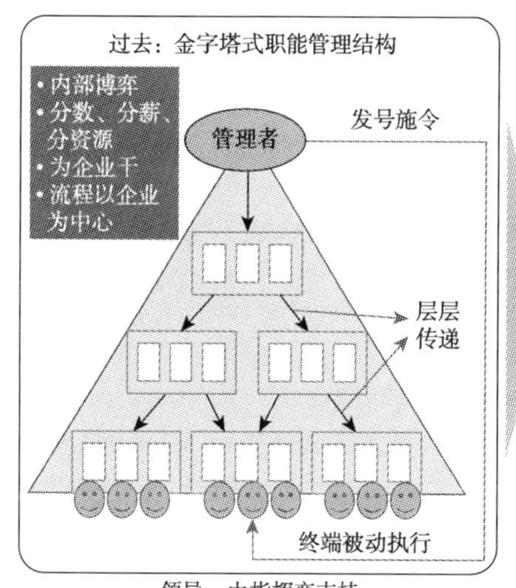

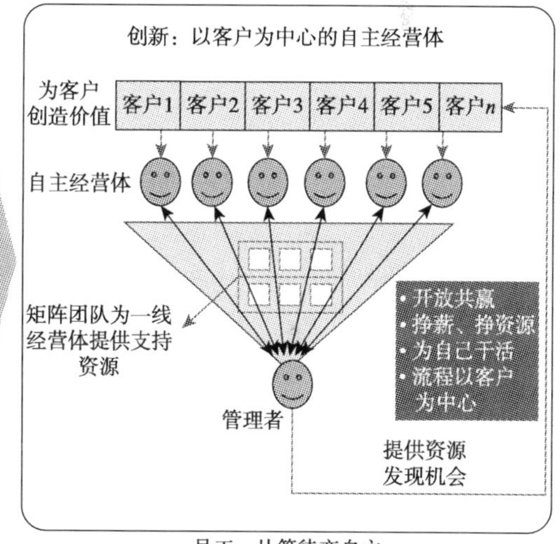

图 10.7 海尔内部组织的重构：从金字塔形到倒金字塔形

资料来源：案例企业提供

运用组织模块化思想对经营体业务流程进行解构，可形成多种可以动态组合的业务流程模块（图 10.8）。一方面，对于每一个模块来说都是可替代、可选择的，这就扩大了模块化组织的选择范围，实现了模块化的选择价值。另一方面，流程模块间的关系由原来的行政职能切换为平等耦合的服务关系和协作关系，借助于这些关系能将用户需求转变成一系列"内部的需求"，使它们的能力和责任形成互补的整体，即形成以用户需求为中心、岗位之间相互耦合、自行调节运行的模块化组织。进一步地，海尔从 2014 年开始深化实施"人单合一 2.0"模式后，小微组织形式应运而生。该新型组织业态拥有行动决策权、用人权和薪酬权，反过来企业也转型为小微组织型网络。当企业员工发现市场上新的用户需求后，他们既可自发组成小微组织，也可以寻求外部投资者成立独立运作公司，进而创造出更多颠覆性的产品。

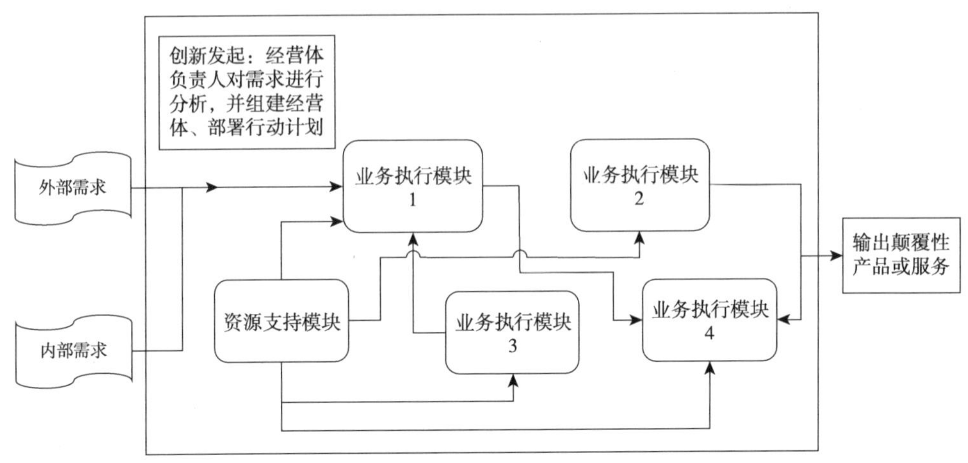

图 10.8　组织模块化下的海尔经营体解构示意图

再从外部来看，海尔是中国家电行业率先践行开放式创新战略的企业，这种创新范式是海尔实施“世界就是我的研发部”的真实写照，且确实给企业带来了巨大惠益：海尔整合全球的资源为我所用，进而在共同满足用户需求的前提下实现共赢。然而，这种创新范式在用户需求渐趋个性化、技术日益呈现复杂性时显现弊端——既往外部资源仅仅依附于企业的需求导入创新流程，缺乏在前端时效性地对接用户需求。此外，既往外部资源以海尔为核心进行交互，资源与资源之间缺乏整合和有序的协同。由此，海尔推动了新的创新战略模式转型：由线性开放式创新模式过渡为围绕用户需求进行交互并联式的创新生态系统模式。从这种角度来看，符合组织模块化的关键特征——组织成员之间具有独立性关系，它们依赖透明的程序或规则来开展工作而非行政命令，从而推动基于创新生态系统的价值共创，如图 10.9 所示。

在此过程中，海尔通过实施模块化战略，为搭建生态系统、吸纳生态合作伙伴提供了铺垫。如图 10.10 所示的海尔智慧空调创新生态系统模型，模块化使得异质性成员聚合成为可能：它允许一组不同但又相互依赖的组织在没有完全分层命令的情况下进行协调。在有限的协调情景下，相关的任务可由不同的互补方承接。

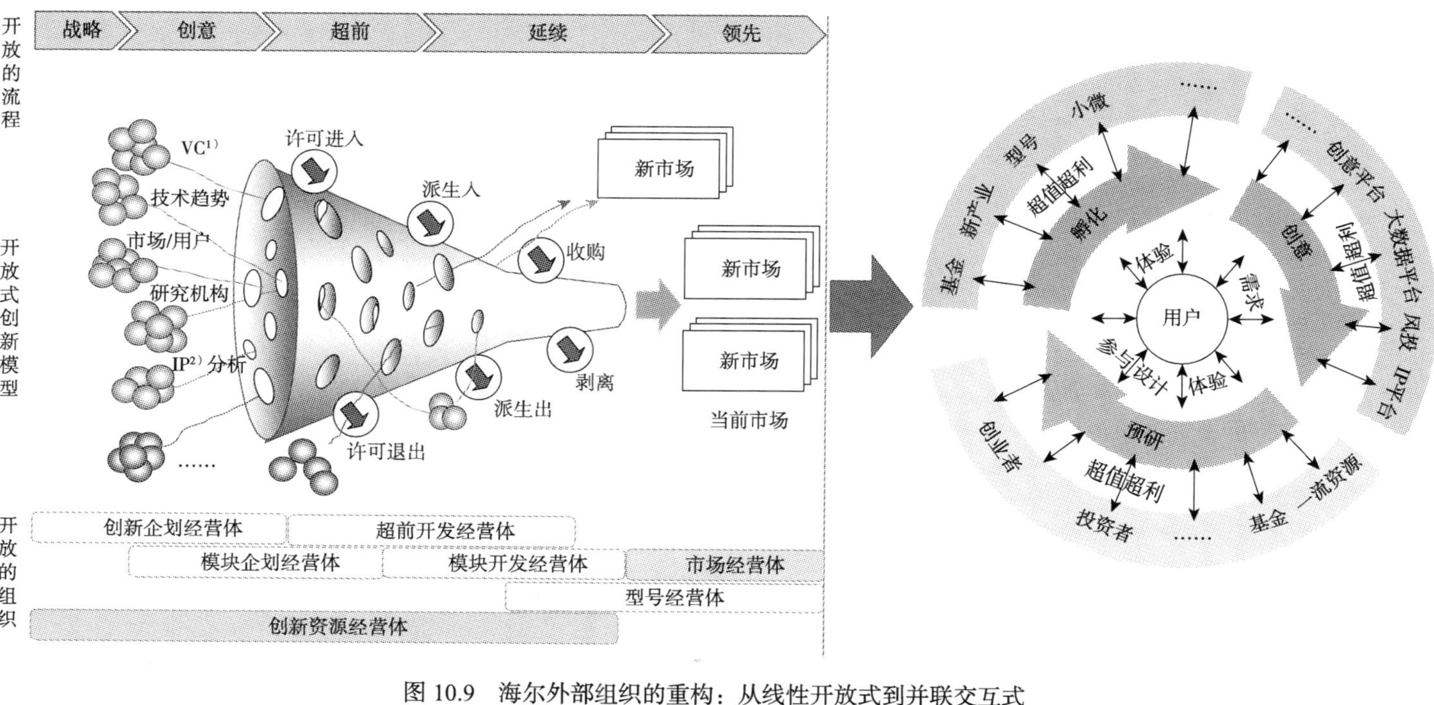

图 10.9 海尔外部组织的重构：从线性开放式到并联交互式

1）VC：venture capital，风险资本；2）IP：intellectual property，知识产权

资料来源：陈劲（2017）

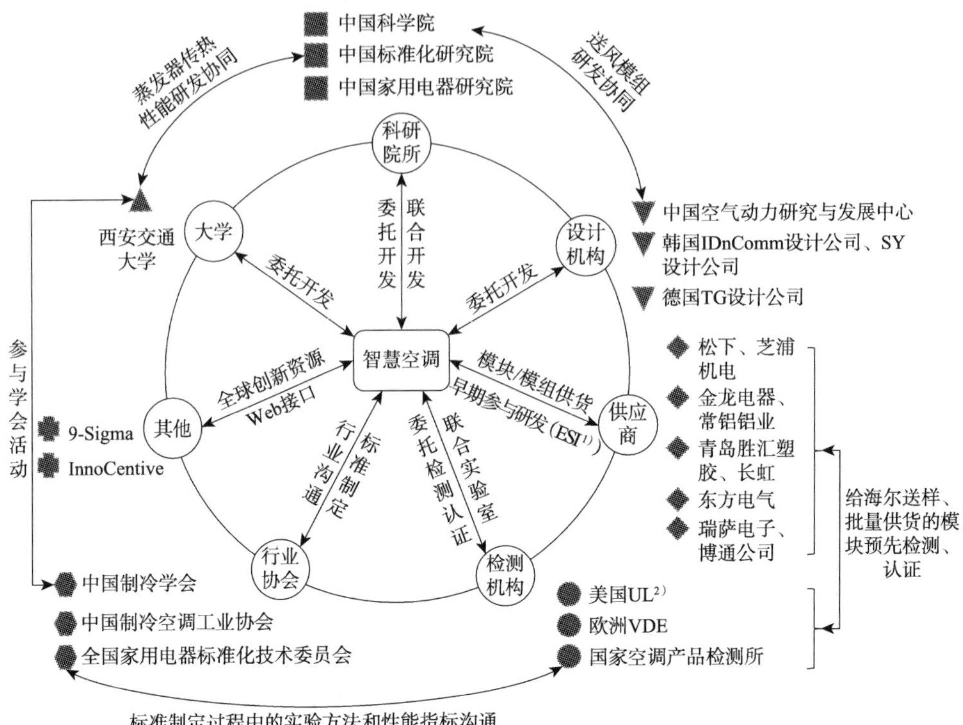

图 10.10　海尔智慧空调创新生态系统模型

1）ESI：electron spray ionization，电喷雾离子源；2）：美国 UL：Underwriter Laboratories Inc.，美国安全检定实验室公司

比较起来，模块化下创新生态系统与传统的层级式组织结构，以及依靠契约所形成的供应组织关系相比有着显著的差异，主要体现在：①模块化产品的设计原则或设计规则，成为协调组织间创新活动的关键机制，这些原则或规则是支撑产品架构稳定性的关键保障。由此，传统的行政命令或契约约束被淡化了——尽管不需要受到合同安排的过分约束，但仍然具有显著的相互依赖性。②基于开放性的产品架构，各组织模块成员参与到这一充满活力但又呈现弱连接的创新生态系统中，围绕如何为用户提供更好的显示体验这一重要问题，在海尔的协调和指导下促进创新行动，共同推广颠覆性创新研发到成功商业化这一愿景。

10.6　本 章 小 结

本章将动态能力视为包含环境洞察能力、资源整合能力和组织重构能力的多维构念，建立了动态能力对颠覆性创新影响的理论模型。在此基础上，针对我国战略性新兴企业样本开展调查研究，并收集有效问卷 474 份。进一步地，采用 SPSS 21.0 和 AMOS 24.0 软件进行结构方程路径分析，论证和检验动态能力对于企业颠覆性创新的影响机制。研究结果表明，动态能力对企业颠覆性创新具有正向显著影响。

在此基础上，选择海尔近年来的四个典型颠覆性创新项目进行探索分析。研究表明，在这些颠覆性创新项目中，海尔基于敏锐的环境洞察能力，充分发挥了资源整合能力，加强了企业与外部合作伙伴的能力与资源匹配，并辅以多元化的激励机制与约束机制，有力地激发了合作各方的合作潜能。更进一步，组织模块化思维还在案例企业塑造组织重构能力中发挥了重要作用，在内部推动了经营体组织的模块化分工和协作；在外部推动了基于开放式创新的线性过程模式转变为基于用户需求的并联交互式创新生态系统组织模式。

第 11 章　结论、展望与对策

11.1　研究结论

在国家发展引领产业变革与突出颠覆性技术创新的时代背景下，本书桥接组织模块化、颠覆性创新、创新生态系统等理论，探索了组织模块下企业颠覆性创新生态系统建构的基本规律、结构特征、动态演化和管理机制等，进而丰富了组织生态理论和技术创新理论体系，弥补了目前学术界的研究缺失。本书围绕“问题分析—理论建构—交叉验证—对策建议”的思路层层递进开展，析出了组织模块化驱动的企业颠覆性创新生态系统的整合性逻辑框架（图 11.1），其要点如下。

1. 构筑企业创新生态系统是提升组织绩效、实现颠覆性创新的先决条件

在以技术颠覆性和对新产品和服务的需求极不稳定为特征的动态环境中，企业面临着比以往任何时候都更加敏感的需求，企业也绝不能再指望在孤岛经营的情况下取得成功。研究表明，创新生态系统是核心企业主导、其他具备独特能力的异质性合作伙伴参与的虚拟互动社区，其通过合作和竞争有利于提升组织绩效。进一步地，结合来自硅谷高科技企业（谷歌、Facebook、特斯拉等）和三星显示等多案例研究，证实了建构创新生态系统并促进其自组织演化，可以支撑企业快速成长，有利于推出颠覆性成果（技术、产品/服务、模式）。

研究指出，企业创新生态系统具备自组织演化需要三个必要条件：一是生态系统具有开放性；二是构筑松散耦合的成员关系；三是系统内成员协调合作。显而易见，企业创新生态系统不是单一封闭的系统，且成员之间的交互方式也往往呈现多样化的发展趋势。因此，通过构建市场动态开放、灵敏度高的生态系统，不但可以增加系统内成员的互动机会，还能催生此类系统内新生物种的萌发和成

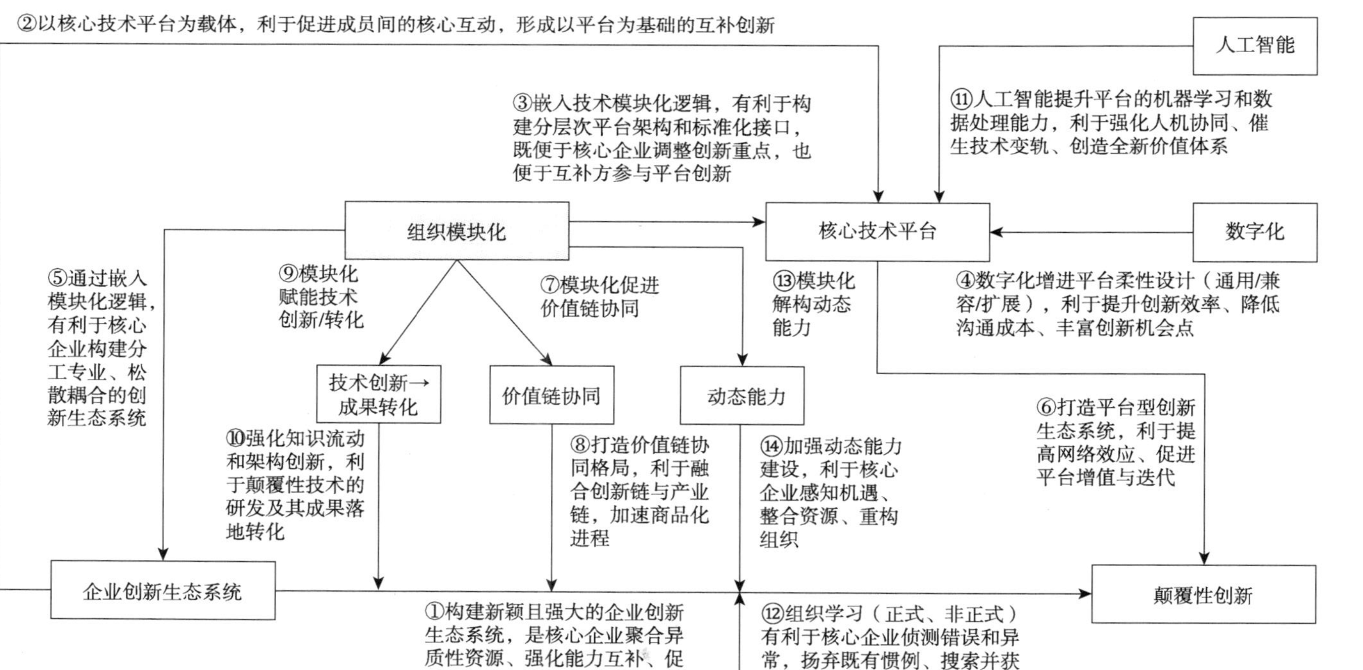

图 11.1　组织模块化驱动的企业颠覆性创新生态系统的整合性逻辑框架

长。随着创新生态系统成员的不断增加和交互方式的灵活化，有必要利用基于 IT 的工具（如数字平台）来连接用户需求、整合合作伙伴、处理信息沟通，继而开展跨组织边界、跨学科边界、跨地域边界的高维和多维协作。

2. 组织模块化是赋能企业创新能力、调节企业创新生态系统的重要抓手

在组织模块化情景下，基于明确的模块接口规则而非层级式行政命令，可以推动创新生态系统成员从传统“面对面”竞争转向“背靠背”共生共赢新格局，同时减少合作创新摩擦、催生技术方案裂变。本书主张，组织模块化的范畴可以被解析为动态与静态两个维度，组织模块化是对技术模块化的承接与拓展，本书的焦点案例分析均按照此逻辑展开。研究表明，组织模块化下企业创新生态系统的实现机制表现在创新杠杆机制、创新协同机制和创新互利机制上。

如图 11.1 所示，组织模块化还可以用来解构动态能力、组织学习等，而动态能力和组织学习也是调节企业创新生态系统、影响颠覆性创新的关键途径。这也给我们带来启迪，组织模块化可以将复杂的概念/机制解析为较小且易于管理的单元/构面，在此基础上运用 Schumpeter 思想的“新组合”进行配置，从而擦出 1+1>2 的创新火花。由此，相信未来还会有其他企业创新生态系统影响颠覆性创新的途径被开发出来，进而为企业开创颠覆性创新的征程提供多元化的途径选择。

3. 组织模块化能促进价值链协同、建构与治理企业颠覆性创新生态系统

企业颠覆性创新生态系统必然是创新链与产业链之间的深度融合与发展，且是能促进创新链和产业链双向互嵌、协同升级的体系。本书主张，全球化不仅仅是特殊创新情景，更能带来与颠覆性创新息息相关的创新要素，而组织模块化下企业颠覆性创新生态系统是由枢纽企业牵引、集结其他互补方的模块化创新网络，且突出表现为单核价值链和多核价值链的嵌套与耦合。在该网络内嵌入若干模块子系统及资源模块，可以形成外部协作、内部联动的有机整体。

在组织模块化和价值链协同的双重作用下，企业颠覆性创新生态系统的分工包括颠覆性创新供给、颠覆性创新整合和颠覆性创新应用三个主要模块节点，并被具备不同能力的成员承接（配合）。由此，组织模块化嵌入的价值链协同是建构企业颠覆性创新生态系统的重要手段，辅以相应管理机制（动态优化机制、核心互动机制、耦合协同机制、价值共创机制），可以推动合作伙伴间的良性竞争，促进核心企业与其价值链合作伙伴进行知识分工、知识共享、知识再创造，同时，还能规避核心企业利益侵占导致的“马太效应”，进而形成互利共赢、迭代演进的

颠覆性创新生态圈。

4. 模块化数字平台是连接互补方、强化颠覆性创新生态系统的关键纽带

“无平台不生态”，研究指出，核心技术平台具备连接、匹配、促进和协调等作用，而当平台技术架构、运维组织及业务流程嵌入模块化思维时，有利于构建分层次平台架构和标准化接口，既可以显著降低来自技术和市场层面的不确定性和复杂度，也便于核心企业调整创新重点和互补方参与平台创新。数字化具备的可视性、分布性和可编辑性特征，能够赋能模块化平台这一载体缩短企业与用户、互补方的距离，继而缩减沟通成本，提升企业颠覆性创新效率。进一步地，具备通用、兼容和扩展特征的模块化数字平台，是数字化下构建企业颠覆性创新生态系统的必要载体，更是强化企业颠覆性创新的关键纽带。更进一步，除了上述管理机制外，领先企业还结合模块化数字平台属性实行了适配性的管理机制（如平台吸引机制、连接匹配机制、扩展放大机制等），以提升创新生态系统的网络效应、促进创新生态系统的良序运转。

11.2　未来展望

第一，组织模块化带来的创新连带风险及其应对策略需要被给予足够的重视。模块化既能带来创新效益也会引致创新风险，只有夯实模块化的根基才能有效提高企业颠覆性创新的绩效。在模块化产品架构和模块化组织架构设置不合理的情景下，当枢纽企业以其为载体建构创新生态系统时，可能会带来不容忽视的创新风险。对此，未来有必要对组织模块化可能引发的颠覆性创新生态系统风险进行系统性识别、评价和控制，围绕（不限于）组织模块化架构陷阱、组织模块接口屏障、核心企业利益侵占、创新生态系统失灵、低端价值链锁定等，提出企业颠覆性创新生态系统的风险应对策略框架。

第二，有机探索颠覆性创新情景如何影响企业创新生态系统重构等问题。颠覆性创新能够通过低端市场切入占领主流市场或开发新市场，它是一种区别于延续性创新、突破性创新的独特范式，是在一个主张不同价值市场（如新生市场或新兴市场）中培育的。在此情景作用下，企业颠覆性创新生态系统的价值蓝图与现有创新生态系统的价值蓝图存在着本质不同，具体可能体现在网络结构、角色

分配、交互行为和治理机制等多重维度。因此，有必要开展颠覆性创新对企业创新生态系统的重构影响研究，以及应该采取何种应对措施。此外，从企业管理者和战略决策者的角度，针对企业创新生态系统中的颠覆式威胁，也存在广阔的研究空间。

第三，深入开展企业颠覆性创新生态系统如何影响组织绩效影响的研究。尽管本书通过多角度阐释了组织模块化下企业颠覆性创新生态系统的建构问题与管理机制等，然而，总体看来，现有关于上述视角下企业颠覆性创新生态系统的理论体系研究仍不成熟，如该类生态系统对其组织绩效的作用机理和影响关系等。由此，有必要以跨行业的多企业为样本，采用实证分析方法，检验组织模块化下企业颠覆性创新生态系统对组织绩效的影响研究。此外，有研究表明核心能力是维持企业持续性发展的重要条件（Prahalad and Hamel，1990），即提升企业经营绩效不能单纯依赖技术和产品，还应该着重塑造独特的核心能力。因此，有必要探讨企业颠覆性创新生态系统中核心能力影响组织绩效的根本逻辑与效应，进而协调整合不同的研究观点。

11.3 有关对策

围绕如何有效推动中国企业实现颠覆性创新这一命题，提出如下相关建议。

1. 着手顶层设计，成立专业管理机构，形成常态化机制

第一，开展系统的颠覆性技术创新顶层设计，调动各类新主体的积极性。开展颠覆性创新的顶层设计，制定相关政策。面对颠覆性创新，国家还要从战略全局考虑“当前和未来投入的平衡、现有秩序破坏和未来格局重塑的平衡”，处理好技术和管理的冲突问题。同时，聚焦新时代中国体制机制改革问题，着力推进创新治理现代化。要自上而下打破思维僵化，深化对颠覆性创新的认知，扎实落实基础性科技创新制度，优化创新环境。

第二，围绕国家布局重大颠覆性创新的全生命周期链条开展具体实施工作。借鉴国内外既有的先进经验做法，设立区别于现有的科技创新管理部门、机构或特区等，深入持续开展战略研究，厘清颠覆性创新的特征和规律，加强颠覆性创新的战略研判；开展常态性的颠覆性技术扫描收集、识别评价和预警反馈，同时探索新的管理方式，防范技术突袭，回应伦理热点；等等。

2. 不断提高企业在颠覆性创新体系中的主体地位

根据针对中国制造业和信息技术领域的企业访谈结果，80%以上的企业反馈没有颠覆性创新的准备和规划，且在持续创新投入上明显不足。2019 年中国规模以上制造业研发经费内部支出占主营业务收入的比重达到 1.43%。根据 OECD（Organization for Economic Co-operation and Development，经济合作与发展组织）的统计分析，若企业研发经费占主营业务收入的比重低于 2%，企业的重大技术创新将很难维持。由此提出如下建议。

第一，着力培养一批"专精特新"的高科技中小企业和"强优大高"的产业龙头企业，着力提高企业对颠覆性创新的重视程度，积极引导优势产业链中的企业加大颠覆性创新的研发投入，"把钱花在刀刃上"。同时，企业要培养居安思危和勇于创新的文化，要抛弃依赖延续性创新发展的惯性思维，积极部署颠覆性创新产品或技术。

第二，企业要积极提升创新嗅觉和创新洞察能力，把握对消费需求和产业发展的技术走势，发挥在创新发展过程中的政策利好条件和资源禀赋优势。同时，企业应积极强化原始创新、集成创新、引进消化吸收再创新，对于有条件的优势企业，还可设立类似于惠普实验室、谷歌 X Lab、华为"2012 实验室"等前瞻性实验室，以有效实施颠覆性创新研究活动，努力创造出令人瞩目的发明艺术。

第三，企业要探索运用技术创新管理策略（如技术模块化），通过技术变轨和创新试错打造具有较强竞争力的核心技术平台，充分利用产品架构的聚合和纽带功能，以整合优质的合作伙伴；要保持开放和合作的态度，打破产学研合作篱笆，促进产业上下游联动和创新要素集成，积极探索运用价值链创新管理策略，提升企业构建、塑造全球价值链能力。

3. 提升颠覆性知识和技术供给侧的创新自信

高校院所要强化科研意识、增强研究本领，切实解决基础研究水平不高、原始创新能力薄弱等突出问题。同时，高校院所要与行业重点企业开展技术联合攻关，尽快取得一批填补行业空白、引领未来的重大成果。加强基础科学研究的任务部署，继续发挥国家财政资金在基础科学研究投入中的引导作用。要高度关注可能引起现有投资、人才、技术、产业、规则"归零"的颠覆性创新，力争实现"弯道超车"。

此外，高校院所要进行切实契合市场需求和问题导向的科学研究。高校院所要充分利用中国学术团体集聚的杰出专家、学者和产业精英优势，开展多种学术交流和活动，直接聚焦最前沿、最核心、最"卡脖子"、最具前瞻和颠覆性的问题。瞄准产业需求，与时俱进地构建新工科专业体系，借鉴浙江大学服务经济社会发展的思路和“政产学研”四轮驱动模式，让高水平的科研成果转化为实实在在的生产力和教育资源。

进一步地，建议在重点高校加快布局建设承接国民经济战略性需求的高水平研究平台。强化建设或共建中试基地，确保通过生产性模拟实验的颠覆性科研成果进入技术转移市场。提高颠覆性创新成果转化的运作水平，要“让专业的人做专业的事”，让科研人员从繁杂的事务中解脱出来。推行上海交通大学的做法，建设独立运作的技术转移机构，提升科技成果向市场转化的效率。

4. 强化企业颠覆性创新生态系统的建构与治理能力

一个独特且健壮的创新生态系统是企业实现从“后发者”到“颠覆者”的重要载体，它是在现有企业的基础上建立一个新的参与者和联系结构，从根本上重构现有生态系统的价值蓝图。作为运营生态系统的轴心，中国优势企业既要鲜明化其在颠覆性创新进程中的主导地位，还要着力探索构建动态、灵活的颠覆性创新生态系统。

要学习新时代一流标杆企业的成功之道，加快集聚一批高能级创新要素，打造新颖且独特的颠覆性创新生态系统。相应地，还要努力提升颠覆性创新生态系统的治理能力。例如，优化生态系统主体构成，设计有效的生态系统运行机制等，继而促进生态系统持续运营，且为成员间的价值共创和价值分配提供正能量的氛围和互惠互利保障。

进一步地，企业要保持开放和合作的态度，将价值链协同和颠覆性创新要素集成起来，充分整合异质性的价值链资源，积极捕捉和把握颠覆性创新的商业机会。推行浙江省的做法，积极推动“产学研用金、才政介美云”有效联动，即以产业为核心，集聚高校、科研院所、成果转化、金融、人才、政策、中介、环境、服务等要素，构建科技创新“生态圈”。

5. 建设重大科技设施、资源共享的创新平台

一是紧抓国家重大创新平台布局机遇，加强科技创新平台和重大基础设施建设，在重点领域加快建设国家实验室、国家重点实验室等标志性科技创新平台。二是推进高水平科技创新服务平台建设。依托重点骨干企业、高校和科研院所，构建一批新型工业化产业技术创新综合服务平台。鼓励企业开展国际技术转移，推进国际科技合作基地建设。探索建设专利技术转移孵化类配套支持体系、科技创新评估与咨询类配套支持体系，建立健全科技成果转化载体的技术转移经纪人队伍。此外，要充分发挥行业协会桥梁纽带和专业作用，有效利用国内外的科技智库资源，为中国产业界的科技创新需求提供咨询服务。

6. 充分利用颠覆性创新的多元赋能工具

新时代下，中国企业要研判数字化转型带来的机遇和挑战，加快适应并加快数字化转型步伐，发挥大数据、人工智能、云计算等要素对颠覆性创新乃至经济发展的引领作用。要认真贯彻落实《新一代人工智能发展规划》，突破人工智能关键共性技术，提升工业互联网支撑产业基础能力和产业链水平。

企业还应转变价值创造方式、拓宽市场领域，扭转“闭关”发展的模式依赖和组织惯例。相应地，要做好法规、监管、社保、就业等政策储备。要努力改善中国数字基础设施、数字经济产业、数字经济和实体经济融合、数字经济环境等关键指标，为促进颠覆性创新发展提供动力支撑。

此外，新形势下中国企业有必要关注数字时代价值创造的重要驱动力——数字平台构建，即以数字化转型为契机再造企业核心竞争力，着力打造出通用性高、兼容性强、扩展性好的数字平台架构。另外，企业要深刻认识到数字化转型的艰难性和长期性，并着力在业务流程、信息技术基础设施上进行适配性改变。

7. 努力塑造开放自由、容忍失败的创新氛围

充分利用各类媒体开展多层次、多形式的宣传，推动创新文化、创新价值融入“新时代中国精神”，营造敢于包容审慎的创新氛围。积极落实《关于实行以增加知识价值为导向分配政策的若干意见》，全面加强知识产权保护。推行北京交通大学经验，制定参与到科技成果转化工作中的各类人员收益分配办法，切实让全员享受到科技成果转化政策红利。

加强相关学科和课程体系建设，依托国家重大人才工程、重大科技项目和工程等，造就一批能够把握科技前沿趋势、敢于勇闯“无人区”的拔尖人才。探索实行学术休假制度，鼓励相关人才到国内外著名高校和科研机构平台进修学习、从事高水平科学研究等，并把颠覆性创新等高质量研究成果及其转化纳入绩效考核指标。

营造有利于颠覆性创新的政务环境，建立健全科研创新守信激励和失信惩戒机制。推广上海市的做法，支持可能产生颠覆性创新成果但分歧较大的非共识项目。对于科研产生的失败，在依法依规、勤勉尽责、未牟取非法利益、未违反诚信要求的前提下，一律不做负面评价，依法免除相关责任。

参考文献

艾时钟，邬盼莹，杜荣. 2016. 服务外包企业创新能力提升路径——知识共享与吸收能力的中介作用[J]. 科技管理研究，36（1）：135-140.

波士顿咨询公司，阿里研究院. 2016. 平台化组织：组织变革前沿的“前沿”[R].

曹虹剑，张建英，刘丹. 2015. 模块化分工、协同与技术创新：基于战略性新兴产业的研究[J]. 中国软科学，（7）：100-110.

常旭华，刘永千，陈强. 2018. 基于组织层级的高校技术转移绩效影响因素研究[J]. 科技管理研究，38（18）：67-73.

陈冬梅，王俐珍，陈安霓. 2020. 数字化与战略管理理论——回顾，挑战与展望[J]. 管理世界，36（5）：240-256，20.

陈国权. 2004. 学习型组织的组织结构特征与案例分析[J]. 管理科学学报，（4）：56-67.

陈国权，马萌. 2000. 组织学习——现状与展望[J]. 中国管理科学，（1）：66-74.

陈建勋，张婷婷，吴隆增. 2009. 产品模块化对组织绩效的影响：中国情境下的实证研究[J]. 中国管理科学，17（3）：121-130.

陈劲. 2017. 企业创新生态系统论[M]. 北京：科学出版社.

陈劲，陈钰芬. 2006. 企业技术创新绩效评价指标体系研究[J]. 科学学与科学技术管理，（3）：86-91.

陈劲，黄海霞，梅亮. 2017a. 基于嵌入性网络视角的创新生态系统运行机制研究——以美国DARPA 创新生态系统为例[J]. 吉林大学社会科学学报，57（2）：89-99，20.

陈劲，尹西明，梅亮. 2017b. 整合式创新：基于东方智慧的新兴创新范式[J]. 技术经济，36（12）：3-12，31.

陈柳. 2006. 模块化、信息包裹与研发风险的分散[J]. 科学学研究，24（1）：112-116.

陈乃林，孙孔懿. 1997. 终身学习论略[J]. 江苏高教，（6）：5-11.

陈斯琴，顾力刚. 2008. 企业技术创新系统生态性分析[J]. 标准科学，（4）：21-24.

陈威如，王诗一. 2016. 平台转型[M]. 北京：中信出版社.

戴水文，符正平，祝振铎. 2018. 中国新兴企业的组织模块化构建及价值创造——基于战略复杂性视角的华为公司案例研究[J]. 南京大学学报（哲学 · 人文科学 · 社会科学），55（2）：56-68.

戴亦舒，叶丽莎，董小英. 2018. 创新生态系统的价值共创机制——基于腾讯众创空间的案例研究[J]. 研究与发展管理，30（4）：29-41.

党兴华，张首魁. 2005. 模块化技术创新网络结点间耦合关系研究[J]. 中国工业经济，（12）：85-91.

邓雪，高寒. 2013. 产学研联盟内组织间学习影响因素研究[J]. 国际商务（对外经济贸易大学学报），（3）：110-118.

丁勇. 2011. 研发能力、规模与高新技术企业绩效[J]. 南开经济研究，（4）：137-153.

杜俊义，崔海龙. 2019. 互补知识对技术创新动态能力的影响——以组织学习作为调节变量[J]. 技术经济与管理研究，（9）：45-52.

樊治平，欧伟，冯博，等. 2008. 组织知识共享能力的测评与识别方法[J]. 科研管理，（2）：61-66，43.

范洁. 2017. 创新生态系统案例对比及转型升级路径[J]. 技术经济与管理研究，（1）：34-39.

方爱华，卢佳骏. 2017. 大规模定制条件下创新文化研究新视角：模块化设计及流程自动化的二次影响[J]. 科学学与科学技术管理，38（4）：119-127.

房建奇. 2020. 企业家社会资本对科技型中小企业技术创新绩效作用机制研究[D]. 吉林大学博士学位论文.

冯博，刘佳. 2007. 大学科研团队知识共享的社会网络分析[J]. 科学学研究，25（6）：1156-1163.

冯军政，刘洋，魏江. 2013. 如何驱动不连续创新：组织学习视角的案例研究[J]. 科研管理，34（4）：24-33.

高若阳. 2010. 基于知识观的组织模块性与企业适应性研究[D]. 浙江大学博士学位论文.

苟昂，廖飞. 2005. 基于模块化组织架构的价值网络研究[J]. 中国工业经济，203（2）：66-72.

顾红磊，温忠麟，方杰. 2014. 双因子模型：多维构念测量的新视角[J]. 心理科学，37（4）：973-979.

韩晶，孙雅雯. 2018. 借助"一带一路"倡议构建中国主导的"双环流全球价值链"战略研究[J]. 理论学刊，（4）：33-39.

韩沐野. 2017. 传统科层制组织向平台型组织转型的演进路径研究——以海尔平台化变革为案例[J]. 中国人力资源开发，（3）：114-120.

郝斌，冯增田. 2011. 模块化如何推动企业创新——基于文献回顾与理论构建研究[J]. 科学学与科学技术管理，32（2）：78-85.

郝斌，Guerin A M. 2011. 组织模块化对组织价值创新的影响：基于产品特性调节效应的实证研究[J]. 南开管理评论，14（2）：126-134，160.

侯茂章. 2010. 产业集群嵌入全球价值链动因研究[J]. 管理现代化，（5）：45-47.

胡望斌，张玉利，牛芳. 2009. 我国新企业创业导向、动态能力与企业成长关系实证研究[J]. 中国软科学，（4）：107-118.

胡晓鹏. 2004. 价值系统的模块化与价值转移[J]. 中国工业经济，200（11）：68-74.

黄海霞，陈劲. 2016. 创新生态系统的协同创新网络模式[J]. 技术经济，35（8）：31-37，117.

黄海洋，陈继祥. 2011. 颠覆性创新的扩散过程与中小企业的竞争策略[J]. 工业工程与管理，（1）：127-133.

黄鲁成，成雨，吴菲菲，等. 2015. 关于颠覆性技术识别框架的探索[J]. 科学学研究，(5)：654-664.

贾建锋，赵希男，孙世敏. 2011. 组织学习能力的个性优势识别与评价研究[J]. 运筹与管理，20（6）：165-171.

简兆权，刘晓彦，李雷. 2017. 基于海尔的服务型制造企业“平台+小微企业”型组织结构案例研究[J]. 管理学报，14（11）：1594-1602.

蒋石梅，吕平，陈劲. 2015. 企业创新生态系统研究综述——基于核心企业的视角[J]. 技术经济，34（7）：18-23，91.

蒋石梅，张玉瑶，王自媛，等. 2018. 非技术要素对企业创新生态系统的作用机理——以海尔创新生态系统为例[J]. 技术经济，37（4）：32-39，111.

焦豪，崔瑜. 2008. 企业动态能力理论整合研究框架与重新定位[J]. 清华大学学报（哲学社会科学版），23（S2）：46-53，74，143.

靳宗振，罗晖，曹俐莉. 2017. 发展颠覆性创新的导向策略研究[J]. 中国软科学，(9)：168-174.

井润田，赵宇楠，滕颖. 2016. 平台组织、机制设计与小微创业过程——基于海尔集团组织平台化转型的案例研究[J]. 管理学季刊，(4)：38-71.

黎璞，宋娟. 2019. 创新盲点识别指标体系构建与实证分析——以创新生态系统为中心[J]. 科技管理研究，39（3）：8-15.

李柏洲，董恒敏. 2017. 团队自省性对团队知识共享能力影响机理研究——交互记忆系统的中介效应与社会资本的调节效应[J]. 科技进步与对策，34（15）：120-126.

李柏洲，王雪，苏屹，等. 2021. 我国战略性新兴产业间供应链企业协同创新演化博弈研究[J]. 中国管理科学，29（8）：136-147.

李海舰，李燕. 2019. 企业组织形态演进研究——从工业经济时代到智能经济时代[J]. 经济管理，(10)：22-36.

李平. 2017. 颠覆性创新机理研究[M]. 北京：经济管理出版社.

李善友. 2015. 颠覆式创新：移动互联网时代的生存法则[M]. 北京：机械工业出版社.

李万，常静，王敏杰，等. 2014. 创新 3.0 与创新生态系统[J]. 科学学研究，32（12）：1761-1770.

李桢，欧光军，刘舒林. 2021. 高技术企业颠覆性技术创新能力影响因素识别与提升探究——基于创新生态系统视角[J]. 技术与创新管理，42（1）：20-28.

梁海山，魏江，万新明. 2018. 企业技术创新能力体系变迁及其绩效影响机制——海尔开放式创新新范式[J]. 管理评论，30（7）：281-291.

刘安蓉，李莉，曹晓阳，等. 2018. 颠覆性技术概念的战略内涵及政策启示[J]. 中国工程科学，20（6）：7-13.

刘敦虎，陈谦明，黄萍，等. 2009. 产学研联盟的组织学习研究[J]. 科技管理研究，29(9)：369-371.

刘群彦，姚禹. 2018. 高校组织管理行为与技术转移绩效——基于 34 所教育部直属高校的实证分析[J]. 中国高校科技，(11)：12-17.

刘思峰，郭天榜，党耀国. 1999. 灰色系统理论及其应用[M]. 北京：科学出版社.

刘维林. 2012. 产品架构与功能架构的双重嵌入——本土制造业突破 GVC 低端锁定的攀升途径[J].

中国工业经济，286（1）：152-160.
刘洋，董久钰，魏江. 2020. 数字创新管理：理论框架与未来研究[J]. 管理世界，（7）：198-217.
刘榆潇，蓝雅，石永东，等. 2020. 高校众创空间创业环境对初创企业绩效的影响研究[J]. 科技管理研究，（21）：113-120.
刘云，桂秉修，马志云，等. 2019. 国家重大工程背景下的颠覆性创新模式探究[J]. 科学学研究，37（10）：1864-1873.
柳卸林，陈健，王曦. 2017. 基于创新生态视角的大企业颠覆性技术创新管理[M]. 北京：科学出版社.
骆品亮，刘明宇. 2009. 模块化创新的网络化知识集成模式[J]. 科学学与科学技术管理，30（3）：132-138.
吕文晶，陈劲，刘进. 2018. 第四次工业革命与人工智能创新[J]. 高等工程教育研究，（170）：63-70.
吕玉辉. 2011. 技术创新生态系统的要素模型与演化[J]. 技术经济与管理研究，（9）：27-30.
马永红，刘晓静. 2009. 区域创新系统知识共享能力评价模型[J]. 科技进步与对策，（22）：137-139.
梅丽霞，柏遵华，聂鸣. 2005. 试论地方产业集群的升级[J]. 科研管理，（5）：147-151.
梅亮，陈劲，刘洋. 2014. 创新生态系统：源起、知识演进和理论框架[J]. 科学学研究，32（12）：1771-1780.
穆文奇，郝生跃，任旭，等. 2016. 企业动态能力倒 U 型作用的实证研究[J]. 软科学，30（12）：89-94.
倪渊. 2019. 核心企业网络能力与集群协同创新：一个具有中介的双调节效应模型[J]. 管理评论，（12）：85-99.
戚聿东，蔡呈伟. 2020. 数字化对制造业企业绩效的多重影响及其机理研究[J]. 学习与探索，300（7）：108-119.
齐羽. 2013. 组织模块化影响组织动态能力机制研究[D]．杭州：浙江大学博士学位论文.
钱堃，鲍晓娜，王鹏. 2016. 核心企业主导的创新生态系统新能力开发：一个嵌入式单案例研究的发现[J]. 科技进步与对策，33（9）：59-67.
青木昌彦，安藤晴彦. 2003. 模块时代——新产业结构的本质[M]. 周国荣译. 上海：上海远东出版社.
芮明杰，陈娟. 2004. 模块化原理对知识创新的作用及相关管理策略分析：以电脑设计为例[J]. 管理学报，（1）：25-27，242.
施萧萧，张庆普. 2017. 基于共词分析的国外颠覆性创新研究现状及发展趋势[J]. 情报学报，36（7）：748-759.
宋晶，陈劲. 2016. 全球价值链升级下中国创新驱动发展战略的实施策略[J]. 技术经济，35（5）：6-9.
苏敬勤，刘建华，王智琦，等. 2016. 颠覆性技术的演化轨迹及早期识别——以智能手机等技术为例[J]. 科研管理，37（3）：13-20.
苏鹏，苏成，潘云涛. 2020. 基于多案例对比的颠覆性创新研究[J]. 情报杂志，39（1）：63-69.
孙聪，魏江. 2019. 企业层创新生态系统结构与协同机制研究[J]. 科学学研究，37（7）：1316-1325.
孙飞翔，吕拉昌. 2017. 国家创新系统研究综述与展望[J]. 科技管理研究，37（23）：1-9.
孙国强，朱艳玲. 2011. 模块化网络组织的风险及其评价研究——来自一汽企业集团网络的经验证据[J]. 中国工业经济，（8）：139-148.
孙耀吾，谈媛嫡. 2018. 模块化创新网络主导企业技术领导力及其结构演化研究[J]. 科技进步与对策，35（1）：80-87.
仝自强，李鹏翔，陶建强. 2019. 后发企业如何从颠覆性技术中获取价值？[J]. 科学学研究，37（6）：1053-1061.
童时中. 2000. 模块化原理设计方法及应用[M]. 北京：中国标准出版社.
万宁 S，李帅帅. 2014. 大学技术转移绩效测量研究[J]. 社会科学辑刊，214（5）：104-112.
王道平，韦小彦，张志东. 2013. 基于高技术企业创新生态系统的技术标准价值评估研究[J]. 中国软科学，（11）：40-48.
王烽权，江积海，王若瑾. 2020. 人工智能如何重构商业模式匹配性？——新电商拼多多案例研究[J]. 外国经济与管理，42（7）：48-63.
王凤彬，李东红，张婷婷，等. 2011. 产品开发组织超模块化及其对创新的影响——以丰田汽车为案例的研究[J]. 中国工业经济，（2）：131-141.
王海军. 2018. 大规模定制下的模块化产品管理及实务[M]. 武汉：武汉大学出版社.
王海军. 2021. 关键核心技术创新的理论探究及中国情景下的突破路径[J]. 当代经济管理，43（6）：43-50.
王海军，陈劲. 2018. 全球价值链下中国 OLED 产业创新发展对策[J]. 技术经济，37（6）：40-47.
王海军，陈劲. 2022-05-16. 三方面入手 增强企业颠覆性创新能力[N]. 科技日报（理论版）.
王海军，陈劲，成佳. 2018a. 基于模块化视角的 ICT 企业专利合作网络研究：华为案例[J]. 科学学与科学技术管理，39（7）：74-87.
王海军，陈劲，冯军政. 2020a. 模块化嵌入的一流企业产学研用协同创新演化：理论建构与案例探索[J]. 科研管理，41（5）：47-59.
王海军，成佳，邹日菘. 2018b. 产学研用协同创新的知识转移协调机制研究[J]. 科学学研究，36（7）：1274-1283.
王海军，冯军政，施慧斌. 2015. 开放式创新模式及伙伴资源动态优化机制研究[J]. 科学学与科学技术管理，36（12）：62-69.
王海军，金姝彤. 2020. 如何驱动企业颠覆性创新：模块化数字平台视角的探讨[J]. 中国科技论坛，（10）：14-16.
王海军，金姝彤. 2021. 颠覆性创新的研究现状与趋势——基于 Citespace 知识图谱分析[J]. 中国科技论坛，301（5）：168-177.
王海军，金姝彤，束超慧，等. 2021a. 为什么硅谷能够持续产生颠覆性创新？——基于企业创新生态系统视角的分析[J]. 科学学研究，39（12）：162-176.
王海军，金姝彤，郑帅，等. 2021b. 全球价值链下的企业颠覆性创新生态系统研究[J]. 科学学研究，39（3）：530-543.
王海军，王楠，陈劲. 2019. 组织模块化嵌入的研究型大学技术转移[J]. 科学学研究，37（5）：845-855，960.
王海军，温兴琦. 2018. 资源依赖与模块化交叉调节下的产学研用协同创新研究[J]. 科研管理，39（4）：21-31.
王海军，温兴琦. 2022-07-05. 发挥企业在颠覆性创新中的重要作用[N]. 中国社会科学报.
王海军，徐伟，宋红英，等. 2017a. 从内部优化到全局协同：模块化生产网络构建策略[J]. 科技管理研究，37（1）：124-127，138.
王海军，张悦. 2018. 企业模块化协同创新及网络化资源管理：基于海尔的探索性研究[J]. 科技进步与对策，（21）：97-105.
王海军，郑帅，陈劲. 2020b. 管理领域的模块化理论演进与实证研究综述[J]. 科学学与科学技术管理，41（6）：16-35.
王海军，邹日崧，温兴琦. 2017b. 组织学习与模块化嵌入的产学研合作联盟研究——来自家电产业的多案例实证[J]. 科技进步与对策，34（24）：55-63.
王宏起，汪英华，武建龙，等. 2016. 新能源汽车创新生态系统演进机理——基于比亚迪新能源汽车的案例研究[J]. 中国软科学，（4）：81-94.
王建安，张钢. 2008. 组织模块化及其测量：一个基于松散耦合系统的分析框架[J]. 西安电子科技大学学报（社会科学版），（6）：1-10.
王静华. 2012. 全球价值链视角下产业集群升级的路径探析[J]. 科技管理研究，32（1）：156-158.
王俊娜，李纪珍，褚文博. 2012. 颠覆性创新的价值系统分析——以广东省 LED 照明行业为例[J]. 科学学研究，30（4）：614-621.
王铁男，贾榕霞，陈宁. 2009. 组织学习能力对战略柔性影响作用的实证研究[J]. 中国软科学，（4）：164-174，184.
王艳. 2004. 企业知识管理探析[J]. 市场周刊（管理探索），（S2）：73-74.
王瑜，任浩. 2014. 模块化组织价值创新：路径及其演进[J]. 科研管理，35（1）：150-156.
王曰芬，张露，张洁逸. 2020. 产业领域核心专利识别与演化分析——以人工智能领域为例[J]. 情报科学，38（12）：19-26.
魏江，寒午. 1998. 企业技术创新能力的界定及其与核心能力的关联[J]. 科研管理，（6）：13-18.
魏江，黄学，刘洋. 2014. 基于组织模块化与技术模块化“同构/异构”协同的跨边界研发网络架构[J]. 中国工业经济，（2）：148-160.
魏江，王艳. 2004. 企业内部知识共享模式研究[J]. 技术经济与管理研究，（1）：68-69.
吴飞，段竺辰. 2020. 从独思到人机协作——知识创新模式进阶论[J]. 浙江学刊，（5）：94-104.
吴贵生，谢伟. 1997. “破坏性创新”与组织响应[J]. 科学学研究，（4）：35-39.
吴军. 2019. 硅谷之谜[M]. 北京：人民邮电出版社.

吴陆生，张素娟，王海兰，等. 2007. 科技创新生态系统论视角研究[J]. 科技管理研究，(3)：34-36.

吴佩，姚亚伟，陈继祥. 2016. 后发企业颠覆性创新最新研究进展与展望[J]. 软科学，30（9）：108-111.

吴绍波，顾新. 2014. 战略性新兴产业创新生态系统协同创新的治理模式选择研究[J]. 研究与发展管理，26（1）：13-21.

肖广岭. 2019. 以颠覆性技术和“卡脖子”技术驱动创新发展[J]. 人民论坛·学术前沿，(13)：55-61.

解学梅，余生辉，吴永慧. 2020. 国外创新生态系统研究热点与演进脉络——基于科学知识图谱视角[J]. 科学学与科学技术管理，41（10）：20-42.

许庆瑞，吴志岩，陈力田. 2013. 转型经济中企业自主创新能力演化路径及驱动因素分析——海尔集团 1984~2013 年的纵向案例研究[J]. 管理世界，(4)：121-134.

闫瑞华，杨梅英. 2019. 创新生态系统背景下移动互联网企业颠覆式创新运行机制研究[J]. 统计与信息论坛，228（9）：103-110.

严子淳，李欣，王伟楠. 2021. 数字化转型研究：演化和未来展望[J]. 科研管理，42（4）：21-34.

杨桂菊，李斌. 2015. 获得式学习、非研发创新行为与代工企业品牌升级——基于三星电子的探索性案例研究[J]. 软科学，29（8）：25-28，32.

杨瑾，侯兆麟. 2020. 逆向研发外包、组织学习与装备制造业突破性技术创新[J]. 科学决策，(3)：23-41.

杨尚东. 2014. 国际一流企业科技创新体系的特征分析[J]. 中国科技论坛，(2)：154-160.

尹美群. 2006. 价值链的价值剖析及其解构[J]. 科研管理，(1)：152-155，46.

游博，龙勇. 2016. 模块化对新产品绩效的影响：基于模块化系统间联系及绩效影响机制的实证研究[J]. 研究与发展管理，28（5）：91-99.

余东华，芮明杰. 2008. 基于模块化网络组织的价值流动与创新[J]. 中国工业经济，249（12）：48-59.

余江，孟庆时，张越，等. 2017. 数字创新：创新研究新视角的探索及启示[J]. 科学学研究，(7)：1103-1111.

喻汇. 2013. 服装价值链竞争优势的优化路径[J]. 商业经济，427（15）：3-4，8.

袁野，蒋军锋，程小燕. 2016. 动态能力与创新类型——战略导向的调节作用[J]. 科学学与科学技术管理，37（04）：45-58.

臧树伟，李平. 2016. 基于破坏性创新的后发企业市场进入时机选择[J]. 科学学研究，34（1）：122-131.

曾国屏，苟尤钊，刘磊. 2013. 从“创新系统”到“创新生态系统”[J]. 科学学研究，31（1）：4-12.

曾萍，黄紫薇，夏秀云. 2017. 外部网络对企业双元创新的影响：制度环境与企业性质的调节作用[J]. 研究与发展管理，29（5）：113-122.

战睿，王海军，孟翔飞. 2020. 企业创新生态系统的研究回顾与展望[J]. 科学学与科学技术管理，41（5）：179-197.

张二震，戴翔. 2020. 疫情冲击下全球价值链重构及中国对策[J]. 南通大学学报（社会科学版），36（5）：92-101.

张钢. 1999. 企业组织创新过程中的学习机制及知识管理[J]. 科研管理，20（3）：40-45.

张光宇，欧春尧，刘贻新，等. 2021. 人工智能企业何以实现颠覆性创新？——基于扎根理论的探索[J]. 科学学研究，39（4）：738-748，757.

张宏伟. 2016. 国外大学技术转移办公室研究述评：角色、组织模式和绩效测评[J]. 科技管理研究，36（19）：94-99.

张佳维，董瑜. 2020. 颠覆性技术识别指标的研究进展[J]. 情报理论与实践，43（6）：194-199，193.

张莉. 2009. 知识粘性与技术转移绩效研究[D]. 天津大学博士学位论文.

张莉莉，董广茂，杨玲. 2005. 模块化下的产品创新战略[J]. 科学学研究，23（S1）：275-278.

张省，周燕. 2019. 人工智能环境下知识管理模式构建[J]. 情报理论与实践，42（10）：57-62.

张枢盛，陈继祥. 2013. 颠覆性创新演进、机理及路径选择研究[J]. 商业经济与管理，259（5）：41-50.

张小宁. 2014. 平台战略研究评述及展望[J]. 经济管理，（3）：190-199.

张小宁，赵剑波. 2015. 新工业革命背景下的平台战略与创新——海尔平台战略案例研究[J]. 科学学与科学技术管理，36（3）：77-86.

张兴祥，庄雅娟，黄明亮. 2020. 全球价值链下中国制造业镜像与突围路径研究——基于“双循环”新发展格局的视角[J]. 人文杂志，（11）：72-82.

张延平，冉佳森. 2019. 创业企业如何通过双元能力实现颠覆性创新：基于有米科技的案例研究[J]. 中国软科学，337（1）：117-135.

张延平，冉佳森，黄敬伟，等. 2022. 专业孵化器主导的创业生态系统价值共创：基于达安创谷的案例[J]. 南开管理评论，（3）：105-117.

张运生. 2009. 高科技产业创新生态系统耦合战略研究[J]. 中国软科学，（1）：139-148.

张运生，邹思明. 2010. 高科技企业创新生态系统治理机制研究[J]. 科学学研究，28（5）：785-792.

章威. 2009. 基于知识的企业动态能力研究：嵌入性前因及创新绩效结果[D]. 浙江大学博士学位论文.

郑帅，王海军. 2021. 模块化下企业创新生态系统结构与演化机制——海尔集团2005—2019年的纵向案例研究[J]. 科研管理，42（1）：33-46.

仲理峰，时勘. 2003. 胜任特征研究的新进展[J]. 南开管理评论，（2）：4-8.

周洋，张庆普. 2017. 高端颠覆性创新的技术演进轨迹和市场扩散路径[J]. 研究与发展管理，29（6）：99-108.

Stevenson H H，Grousbeck H I，Roberts M J，et al. 2002. 新企业与创业者[M]. 5 版. 高建，姜彦福，雷家骕译. 北京：清华大学出版社.

Adner R. 2002. When are technologies disruptive? a demand-based view of the emergence of competition[J]. Strategic Management, 23（8）: 667-688.

Adner R. 2006. Match your innovation strategy to your innovation ecosystem[J]. Harvard Business Review, 84（4）: 98-107.

Adner R. 2017. Ecosystem as structure: an actionable construct for strategy[J]. Journal of Management, 43（1）: 39-58.

Adner R, Kapoor R. 2010. Value creation in innovation ecosystems: how the structure of technological interdependence affects firm performance in new technology generations[J]. Strategic Management Journal, 31（3）: 306-333.

Adner R, Kapoor R. 2016. Innovation ecosystems and the pace of substitution re-examining technology S-curves[J]. Strategic Management Journal, 37（4）: 625-648.

Albert D. 2018. Organizational module design and architectural inertia: evidence from structural recombination of business divisions[J]. Organization Science, 29（5）: 890-911.

Alexy O, George G, Salter A I. 2013. Cui Bono? The selective revealing of knowledge and its implications for innovation activity[J]. Academy of Management Review, 38（2）: 270-291.

American Subcommittee on Antitrust, Commercial, and Administrative Law. 2020. Investigation of competition in digital markets majority staff report and recommendations[R].

Amit R, Zott C. 2001. Value creation in e-business[J]. Strategic Management Journal, 22（6/7）: 493-520.

Applegate L M, Griffith T L, Majchrzak A. 2017. Hyperloop transportation technologies: building breakthrough innovations in crowd-powered ecosystems[R].

Argyris C, Schon D. 1978. Organizational Learning: A theory of Action Perspective, Reading[M]. New York: Addison-Wesley.

Arik S, Dov D. 2020. The effect of technological risk, market uncertainty and the level of complexity on new technology ventures' success[J]. International Journal of Innovation Management, 24（5）: 1-25.

Arun K, Raghu G, Shaz A S. 2018. Perspectives on disruptive innovations[J]. Journal of Management Studies, 55（7）: 1025-1042.

Asheim B T, Boschma R, Cooke P. 2011. Constructing regional advantage: platform policies based on related variety and differentiated knowledge bases[J]. Regional Studies, 45（7）: 893-904.

Aslam H, Blome C, Roscoe S, et al. 2018. Dynamic supply chain capabilities: how market sensing, supply chain agility and adaptability affect supply chain ambidexterity[J]. International Journal of Operations & Production Management, 38（12）: 2266-2285.

Bair J. 2009. Global commodity chains: genealogy and review[C]//Bair J. Frontiers of Commodity Chains. Stanford: Stanford University Press: 1-34.

Baldwin C Y. 2008. Where do transactions come from? Modularity, transactions and the boundaries of firms[J]. Industrial and Corporate Change，17（1）：155-195.

Baldwin C Y，Clark K B. 1997. Managing in an age of modularity[J]. Harvard Business Review，75（5）：84-94.

Baldwin C Y，Clark K B. 2000. Design Rules：The Power of Modularity[M]. Cambridge，MA：MIT Press.

Baldwin C Y，Clark K B. 2006. The architecture of participation：does code architecture mitigate free riding in the open source development model?[J]. Management Science，52（7）：1116-1127.

Baldwin C Y，MacCormack A，Rusnak J. 2014. Hidden structure：using network methods to map system architecture[J]. Research Policy，43（8）：1381-1397.

Bask A，Lipponen M，Rajahonka M，et al. 2010. The concept of modularity：diffusion from manufacturing to service production[J]. Journal of Manufacturing Technology Management，21（3）：355-375.

Bogers M，Zobel A K，Afuah A，et al. 2016. The open innovation research landscape：established perspectives and emerging themes across different levels of analysis[J]. Social Science Electronic Publishing，24（1）：8-40.

Boudreau K. 2010. Open platform strategies and innovation：granting access vs. devolving control[J]. Management Science，56（10）：1849-1872.

Boudreau K J. 2012. Let a thousand flowers bloom? An early look at large numbers of software app developers and patterns of innovation[J]. Organization Science，23（5）：1409-1427.

Bower J L，Christensen C M. 1995. Disruptive technologies：catching the wave[J]. Harvard Business Review，73（1）：43-53.

Brown R. 2016. Mission impossible? Entrepreneurial universities and peripheral regional innovation systems[J]. Industry and Innovation，23（2）：189-205.

Brown R，Gregson G，Mason C. 2016. A post-mortem of regional innovation policy failure：Scotland' s intermediate technology initiative （ITI）[J]. Regional Studies，50（7）：1260-1272.

Brusoni S，Prencipe A. 2013. The organization of innovation in ecosystems：problem framing，problem solving，and patterns of coupling[J]. Advances in Strategic Management，30（1）：167-194.

Brynjolfsson E，Mitchell T. 2017. What can machine learning do? Workforce implications[J]. Science，358（6370）：1530-1534.

Burkhard R J，Hill T R，Venkatsubramanyan S. 2011. The emerging challenge of knowledge management ecosystems：a silicon valley high-tech company signals the future[J]. Information Systems Management，28（1）：5-18.

Cabrera A，Cabrera E F. 2002. Knowledge-sharing dilemmas[J]. Organization Studies，23（5）：687-710.

Candi M，Roberts D L，Marion T，et al. 2018. Social strategy to gain knowledge for innovation[J].

British Journal of Management，29（4）：731-749.

Cano-Kollmann M，Cantwell J，Hannigan T J，et al. 2016. Knowledge connectivity：an agenda for innovation research in international business[J]. Journal of International Business Studies，47（3）：255-262.

Cenamor J，Ronnberg S D，Parida V. 2017. Adopting a platform approach in servitization：leveraging the value of digitalization[J]. International Journal of Production Economics，192：54-65.

Chandy R K，Tellis G J. 2000. The incumbent' s curse? Incumbency，size，and radical product innovation[J]. Journal of Marketing，64（3）：1-17.

Chang C H. 2015. Enhancing new product development performance from adaptive ability and relationship learning：the mediation role of resource integration[J]. Total Quality Management & Business Excellence，28（1/2）：1-14.

Cheng Y，Huang L C，Ramlogan R，et al. 2017. Forecasting of potential impacts of disruptive technology in promising technological areas：elaborating the SIRS epidemic model in RFID technology[J]. Technological Forecasting & Social Change，117：170-183.

Chesbrough H W. 2010. Business model innovation：opportunities and barriers[J]. Long Range Planning，43（2/3）：354-363.

Chesbrough H W，Appleyard M M. 2007. Open innovation and strategy[J]. California Management Review，50（1）：57-76.

Christensen C M. 1997. The Innovator's Dilemma：When New Technologies Cause Great Firms to Fail[M]. Boston：Harvard Business School Press.

Christensen C M. 2006. The ongoing process of building a theory of disruption[J]. Journal of Product Innovation Management，23（1）：39-55.

Christensen C M，Raynor M E. 2003. The Innovator' s Solution：Creating and Sustaining Successful Growth[M]. Boston：Harvard Business School Press.

Christensen C M，Raynor M E，McDonald R. 2015. What is disruptive innovation?[J]. Harvard Business Review，93（12）：44-53.

Ciborra C U. 1996. The platform organization：recombining strategies，structures，and surprises[J]. Organization Science，7（2）：103-118.

Clarysse B，Wright M，Bruneel J，et al. 2014. Creating value in ecosystems：crossing the chasm between knowledge and business ecosystems[J]. Research Policy，43（7）：1164-1176.

CNN. 2005-06-19. Top 25：inventions[EB/OL]. http://edition.cnn.com/2005/TECH/01/03/cnn25.top25.innovations/.

Colombo M G，Dagnino G B，Lehmann E E，et al. 2019. The governance of entrepreneurial ecosystems[J]. Small Business Economics，52（2）：419-428.

Cusumano M. 2010. Technology strategy and management：the evolution of platform thinking[J]. Communications of the ACM，53（1）：32-34.

Dacin M T, Ventresca M J, Bead B D. 1999. The embeddedness of organizations: dialogue directions[J]. Journal of Management, (25): 317-356.

Danese P, Filippini R. 2013. Direct and mediated effects of product modularity on development time and product performance[J]. IEEE Transactions on Engineering Management, 60(2): 260-271.

Danneels E. 2004. Disruptive technology reconsidered: a critique and research agenda[J]. Journal of Product Innovation Management, 21 (4): 246-258.

Danneels E. 2008. Organizational antecedents of second - order competences[J]. Strategic management journal, 29 (5): 519-543.

Dedrick J, Kraemer K L, Linden G. 2009. Who profits from innovation in global value chains? A study of the iPod and notebook PCs[J]. Industrial and Corporate Change, 19 (1): 81-116.

Denisi A S. 2010. Challenges and opportunities for the academy in the next decade[J]. Academy of Management Review, 35 (1): 190-201.

Dincer K H, Nilgun B A. 2019. The global crisis and the subsidies to manufacturing firms[J]. Studies in Business and Economics, 14 (2): 41-54.

Duan Y, Edwards J S, Dwivedi Y K. 2019.Artificial intelligence for decision making in the era of big data-evolution, challenges and research agenda[J]. International Journal of Information Management, 48: 63-71.

Ehrnberg E, Sjöberg N. 1995. Technological discontinuities, competition and firm performance[J]. Technology Analysis & Strategic Management, 7 (1): 93-107.

Eisenhardt K M. 1989. Building theories from case study research[J]. Academy of Management Review, 14 (4): 532-550.

Eisenhardt K M, Graebner M. 2007. Theory building from cases: opportunities and challenges[J]. Academy of Management Journal, 50 (1): 25-32.

Eisenhardt K M, Martin J A. 2000. Dynamic capabilities: what are they?[J]. Strategic Management Journal, 21 (10/11): 1105-1121.

Ericsson A, Erixon G. 1999. Controlling Design Variants: Modular Product Platforms[M]. New York: American Society of Mechanical Engineers.

Ethiraj S K, Levinthal D. 2004. Modularity and innovation in complex systems[J]. Management Science, 50 (2): 159-173.

Ethiraj S K, Posen H K. 2013. Do product architectures affect innovation productivity in complex product ecosystems?[J]. Advances in Strategic Management, 30: 127-166.

Etzkowitz H. 2019. Is silicon valley a global model or unique anomaly?[J]. Industry and Higher Education, 33 (2): 83-95.

Fogel R W. 1999. Catching up with the economy[J]. American Economic Review, 89 (1): 1-21.

Gardner H K, Gino F, Staats B R. 2012. Dynamically integrating knowledge in teams: transforming resources into performance[J]. Academy of Management Journal, 55 (4): 998-1022.

Gawer A. 2014. Bridging differing perspectives on technological platforms: toward an integrative framework[J]. Research Policy, 43: 1239-1249.

Gawer A, Cusumano M A. 2002. Platform Leadership: How Intel, Microsoft and Cisco Drive Industry Innovation[M]. Boston: Harvard Business School Press.

Gawer A, Cusumano M A. 2014. Industry platforms and ecosystem innovation[J]. Journal of product innovation management, 31 (3): 417-433.

Gawer A, Henderson R M. 2007. Platform owner entry and innovation in complementary markets: evidence from Intel[J]. Social Science Electronic Publishing, 16 (1): 1-34.

Gereffi G. 2014. Global value chains in a post-Washington Consensus world[J]. Review of International Political Economy, 21 (1): 9-37.

Gereffi G, Humphrey J, Sturgeon T. 2005. The governance of global value chains[J]. Review of International Political Economy, 12 (1): 78-104.

Gereffi G, Memodovic O. 2003. The global apparel value chain: what prospects for upgrading by developing countries?[C]. United Nations Industrial Development Organization (UNIDO), Sectoral Studies Series, 2003.

Gerwin D. 2004. Coordinating new product development in strategic alliances[J]. Academy of Management Review, 29 (2): 241-257.

Ghazawneh A, Henfridsson O. 2013. Balancing platform control and external contribution in third-party development: the boundary resources model[J]. Information Systems Journal, 23 (2): 173-192.

Giuliani E, Pietrobelli C, Rabellotti R. 2005. Upgrading in global value chains: lessons from Latin American clusters[J]. World Development, 33 (4): 549-573.

Govindarajan V, Kopalle P K. 2005. The usefulness of measuring disruptiveness of innovations expost in making ex ante predictions[J]. Journal of Product Innovation Management, 23 (1): 12-18.

Grandori A. 1997. An organizational assessment of interfirm coordination modes[J]. Organization Studies, 18 (6): 897-925.

Grant R M. 1996. Toward a knowledge-based theory of the firm[J]. Strategic Management Journal, 17 (S2): 109-122.

Gulati R, Puranam P, Tushman M. 2012. Meta-organization design: rethinking design in interorganizational and community contexts[J]. Strategic Management Journal, 33 (6): 571-586.

Hagedoorn J, Cloodt M. 2003. Measuring innovative performance: is there an advantage in using multiple indicators?[J]. Research Policy, 32 (8): 1365-1379.

Hajli M, Sims J M, Ibragimov V. 2015. Information technology (IT) productivity paradox in the 21st century[J]. International Journal of Productivity and Performance Management, 64 (4): 457-478.

Hannigan T J, Cano-Kollmann M, Mudambi R. 2015. Thriving innovation amidst manufacturing decline: the Detroit auto cluster and the resilience of local knowledge production[J]. Industrial and Corporate Change，24（3）：613-634.

Hansen M T. 2002. Special issue：knowledge，knowing，and organizations：knowledge networks：explaining effective knowledge sharing in multiunit companies[J]. Organization Science，13（3）：232-248.

Hein A，Schreieck M，Riasanow T，et al. 2020. Digital platform ecosystems[J]. Electronic Markets，30（1）：87-98.

Helfat C E，Peteraf M A. 2003. The dynamic resource-based view：capability lifecycles[J]. Strategic Management Journal，24（10）：997-1010.

Helfat C E，Peteraf M A. 2015. Managerial cognitive capabilities and the microfoundations of dynamic capabilities[J]. Strategic Management Journal，36（6）：831-850.

Henderson R. 2005. The innovator's dilemma as a problem of organizational competence[J]. Journal of Product Innovation Management，23（1）：5-11.

Hodgkinson G P，Healey M P. 2009. Psychological foundations of dynamic capabilities：reflexion and reflection in strategic management[J]. Academy of Management Proceedings，32（13）：1500-1516.

Hoetker G. 2002. Do modular products lead to modular organizations?[J]. Working Papers，27（6）：501-518.

Hoetker G. 2006. Do modular products lead to modular organizations?[J]. Strategic Management Journal，27（6）：501-518.

Huang J，Henfridsson O，Liu M J，et al. 2017. Growing on steroids：rapidly scaling the user base of digital ventures through digital innovation[J]. MIS Quarterly，41（1）：301-314.

Iansiti M，Levien R. 2004. Strategy as ecology[J]. Harvard Business Review，82（3）：68-81.

Jacobides M G，Cennamo C，Gawer A. 2018. Towards a theory of ecosystems[J]. Strategic Management Journal，39（8）：2255-2276.

Jacobs M，Vickery S K，Droge C. 2007. The effects of product modularity on competitive performance[J]. International Journal of Operations & Production Management，27（10）：1046-1068.

Johnson L. 2013. Modularity：a growing management tool because it delivers real value[J]. Modular Management，2013：1-9.

Jose A，Tollenaere M. 2005. Modular and platform methods for product family design：literature analysis[J]. Journal of Intelligent Manufacturing，16（3）：371-390.

Kapoor R，Adner R. 2012. What firms make vs. What they know：how firms' production and knowledge boundaries affect competitive advantage in the face of technological change[J]. Organization Science，23（5）：1227-1248.

Karim S，Capron L. 2016. Reconfiguration：adding，redeploying，recombining，and divesting resources and business units[J]. Strategic Management Journal，37（13）：E54-E62.

Karimi J，Walter Z. 2015. The role of dynamic capabilities in responding to digital disruption：a factor-based study of the newspaper industry[J]. Journal of Management Information Systems，32（1）：39-81.

Kazan E，Tan C W，Lim E T K，et al. 2018. Disentangling digital platform competition：the case of UK mobile payment platforms[J]. Journal of Management Information Systems，35（1）：180-219.

Kostoff R N，Boylan R，Simons G R. 2004. Disruptive technology roadmaps[J]. Technological Forecasting and Social Change，2004，71（1/2）：141-159.

Krugman P. 1995. Growing world trade：causes and consequences[J]. Brookings Papers on Economic Activity，（1）：327-362.

Kumaraswamy A，Mudambi R. 2012. Catch-up strategies in the Indian auto components industry：Domestic firms' responses to market liberalization[J]. Journal of International Business Studies 43：368-395.

Langlois R N. 2002. Modularity in technology and organization[J]. Journal of Economic Behavior & Organization，49（1）：19-37.

Lau A K W，Yam R C M，Tang E. 2011. The impact of product modularity on new product performance：mediation by product innovativeness[J]. Journal of Product Innovation Management，28（2）：270-284.

Lee J N. 2010. The impact of knowledge sharing，organizational capability and partnership quality on IS outsourcing success[J]. Information & Management，38（5）：323-335.

Lee J，Berente N. 2012. Digital innovation and the division of innovative labor：digital controls in the automotive industry[J]. Organization Science，23（5）：1428-1447.

Lewin A Y，Massini S，Peeters C. 2009. Why are companies offshoring innovation? The emerging global race for talent[J]. Journal of International Business Studies，40：901-925.

Li L，Su F，Zhang W，et al. 2018. Digital transformation by SME entrepreneurs：a capability perspective[J]. Information Systems Journal，28（6）：1129-1157.

Lin B W，Berg D. 2001. Effects of cultural difference on technology transfer projects：an empirical study of Taiwanese manufacturing companies[J]. International Journal of Project Management，19（5）：287-293.

Lorenzen M，Mudambi R. 2013. Clusters，Connectivity and Catch-up：Bollywood and Bangalore in the global economy[J]. Journal of Economic Geography，13（3）：501-534.

Lorenzoni G，Lipparini A. 1999. The leveraging of interfirm relationships as a distinctive organizational capability：a longitudinal study[J]. Strategic Management Journal，20（4）：317-338.

Lusch R F，Nambisan S. 2015. Service innovation：a service-dominant logic perspective[J]. MIS Quarterly，39（1）：155-175.

Lyytinen K, Yoo Y, Boland R J. 2016. Digital product innovation within four classes of innovation networks[J]. Information Systems Journal, 26 (1): 47-75.

Magnusson M, Pasche M. 2014. A contingency-based approach to the use of product platforms and modules in new product development[J]. Journal of Product Innovation Management, 31 (3): 434-450.

Maiga A S, Nilsson A, Ax C. 2015. Relationships between internal and external information systems integration, cost and quality performance, and firm profitability[J]. International Journal of Production Economics, 169: 422-434.

Mansfield E. 1968. Industrial Research and Technological Innovation[M]. Norton: Industrial Marketing Management.

Markides C. 2006. Disruptive innovation: in need of better theory[J]. Journal of Product Innovation Management, 23 (1): 19-25.

Markides C C, Anderson J. 2006. Creativity is not enough: ict-enabled strategic innovation[J]. European Journal of Innovation Management, 9 (2): 129-148.

McClelland J L, Rumelhart D E. 1995. Parallel Distributed Processing[M]. Cambridge: The MIT Press.

Mele C, Colurcio M, Russospena T. 2014. Research traditions of innovation: goods-dominant logic, the resource-based approach, and service-dominant logic[J]. Managing Service Quality, 24(6): 612-642.

Mikkola J H. 2003. Modularity, component outsourcing, and inter-firm learning[J]. R&D Management, 33 (4): 439-454.

Moore J F. 1996. The death of Competition: Leadership and Strategy in the Age of Business Ecosystems[M]. New York: Harper Business.

Morrison A, Pietrobelli C, Rabellotti R. 2008. Global value chains and technological capabilities: a framework to study learning and innovation in developing countries[J]. Oxford Development Studies, 36 (1): 39-58.

Mudambi R. 2008. Location, control and innovation in knowledge-intensive industries[J]. Journal of Economic Geography, 8 (5): 699-725.

Nambisan S, Sawhney M. 2011. Orchestration processes in network-centric innovation: evidence from the field[J]. Academy of Management Perspectives, 25 (3): 40-57.

Nambisan S, Wright M, Feldman M. 2019. The digital transformation of innovation and entrepreneurship: progress, challenges, and key themes[J]. Research Policy, 48 (8): 103773.1-103773.9.

Nelson A, Byers T. 2005. Organizational modularity and intra-university relationships between entrepreneurship education and technology transfer 2005[C]//Libecap G. University Entrepreneurship and Technology Transfer: Process, Design, and Intellectual Property[J]. Stamford, CT: Elsevier

Science/JAI Press.

O'Connor G C. 2008. Major innovation as a dynamic capability：a systems approach[J]. Journal of Product Innovation Management，25（4）：313-330.

Oh D S, Phillips F, Park S, et al. 2016. Innovation ecosystems: a critical examination[J]. Technovation, 54（8）：1-6.

O'Reilly C A，Tushman M. 2008. Ambidexterity as a dynamic capability：resolving the innovator's dilemma[J]. Research in Organizational Behavior，28：185-206.

Orton J D，Weick K E. 1990. Loosely coupled systems：a reconceptualization[J]. Academy of Management Review，15（2）：203-223.

Osterwalder A, Pigneur Y, Smith A, et al. 2011. Business model generation: a handbook for visionaries, game changers, and challengers[J]. African Journal of Business Management, 29（6）：2549-2557.

Ozalp H，Cennamo C，Gawer A. 2018. Disruption in platform-based ecosystems[J]. Journal of Management Studies，55（7）：1203-1241.

Parente R C，Baack D W，Hahn E D. 2011. The effect of supply chain integration，modular production，and cultural distance on new product development：a dynamic capabilities approach[J]. Journal of International Management，17（4）：278-290.

Parker G G，Van M W，Choudary S P. 2016. Platform Revolution：How Networked Markets are Transforming the Economy and How to Make Them Work for You[M]. New York：W.W. Norton & Company.

Parnas D L. 1972. On the criteria to be used in decomposing systems into modules[J]. Communications of the ACM，15（12）：1053-1058.

Pekkarinen S，Ulkuniemi P. 2008. Modularity in developing business services by platform approach[J]. The International Journal of Logistics Management，19（1）：84-103.

Perrons K，Platts K. 2005. Outsourcing strategies for radical innovations：does industry clock speed make a difference?[J]. Journal of Manufacturing Technology Management，16（8）：842-863.

Peteraf M A，Bergen M E. 2003. Scanning dynamic competitive landscapes：a market-based and resource-based framework[J]. Strategic Management Journal，24（10）：1027-1041.

Pfeffer J，Salancik G R. 1978. The External Control of Organizations：A Resource Dependence Perspective[M]. New York：Harper & Row.

Pierce L. 2009. Big losses in ecosystem niches: how core firm decisions drive complementary product shakeouts[J]. Strategic Management Journal，30（3）：323-347.

Pietrobelli C，Rabellotti R. 2011. Global value chains meet innovation systems：are there learning opportunities for developing countries?[J]. World Development，39（7）：1261-1269.

Pil F K，Cohen S K. 2006. Modularity：implications for imitation，innovation，and sustained advantage[J]. Academy of Management Review，31（4）：995-1011.

Porter M E. 1985. Competitive Advantage[M]. New York：Free Press.

Prahalad C K, Hamel G. 1990. The core competence of the corporation[J]. Harvard Business Review, 68（3）: 79-91.

Prencipe A, Davies A, Hobday M. 2003. The Business of Systems Integration[M]. New York: Oxford University Press.

Richard P J, Devinney T M. 2005. Modular strategies: B2B technology and architectural knowledge[J]. California Management Review, 47（4）: 86-113.

Rieple A, Kapetaniou C. 2017. The role of business ecosystems in the building of disruptive innovations[J]. Academy of Management Annual Meeting Proceedings,（1）: 15200.

Rong K, Wu J X, Shi Y J, et al. 2015. Nurturing business ecosystems for growth in a foreign market: incubating, identifying and integrating stakeholders[J]. Journal of International Management, 21（4）: 293-308.

Rycroft R W, Kash D E. 2004. Self-organizing innovation networks: implications for globalization[J]. Technovation, 24（3）: 187-197.

Saadatmand F, Lindgren R, Schultze U. 2019. Configurations of platform organizations: implications for complementor engagement[J]. Research Policy, 48（8）: 1-17.

Salomo S, Gemünden H G, Leifer R. 2007. Research on corporate radical innovation systems-a dynamic capabilities perspective: an introduction[J]. Journal of Engineering and Technology Management, 24（1/2）: 1-10.

Salvador F, Forza C, Rungtusanatham M. 2002. Modularity, product variety, production volume, and component sourcing: theorizing beyond generic prescriptions[J]. Journal of Operations Management, 20（5）: 549-575.

Sami P R, Leena A S. 2020. ISPIM Conference Proceedings[C]. Manchester.

Sanchez R. 1995. Strategic flexibility in product competition [J]. Strategic Management Journal,（16）: 135-159.

Sanchez R, Collins R P. 2001. Competing-and learning-in modular markets[J]. Long Range Planning, 34（6）: 645-667.

Sanchez R, Mahoney J T. 1996. Modularity, flexibility, and knowledge management in product and organization design[J]. Strategic Management Journal, 17（S2）: 63-76.

Schilling M A. 2000. Toward a general modular systems theory and its application to interfirm product modularity[J]. Academy of Management Review, 25（2）: 312-334.

Schilling M A, Steensma H K. 2001. The use of modular organizational forms: an industry-level analysis[J]. Academy of Management Journal, 44（6）: 1149-1168.

Schoemaker P J H, Heaton S, Teece D. 2018. Innovation, dynamic capabilities, and leadership[J]. California Management Review, 61（1）: 15-42.

Schürmann E, Beausaert S. 2016. What are drivers for informal learning? [J]. European Journal of Training & Development, 40（3）: 130-154.

Schumpeter J A. 1912. The Theory of Economic Development[M]. Routledge：Public Opinion Quarterly.

Sebastian I M，Moloney K G，Ross J W，et al. 2017. How big old companies navigate digital transformation[J]. MIS Quarterly Executive，16（3）：197-213.

Shane S. 2001. Technological opportunities and new firm creation[J]. Management Science，47（2）：205-220.

Shimei J，Yimei H，Ziyuan W. 2019. Core firm based view on the mechanism of constructing an enterprise innovation ecosystem：a case study of Haier group[J]. Sustainability，11（11）：3108-3134.

Si S，Chen H. 2020. A literature review of disruptive innovation：what it is，how it works and where it goes[J]. Journal of Engineering and Technology Management，56：101568.

Simon H A. 1962. The architecture of complexity[J]. Proceedings of the American Philosophical Society，（106）：467-482.

Singh J，Fleming L. 2010. Lone inventors as sources of breakthroughs：myth or reality[J]. Management Science，56：41-56.

Skaria R，Satam P，Khalpey Z. 2020. Opportunities and challenges of disruptive innovation in medicine using artificial intelligence[J]. The American Journal of Medicine，133（6）：215-217.

Sood A，Tellis G J. 2011. Demystifying Disruption：A New Model for Understanding and Predicting Disruptive Technologies[J]. Marketing Science，30（2）：195-388.

Spigel B. 2015. The relational organization of entrepreneurial ecosystems[J]. Entrepreneurship Theory and Practice，41（1）：49-72.

Stam E. 2015. Entrepreneurial ecosystems and regional policy：a sympathetic critique[J]. Working Papers，23（9）：1759-1769.

Sturgeon T J. 2002. Modular production networks：a new American model of industrial organization[J]. Industrial and Corporate Change，11（3）：451-496.

Suddaby R. 2006. From the editors：what grounded theory is not[J]. Academy of Management Journal，49（4）：633-642.

Taylor A，Mac K，Tein J. 2008. Tests of the three-path mediated effect[J]. Organizational Research Methods，（11）：241-269.

Teece D J. 2007. Explicating dynamic capabilities：the nature and micro foundations of（sustainable）enterprise performance[J]. Strategic Management Journal，28（13）：1319-1350.

Teece D J. 2010. Business models，business strategy and innovation[J]. Long Range Planning，43（2/3）：172-194.

Teece D J. 2014. The foundations of enterprise performance：dynamic and ordinary capabilities in an（economic）theory of firms[J]. Academy of management perspectives，28（4）：328-352.

Teece D J. 2017. Business models and dynamic capabilities[J]. Long Range Planning，43：40-49.

Teece D J. 2018. Profiting from Innovation in the digital economy: enabling technologies, standards, and licensing models in the wireless world[J]. Research Policy, 47（8）: 1367-1387.

Teece D J, Pisano G, Shuen A. 1997. Dynamic capabilities and strategic management[J]. Strategic Management Journal, 18（7）, 509-535.

Thomas L, Autio E, Gann D. 2014. Architectural leverage: putting platforms in context[J]. Academy of Management Perspectives, 28（2）: 198-219.

Tiwana A. 2008. Does interfirm modularity complement ignorance? A field study of software outsourcing alliances[J]. Strategic Management Journal, 29（11）: 1241-1252.

Tiwana A. 2015. Evolutionary competition in platform ecosystems[J]. Information Systems Research, 26（2）: 266-281.

Tiwana A, Konsynski B, Bush A. 2010. Research commentary—platform evolution: coevolution of platform architecture, governance, and environmental dynamics[J]. Information Systems Research, 21（4）: 675-687.

Trajtenberg M. 1990. A penny for your quotes: patent citations and the value of innovations[J]. Rand Journal of Economics, 21: 172-187.

Tsui A S. 2013. The spirit of science and socially responsible scholarship[J]. Management and Organization Review, 9（3）: 375-394.

Tucker J M. 2010. Product modularity[J]. Wiley International Encyclopedia of Marketing, 1: 1-3.

Tushman M, O'Reilly C. 1997. Winning Through Innovation[M]. Boston: Harvard Business School Press.

Tushman M, O'Reilly C. 2004. The ambidextrous organization[J]. Harvard Business Review, 82（4）: 74-81.

Ulrich D, Barney J B. 1984. Perspectives in organizations: resource dependence, efficiency, and population[J]. Academy of Management Review, 9（3）: 471-481.

Ulrich K. 1994. Fundamentals of product modularity[M]. New York: Springer.

Ulrich K. 1995. The role of product architecture in the manufacturing firm[J]. Research Policy, 24（3）: 419-440.

Ulrich T K, Eppinger D S. 2004. Product Design and Development[M]. New York: McGraw-Hill Inc.

United Nations Conference on Trade and Development（UNCTAD）. 2019. 2019 Digital Economy Report[R].

Vargo S, Lusch R. 2011. It's all B2B and beyond: toward a systems perspective of the market[J]. Industrial Marketing Management, 40（2）: 181-187.

Vargo S, Lusch R. 2016. Institutions and axioms: an extension and update of service-dominant logic[J]. Journal of the Academy of Marketing Science, 44（1）: 5-23.

Verona G, Ravasi D. 2003. Unbundling dynamic capabilities: an exploratory study of continuous product innovation[J]. Industrial and corporate change, 12（3）: 577-606.

Vickery S，Bolumole Y，Castel M. 2015a. The effects of product modularity on launch speed[J]. International Journal of Production Research，53（17）：5369-5381.

Vickery S，Koufteros X，Droge C. 2015b. Product modularity，process modularity，and new product introduction performance：does complexity matter?[J]. Production and Operations Management，25（4）：751-770.

Walsh S T. 2004. Road mapping a disruptive technology：a case study：the emerging microsystems and top-down nanosystems industry[J]. Technological Forecasting and Social Change，71（1/2）：161-185.

Wang D，Han H，Zhan Z，et al. 2015. A problem solving oriented intelligent tutoring system to improve student's acquisition of basic computer skills[J]. Computers and Education，81：102-112.

Wang H J，Feng J Z. 2020. Influences of dynamic capability on breakthrough innovation：evidence from China' s manufacturing industry[J]. Chinese Management Studies，14（3）：565-586.

Wang H J，Islam S M N. 2017. Construction of an open innovation network and its mechanism design for manufacturing enterprises：a resource-based perspective[J]. Frontiers of Business Research in China，11（1）：138-166.

Wang H J，Shu C. 2020. Constructing a sustainable collaborative innovation network for global manufacturing firms：a product modularity view and a case study from China[J]. IEEE Access，8：173123-173135.

Wasserman S，Faust K. 1994. Social Network Analysis：Methods and Applications[M]. Cambridge，UK：Cambridge University Press.

Wei Y S，Frankwick G L，Nguyen B H. 2012. Should firms consider employee input in reward system design? The effect of participation on market orientation and new product performance[J]. Journal of Product Innovation Management，29（4）：546-558.

Welborn R，Kasten V. 2003. The Jericho Principle：How Companies Use Strategic Collaboration to Find New Sources of Value[M]. Hoboken，NJ：Wiley.

West J，Wood D. 2013. Evolving an open ecosystem：the rise and fall of the Symbian platform [J]. Advances in Strategic Management，30：27-67.

Weyl E G. 2010. A price theory of multi-sided platforms[J]. American Economic Review，100（4）：1642-1672.

Williamson P J，Meyer A D. 2012. Ecosystem advantage[J]. California Management Review，55（1）：24-46.

Winter S G. 2003. Understanding dynamic capabilities[J]. Strategic management journal，24（10）：991-995.

Worren N，Moore K，Cardona P. 2002. Modularity，strategic flexibility，and firm performance：a study of the home appliance industry[J]. Strategic Management Journal，23（12）：1123-1140.

Xin J Y, Yeung A C L, Cheng T C E. 2010. First to market: is technological innovation in new product development profitable in health care industries?[J]. International Journal of Production Economics, 127 (1): 129-135.

Yin R K. 2009. Case Study Research: Design And Method [M]. Los Angeles: Sage Publications.

Yin R K. 2014. Case Study Research: Design and Methods[M]. 5th ed. Thousand Oaks, CA: Sage Publications.

Yoo Y, Boland R J, Lyytinen K et al. 2012. Organizing for innovation in the digitized world[J]. Organization Science, 23 (5): 1398-1408.

Yoo Y, Henfridsson O, Lyytinen K. 2010. Research commentary — the new organizing logic of digital innovation: an agenda for information systems research[J]. Information Systems Research, 21 (4): 724-735.

Yu D, Hang C C. 2010. A reflective review of disruptive innovation theory[J]. International Journal of Management Review, 12 (4): 435-452.

Zahra S A, George G. 2002. Absorptive capacity: a review, reconceptualization, and extension[J]. Academy of Management Review, 27 (2): 185-203.

Zawislak P A, Alves A C, Tello-Gamarra J, et al. 2012. Innovation capability: from technology development to transaction capability[J]. Journal of Technology Management and Innovation, 7 (2): 14-27.

Zhou K Z, Yim C K, Tse D K. 2005. The effects of strategic orientations on technology and market-based breakthrough innovations[J]. Journal of Marketing, 69 (2): 42-60.

Zollo M, Winter S G. 2002. Deliberate learning and the evolution of dynamic capabilities[J]. Organization science, 13 (3): 339-351.